RENJI
GOUTONG
JIAOCHENG

人际沟通
教程（职业版）

董君　周江　李薇 /主编

丁慎国　刘智平　胡茂胜 /副主编

山东人民出版社

国家一级出版社 全国百佳图书出版单位

图书在版编目（CIP）数据

人际沟通教程：职业版／董君，周江，李薇主编.
-- 济南：山东人民出版社，2015.8（2020.12重印）
ISBN 978-7-209-08990-6

Ⅰ．①人… Ⅱ．①董… ②周… ③李… Ⅲ．①人际
关系学-教材 Ⅳ．①C912.1

中国版本图书馆CIP数据核字(2015)第190447号

人际沟通教程（职业版）

董君　周江　李薇　主编

主管单位　山东出版传媒股份有限公司
出版发行　山东人民出版社
社　　址　济南市英雄山路165号
邮　　编　250002
电　　话　总编室（0531）82098914
　　　　　市场部（0531）82098027
网　　址　http://www.sd-book.com.cn
印　　装　肥城新华印刷有限公司
经　　销　新华书店

规　　格　16开（169mm×239mm）
印　　张　17.75
字　　数　290千字
版　　次　2015年8月第1版
印　　次　2020年12月第5次
ISBN 978-7-209-08990-6
定　　价　36.00元
　　　　　　如有印装质量问题，请与出版社总编室联系调换。

内容提要

　　加强人际沟通能力的培养，提高职业人才的综合素质，是职业教育的重要内容和组成部分，也是当今世界职业教育发展的必然趋势。在这样的大背景下，我们编写了这本特色教材，旨在提升高职学生与人交流沟通的职业核心能力。

　　本书的内容编排新颖、科学，每一章前面都有【经典语录】【情境导入】和【学习目标】，在具体工作岗位的情境中引发对相关问题的思考。【知识点击】则以理论知识为主，明确知识要点。文中还穿插了【资源链接】【案例共享】【互动活动】【沟通小贴士】【综合训练】等栏目，生动灵活，体现淡化理论，强调实践的教材改革理念。全书力求为"教师的教、学生的学、学生的做"进行最贴心、最实用、最新颖的设计。

　　本书可以作为高职院校和一般本科院校开设人际沟通的必修教材，又适用于各类培训，也可作为社会各界人士加强人际沟通能力、提升个人综合素质的参考读本。

前　言

2014 年发布的《国务院关于加快发展现代职业教育的决定》（国发〔2014〕19 号）明确了发展现代职业教育的指导思想是"坚持以立德树人为根本，以服务发展为宗旨，以促进就业为导向"。教育部颁布的《关于全面提高高等职业教育教学质量的若干意见》（教高〔2006〕16 号）中也强调高等职业院校要"把立德树人作为根本任务……培养学生的社会适应性，教育学生树立终身学习理念，提高学习能力，学会交流沟通和团队协作"。1998 年劳动和社会保障部在《国家技能振兴战略》中提出了八项职业核心能力，其中交流表达能力位居八大核心能力之首。加强人际沟通能力的培养，提高职业人才的综合素质，是职业教育的重要内容和组成部分，也是当今世界职业教育发展的必然趋势。在这样的大背景下，我们编写了这本特色教材，旨在提升高职学生与人交流沟通的职业核心能力。

在信息技术高度发达的知识经济时代，具有良好的人际沟通能力已经成为高素质人才的重要特征。据统计，一昼夜 24 小时中，人们除了 8 小时睡眠外，其余 16 小时，有 70% 的时间是在沟通中度过的。其中，9% 的时间是在书写，16% 的时间是在阅读，30% 的时间是在口头表达，其余 45% 的时间是在倾听他人发表的意见，可以说，与人沟通是无时不在。刘勰在《文心雕龙·论说》中说："一人之辩，重于九鼎之宝；三寸之舌，强于百万之师。"美国卡耐基则说："一个人的成功，有 15% 取决于人的技术知识，而 85% 取决于人类的工程——发表自己意见的能力和激发他人热忱的能力。"美国哈佛大学有这样一种理念：思考能力是你的第三只眼，创造能力是你的第二本能，沟通能力则是你的第一亮点。人际沟通能力也是企业管理、商务运作、项目策划、服务人才的核心素质。

本书整体上遵循以精炼简洁的理论知识为基准，以精粹鲜活的案例分析为主线，以精准生动的问题设置为引导的教材编写宗旨。全书在"基础＋职业"的理念指导下，结构体例是以职业岗位角色进行分类，介绍不同类型职业岗位中人际沟通的技巧。

本书的内容编排新颖、科学，每一章前面都有【经典语录】【情境导入】和【学习目标】，在具体工作岗位的情境中引发对相关问题的思考。【知识点击】则以理论知识为主，明确知识要点。文中还穿插了【资源链接】【案例共享】【互动活动】【沟通小贴士】【综合训练】等栏目，生动灵活，体现淡化理论、强调实践的教材改革理念。

本书由董君、周江、李薇任主编，由丁慎国、刘智平、胡茂胜任副主编。具体分工是第一、六章由周江编写，第二章由李薇编写，第三、四、七章由董君编写，第五章由丁慎国编写。最后，由董君对全书进行了通稿，刘智平和胡茂胜对全书的编写工作提出了许多宝贵意见。由于时间仓促，本书在编写过程中有个别案例尚未与原作者取得直接联系，在此表示感谢。

淡化理论、强调应用、加装载体、强化能力、关注过程、评核结果，这种加强高职学生人际沟通能力的训练模式仅仅是我们在人文素质教育道路上的一种尝试和探索，加之水平有限，难免有疏漏与不足，敬请广大专家、读者和教学工作者批评指正。

编　者

2015 年 7 月

目　录

第一章
职业沟通概述

经典语录

　　每一个优秀的人，都有一段沉默的时光。那一段时光，是付出了很多努力，忍受孤独和寂寞，不抱怨不诉苦，日后说起时，连自己都能被感动的日子。

——力克·胡哲

情景导入

　　大学一毕业，文浩就来到了济南从事企业管理方面的工作。作为一名高职毕业生，他从小职员做起，任劳任怨，扎实工作，做到现在部门的工作能手，只用了五六年时间。现在的他，更重要的是努力拓展事业的发展空间。然而福祸双栖，对工作事务游刃有余的他面对公司晋升环节却头痛不已。在事业发展的道路上，他感到疲惫且已影响到工作热情，似乎职业发展已经到了瓶颈阶段，怎么也上不去了，对自己如何往下一个阶段发展感到既迷茫又有点力不从心。如何才能使自己仍然保持强有力的竞争力？怎样才能够有进一步的提升？自己接下来的发展方向究竟在哪里？……这种日益激烈的竞争压力和对自己在日新月异的社会中地位和发展方向的无法把握，使他产生了强烈的职业危机感。

学习目标

1. 了解职场，正确认识职业。
2. 踏实做人，圆融处事。
3. 了解职场文化，学会与同事和谐相处。

第一节　了解职业　自信从容

知识点击

职业就是个人服务社会并作为主要生活来源的工作。

我们正处在竞争激烈的年代，同时也是瞬息万变的年代，职场生涯的发展也如人生一样会发生许多变化，个人的意识和感知不能加以预料。职场新丁必须了解自己的职业，明确职业责任，找到不断进步的阶梯，给予自己一份光明的前景和不言败的信心。

一、寻找职业晋升的阶梯

在职业发展的过程中，综合能力、经验定位和学历的契合程度决定了你发展的高度和方向。它们既是你晋升的阶梯，同时也有可能成为你失败的祸首。把握好三者之间的关系，是你突破职业发展瓶颈的关键。

1. 提高自己的学历

其实，高学历在某种程度上来说仍是你找到好工作和晋升的阶梯。

因为大学毕业生的学历毕竟是用人单位认识你的第一块砝码。有了好的学历之后求职者才能够有机会在工作表现出自己的能力，也才有可能在公司晋升名单中受到重视。而且要想向更高的层面晋升，除了你的工作经验和实际能力以外，一个更有说服力的文凭也可以帮助你更轻松地实现目标。仅有过去的学历背景还是不够的，进一步学习和提升才是保持职业可持续发展和对职业保持热情的重要方式。

2. 明确自己的经验定位

经验是能力的铺垫，经验是资源，经验是晋升的前提。任何人的职业发展都存在着不可逆转性，任何人的职业定位都要基于过去工作经验的高度和自身的发展潜质。

对于已经有了较长时间的行业积累的职场人士来说，做专家？还是管理？这是任何想向高端发展的人都必须去认真考虑的问题，其关键就在于他的经验是往何处去积累的，而如果在工作中自己并没有明确定位在往哪方面发展，所以现在的你更多的是想如何取舍。如果往专家方向发展，自己是否有那方面的资质？如果往管理层方向发展，自己这几年的工作经验又有哪些能用得上呢？

3. 提高综合能力

综合能力包括你的学习能力、沟通能力、管理能力、决断能力、自信力等，是判断你在工作的过程中是否可以达到相应高度的重要指标。

其实，在工作中你能从你上司和同事身上学习到很多新知识、新理念。有很多人会认为公司并没有提供合适的培训机会或完善的培训体制，其实这些都是一种误解。作为一个懂得学习、善于学习的职场人士来说，自己也可以安排出一系列详细丰富的学习计划来提高自己。

所以，找到自己能力、学历和经历之间的契合度，提升自己的综合能力，增加自己的职业含金量，才是突破瓶颈最终的方式和手段。

| 资源链接 |

职业生涯的时段划分

如果将人的职业生涯比喻成一个时钟，四个时间区显得特别重要。

1. 第一时段（0时段）

0时段的人初涉职场，他们忙于找到一份适合自己的工作，又苦于无法按照自己的意愿选择职业方向。往往是什么还都不了解，就懵懵懂懂地走上了一条可能自己既不喜欢也不了解的职业道路。

2. 第二时段（2—3时段）

2—3时段的人有过一段并不算长的职业经历，遇到过种种不顺，对职场虽然有所认识，但却谈不上深刻。对职业定位的概念也算略知一二，一番误打误撞之后，他们对于行业、企业有了自己的看法。因此，处于职业积累过程中的他们，最需要的是一个可以期待的职业发展方向。

3. 第三时段（5—8时段）

5—8时段的人面临的问题似乎又深入了一步——职业提升。对于专业方面和管理方面的发展问题，他们开始踌躇不安。提高职业声望、追求人生理想的实现是这个时段人的基本目标。

这个时段的人大致可分3类：淘汰一族、安逸一族、准精英族。而那些不愿被淘汰、不愿庸庸碌碌的准精英一族也有3个发展方向可供选择：管理方向、专业方向、投资人。

4. 第四时段（10时段）

10时段的人常常会遭遇到职业生涯的瓶颈。他们处于职业调整期，如何保持职业的稳定和持续上升、实现更高的物质利益和价值追求，是他们面临的最大问题。最终的命运往往只有两种：一是淘汰，即使你过去成功过；二是再生，成为真正的精英。

二、五个 C：信心、能力、沟通、创造、合作

在一个人的职业生涯中，努力掌握五个 C [Confidence（信心）、Competence（能力）、Communication（沟通）、Creation（创造）、Cooperation（合作）]，显得十分重要。

1. Confidence（信心）

信心代表着一个人在事业中的精神状态、把握工作的热忱以及对自己能力的正确认知。有了这样一份信心，工作起来就有热情、有冲劲，可以勇往直前。当然，有时候我们也会面对失败和挫折，但这些并不可怕，每当你经历一次打击就学到一份知识，便积累一次力量和勇气。所以，在任何困难和挑战面前首先要相信自己。

2. Competence（能力）

能力是与自己所学的知识、工作的经验、人生的阅历和长者的传授相结合的。并不是说，我们学的什么专业，未来就会从事哪一行，人格特质才是决定人生方向的关键。因此，能力的培养是和真正不断地吸收新知识、新经验密不可分的，只有充实自己，才能赢在各个起跑点上。

3. Communication（沟通）

在工作中掌握交流与交谈的技巧是至关重要的。我们不仅仅要确定对方是否了解我们的意图，更重要的是让彼此在同一个观点、同一件事情上，可以取得共识。这其中的取得共识，仰赖的就是个人沟通的技巧。因此，如何有效沟通，表达自己的理想与见解，是一个很大的学问，也是决定我们在社会上是否能够成功的重点。

4. Creation（创造）

在这个不断发展的时代，我们不能没有创造性的思维，不能一味地在传统的理念里停滞不前，我们应该紧跟市场和现代社会发展的节奏，不断在工作中注入新的想法并提出合乎逻辑的有创造性的建议。而要创造，除了知识的积累，还需要与人和事物的接触和观察。我们要提高看待事物的深度与广度，不要将自己限制在一个领域中，多去尝试接触不同的人和事，对自己的创新发展，相信会有极大的帮助。

5. Cooperation（合作）

在社会上做事情，如果只是单枪匹马地战斗，不靠集体或团队的力量，是不可能获得真正的成功的。这毕竟是一个竞争的时代，如果我们懂得汇总大家的能力和知识来面对任何一项工作，我们将无往不胜。再者，一个能掌握和熟

悉合作的人，那就有机会领导团队，成为领导人物。不过，如果我们有机会担任领导者，就要有开阔的心胸，思考的应该是如何将这些个体的差异整体性地融合，汇成一股巨大的力量。

三、职业根本：责任心

每个人，不论从事何种职业，都应该心中常存责任感，敬重自己的工作，在工作中表现出忠于职守、尽心尽责的精神，这才是真正的敬业。

工作就意味着责任。每一个职位所规定的工作内容就是一份责任。你做了这份工作就应该担负起这份责任。我们每个人都应该对所承担的工作充满责任感。责任感与责任不同。责任是指对任务的一种负责和承担，而责任感则是一个人对待任务、对待公司的态度。一个人责任感的强弱决定了他对待工作是尽心尽责还是浑浑噩噩，而这又决定了他做事的好坏。

当我们对工作充满责任感时，就能从中学到更多的知识，积累更多的经验，就能从全身心投入工作的过程中找到快乐。这种习惯或许不会有立竿见影的效果，但可以肯定的是，当懒散敷衍成为一种习惯时，做起事来往往就会不诚实。这样，人们最终必定会轻视你的工作，从而轻视你的人品。粗劣的工作，就会造成粗劣的生活。工作是人们生活的一部分，做着粗劣的工作，不但使工作的效能降低，而且还会使人丧失做事的才能。工作上投机取巧也许只给你的单位（老板）带来一点点儿的经济损失，但是却可以毁掉你的一生。

四、科学规划，避免四种入职误区

1. 上班族的频繁跳槽

参加工作不久的大学毕业生频繁跳槽，而且时间周期越来越短的现象值得关注。这首先与他们对"参加工作"充满好奇和向往，在临近毕业时急于找到一份工作，而不考虑自己实际适合从事什么工作有关。

另外，由于事先缺少对职业发展方向的清楚认识和明确的职业规划，导致他们在进行工作选择时存在盲目心理和侥幸心理，缺乏严肃性，在对待所承担的工作方面明显缺少责任感。同时，由于单纯从兴趣出发看待工作，对"工作"抱有不切合实际的"幻想"，对实际工作的规范性、艰苦性要求在思想上认识不够，心理上准备不足。

当然，也还有工作单位对这些刚刚参加工作不久的大学毕业生缺少职业发展方面的培训和引导的原因。在这种情况下，一段时间过后，他们很快就没有了刚参加工作时的新鲜感，发现自己所从事的工作不像原来想象的那样有趣，进而开始对日常工作产生枯燥乏味甚至厌倦的感觉。受上述因素影响，重新选择工作的念头开始出现并日益强烈，一旦工作中遇有不如意的事情发生，就选择放弃工作单位或具体工作的处理方式。

可以说，部分大学毕业生根据科学合理的职业生涯规划主动进行职业选择的意识不强，同时缺少相应的实践经验，以致思想上对实际工作的规范性要求认识不够、对真正参加工作心理准备不足。这使得有些用人单位拒绝接收他们（甚至包括一些著名院校的毕业生），甚至有的毕业生选择用不断跳槽的方式"报复"用人单位，结果两败俱伤。

2. 高学历待业

有关调查资料显示：初中及以下文化程度、高中毕业生均比大专、本科生容易找到工作，在待业人群中，高学历的年轻面孔越来越多。

低学历的人比高学历的人容易找到工作的原因主要有：

（1）目前国内仍然存在基层组织内部人员的总体素质要求偏低，不愿意接收学历较高的人、担心不好管理的现象。

（2）低学历的人在工作层级和物质待遇方面的要求相对较低，使组织在运行上有资源配置相对简单易行、货币成本较低的感觉。

（3）个别高学历的人将高学历混同于高能力，不愿接受一般性的工作安排或比较低廉的薪酬待遇，使得他们在劳动力市场中处于高不成、低不就的状态。

（4）多数刚毕业不久的学生，虽然具有一定的理论知识，但缺少相应的实践经验，又往往自视清高，使一些希望引进外部人才的组织担心用不好、留不住，因而不愿接收他们。

3. 主动不就业

现在越来越多的"不就业族"（多是青年）表现出"主动失业"的状态，他们有的无所事事，靠父母养活。所谓"不就业族"，是指达到工作年龄、具备工作能力和条件，却主动放弃工作、赋闲在家的待就业青年。目前，大学毕业生群体中出现的"不就业族"主要是大中城市年轻人，其中很多人属于家中的独子（女）。"不就业族"的出现原因可能是受相对优裕的生活环境影响，大学毕业生群体中的一部分人对生存的压力缺少实际感受。另外，这一群体中有部分成员在如何面对"工作"和"未来"的问题上存在困惑或抵触思想，在没有想清楚之前，他们宁愿无所事事地待一段时间。也有一部分人由于家长过分溺爱，对外部环境有一种莫名其妙的恐惧感，在寻求工作方面缺少主动性，希望借助家长的帮助获得较好的工作，在一时难以实现他们的主观愿望时，就选择了"不就业"。

"不就业族"的出现，说明目前大学毕业生群体中有部分人缺少独立面对生活与工作的能力；或者是由于缺少现代人力资源理论和实践方面的指导，导致他们在职业选择和职业发展方面存在认识上的迷茫。也有部分人是由于对现有工作性质或职位安排不满，采取暂时放弃工作的态度。不管实际原因是什么，都反映出他们身上存在"娇""骄"二气。当然，少数因准备报考研究生或正在办理出国留学手续而暂时放弃工作机会的毕业生不在此列。

4. 职业生涯规划的缺乏

在校大学生缺乏职业生涯规划意识的现象比较普遍，参加工作后的青年人也不例外，因此他们常常不知道该如何面对职业选择和参加招聘活动。对于待业人群中高学历群体和主动"不就业族"以及参加工作后频繁跳槽的青年人，缺乏正确的职业生涯规划设计是他们人生发展的最大障碍。

我们的建议是：

（1）大学生一定要在大学期间研读"人力资源"或"职业生涯设计"方面的课程或文章书籍，参加工作后的青年人也要看几本类似的书籍，争取对个人事业选择和职业发展方面的理论观点有所了解。

（2）仔细思考并分析本人的生活兴趣和个性特点，在此基础上大致形成自己的事业追求和事业方向选择。

（3）了解社会上的各类工作，选择其中能够实现本人事业追求或符合自身事业发展方向要求的工作作为职业，为自己确定基本的职业目标、划分出大致的职业发展阶段。

（4）选择符合职业目标要求且能够实现本人特定职业阶段要求的组织作为开始个人职业生涯的第一站。

互动活动 讨论：如何让自己自信地面对新的工作？

第二节　转变角色　适应工作心态

知识点击

一、如何转变角色

我们感到，不少毕业生入职前的心理准备明显不足：一方面，为自己即将走向社会，实现自己的人生价值感到高兴；另一方面，在入职之前表现出复杂、矛盾的心理，有的毕业生对未来工作期望过高，有的产生了焦虑、急躁、抑郁、恐惧等不良情绪反应。所以，我们认为，引导毕业生调整心态，做好心理准备，就要帮助毕业生客观认识自我、实现角色转变、正确对待挫折、积极参与竞争。

案例共享

　　王帅是化学工业分析专业的毕业生，他年初应聘进入了淄博一家大型国有企业工作。王帅十分庆幸自己把握住了求职的机会，而且实习期间感觉工作非常适合自己。但即将正式走上工作岗位的他，却突然有种莫名的担忧：自己到这样的环境中去工作，能行吗？周围的同事都是名牌大学的本科生、研究生，自己仅是一个地方职业院校的专科生，在一个学历如此强势的工作环境中，自己将来还有出人头地之日吗？

分　析

　　这是一个典型的"入职心理"案例，类似的案例还有很多。对于大学毕业生来说，就业是人生发展中的一个重大转折点，是毕业生实现从"学生"向"社会人"过渡的重要阶段。保持良好的心态，做好充分的心理准备，对大学毕业生成功就业十分重要。

　　1.客观认识自我

　　就业的过程，是大学毕业生认识自我、评价自我、适应社会的过程。大学毕业生就业中的心理困扰，大多与不能客观认识、接受和评价职业自我有关。大学毕业生客观地评价自我的职业心理特点，是调节就业心理的重要途径，可以帮助自己找到适合自己的职业方向，并进行合理的职业定位。

　　客观全面地认识自我，从来就不是一件容易做到的事情。一是要客观地认识自己的个性特点。个性是个体统一的心理面貌，是心理活动中稳定的、具有个人特色的心理特征与心理倾向组合成的整体结构。人的个性以自己稳定的行为模式与态度体系表现出来，人的个性特征支配着他的行动。大学生在求职就业过程中，要考虑到自己的个性特点。个性包括气质、性格、智能等。气质和性格往往对人顺利求职、成功就业产生很大影响。不同气质类型的人的知觉速度、思维灵活度是不一样的，有的表现为机智敏捷、有的则表现为呆板迟钝，有的表现为沉着冷静、有的则表现为冒失鲁莽，等等。

　　二是要了解自己的兴趣、爱好和优势、特长。兴趣是爱好的推动者，爱好是兴趣的实行者，一个人的兴趣、爱好相辅相成，相得益彰。毕业生在选择职业时要从自己的兴趣爱好出发，因为有些职业需要某种兴趣爱好，有些职业明确禁止和反对某种兴趣爱好。一个人的优势、特长得到充分发挥，有利于实现人生价值的最大化。

2. 实现角色转变

人在一生中是要扮演多种角色的。大学生到一个新的单位里去工作，是一次角色转变的过程，要实现由"学生"到"职业人"的转变。大学毕业生要树立角色意识，尽快实现角色的转变。大学生在求职、就业过程中的许多心理困扰，大多与自己的社会角色意识不强有关。社会是一个大舞台，与校园大不相同。大学校园生活是一种单纯而有保障的生活，大学生的学习、生活、人际交往、休闲娱乐等都比较有规律性。在大学校园里，大学生容易滋长浪漫情调和美好幻想，这与现实社会环境差距较大。

大学生实现毕业前的角色转变，就是要抛开幻想，了解自己所处的真实地位和社会环境，实事求是地面对就业这样一个人生问题。大学生要摆正自己的位置，客观、冷静地进入职业状态，真正地认识社会，全面地了解社会，以自身的实际行动，积极主动地去适应社会需要，在选择或适应社会职业的同时，接受社会的选择和磨炼，这样才能顺利地实现角色转变。

3. 正确看待挫折

生活中的挫折是造就强者的必由之路。面对市场竞争、职场压力，大学毕业生在就业时总会遇到许多困难和挫折。就业是认识和适应社会的一个过程，就业过程中遇到一些困难，甚至经过几次挫折才获得成功，是正常的情况。大学生在就业中遇到挫折时，要用冷静的态度，客观地分析自己失败的原因，进行正确的受挫归因。挫折虽然会让人心情不愉快，但同时也可以锻炼人的意志。

不少大学生在就业时只想到成功，没有想到失败，一旦遭受挫折就会一蹶不振，陷入苦闷、焦虑情绪之中不能自拔。他们不能仔细寻找失利的原因，调整好目标，脚踏实地前进，争取新的机会，争取获得下一次的成功。真正的强者面对失败时，能够认真反思，吸取经验教训，努力去争取新的机会。当今社会，现实的情况是女生求职择业比男生遇到的挫折更多，女生要顺利地择业，在于发现自身的优势，并以其优势去参加竞争。

4. 积极参与竞争

当今社会是一个竞争激烈的时代。社会竞争不仅冲击着人们的事业和生活，也冲击着人们的思想和心理。

即将走上工作岗位的大学毕业生应当以积极的心态参与社会竞争——不仅要敢于竞争，而且要善于竞争。

竞争要有自信。自信是对自己一种积极的评价。求职、就业过程中的竞争十分激烈，大学毕业生要相信自己具备某项职业所要求的条件，鼓足勇气参与竞争。现实中，不少毕业生竞争意识不强，有的不敢参与竞争，有的面对竞争的挑战显得手足无措，这与客观环境的要求不相符。大学生要强化竞争意识，敢于迎接挑战，一要在正确进行自我评价的基础上，充分相信自己的实力，敢于通过竞争去达到理想的目标；二要从社会进步和深化改革的角度来加深对竞争机制的认识，强化自身的竞争意识，自觉地转变观念，正视社会现实，做好参加竞争的心理准备。

大学生还要善于参与竞争。要想在就业中取得成功，仅仅靠敢于竞争还不够，还必须善于参与竞争。善于竞争体现在具备良好的心理素质、实力和竞技状态等方面。在求职、就业竞争中，应注意自己的期望值是否恰当。期望值是个人愿望与社会需求的比值，期望值过高会使心理压力加大，注意力难以集中，造成焦虑不安，影响水平发挥。例如，在求职面试时，要克服情绪上的焦虑和波动。如果一个人能够自始至终地以良好的情绪对待学习、工作和生活，那么他就有可能在竞争中获胜。

机会总是为有准备的人提供的。大学毕业生正处于心理成长期，知识化程度高、社会化程度低，情绪波动性大、自抑能力小，自我认可度高、人际交往力低，成才意识强、抗挫能力弱，是当今大学生的共同心理问题。大学毕业生做好充分的心理准备，是把握机会，顺利实现求职、就业，适应社会生活的关键所在。

二、自信走入职场

大学校园和职场是两个截然不同的场所，大学生毕业后进入职场，是一种身份的转变，与之相应，大学生的心态也需要及时进行转变。

象牙塔里苦读的学生对于毕业后走入社会总是怀着期待和紧张，他们既希望能实现经济独立，养活自己，同时也担心自己不能适应复杂的人际关系和紧张的工作节奏。现实残酷，没有人能够在走入社会之前就很好地完成入职彩排和演练，仿佛是一瞬间，自己就要完成从学生到职场人士的角色转变。这个过程如同破茧化蝶一样，在痛苦中完成蜕变。那么，对于大学生来说，如何尽量缩短这个过程，尽早成为合格的职场人呢？

1.遵守游戏规则

职场毕竟不如学校那么单纯简单，不同的行业有不同的游戏规则，但无论如何，对于所有职场人士来说，共同的一个规则就是耐心学习、不嚼舌根，不为自己的过错找借口，很多学生心思单纯，对于自己的情感得失十分计较，在工作上受了委屈，内心不平，想要发泄出来或者报复。这种态度是十分不可取的，换一个角度想，正是有这些委屈，才能使自己的心理素质得到锤炼。

2. 多了解信息，虚心学习

对于刚刚进入职场新环境的大学生来说，想要尽快适应，最基本的就是了解关于该行业和自己所在部门的信息，比如公司文化、规章制度、自己的工作职能和责任，只有对自己的工作做到知己知彼，才有百战不殆的机会。

3. 注意调整心态

心理素质对每个人来说都是十分重要的，进入职场，必然会有一个适应期，人在适应期的时候对自我的期望较高，压力较大，很容易出现心理失衡，对此，每个人都应该注意维护自己的心理健康，适当的时候寻求朋友或者心理咨询师的帮助是十分必要的。

案例共享

有位学者在外散步，看见一个警察愁眉苦脸，就问："怎么了？有什么事情让你烦恼吗？"警察回答说："我一天到晚巡逻，但收入只有10美元，这样的工作简直是在浪费时间。"这时一个灰头土脸的扫烟囱的人走过来，学者觉得他很快乐，就问他："你一天能有多少收入？"扫烟囱的人回答："3美元。"学者又继续问："一天才拿3美元，你为什么这么快乐？"扫烟囱的人惊讶地说："为什么不呢？"警察鄙视地说："只有垃圾才爱干垃圾的工作。"学者严肃地说："警察先生，你错了，他在干着使自己愉悦的工作，但是你却每天被工作奴役着，他的人生一定比你更精彩！"

选择一份自己喜欢的工作是让生活精彩的重要一步，然后怎样为自己的工作寻找快乐是更重要的一步。没有后一步你会浪费掉大部分生命。为了对自己负责，就应该把工作和自己的生命画个等号。就像苏格拉底说过的："每个人身上都有太阳，只是要让它发出光来。"

（故事节选自人民网《工作对你意味着什么》，有删改）

三、积极的工作态度

在我们的生活中，工作占我们一天三分之一的时间，是我们人生的重要组成部分。但每个人对工作的定义不同，有的人认为工作是为了衣食住行，是生活的代价，是不可避免的劳碌；而有的人则认为工作是理想的奋斗，是自己一生的事业！

"乐在工作"简单易懂，但能由衷领悟而且能在工作上心生喜悦地"享受"它，却不是一件容易的事。工作对你而言意味着什么？是一份维持生活的薪水？

还是一份成就自己人生的事业？每个人在做一件事情的时候，都是在满足自己的欲望和需求。

互动活动

阅读以下材料，思考：作为一名公司的员工，你是出于哪种需求与欲望，去完成自己的工作呢？

1. 生存的需求

对于一个人来说，生存是第一位的，工作赚钱养活自己也无可厚非。但是这种没有任何主动性、迫于无奈去工作的人，只是金钱的附属品，他们永远都是一个平庸者。

2. 生活的保障

这类人的初衷非常简单，就是想有个"铁饭碗"。他们希望凭借自己的工作，过上比较安稳舒适的日子。相信抱着这样的心态每日忙碌在工作岗位上的人不少。虽然他们也能够勤勤恳恳地工作，但最终的结果仍不免流于平庸。

3. 自身价值的认可

这一类型的人工作都非常努力。他们希望通过自己的努力工作，使别人充分认识到自己的价值，从而得到社会的认可和尊重。但是这类人往往自尊心太强，一旦受到挫折便很容易气馁。也正因为如此，这些人往往一不小心就会陷入平庸的泥沼。

4. 自我价值的实现

这一类型的人对工作的态度是最为理想的，他们希望通过努力工作为自己所属部门做出更大的贡献，更希望在工作中通过不断挑战自我，发挥出自己的创造性潜质，最终实现自身的价值。只有这种视工作为乐趣的人才能避免流于平庸，也只有这种人才能够实现自我的价值。

人的一生，可以没有很大的名望，也可以没有很多的财富，但绝不可以没有工作的乐趣。工作是人生中不可或缺的一部分。如果从工作中得到的只是厌倦、紧张与失望，人的一生将会多么痛苦！令自己厌倦的工作即使带来了"名"与"利"，这种光彩也是何等的虚浮！

我们应该有怎样的工作态度？

如果在平凡岗位上的我们，以敷衍的态度对待工作，每天被动地、机械地工作，同时不停地抱怨工作的劳碌辛苦，没有任何趣味，那我们的环境会变好吗？收入会增加吗？会开心吗？不会，当然不会！只能永远做等待下班、等待工资、等待被淘汰的"三等"人！

我们左右不了变化无常的天气，却可以适时调整我们的心态。因为人的主观感受就像一面镜子，如果你告诉自己：我很开心，便真的感觉到自己很开心。那么，免除平凡工作中劳碌辛苦的秘诀就是用积极的心态让自己拥有舒畅的心情，用热情去工作！

我们大都是平凡的人，我们都做着平凡的工作、平凡的事，都处在平凡的工作岗位上，而无论我们处于什么岗位，或者做什么工作、什么事，我们都应该具有岗位责任感，有把工作做好的责任心，这样我们才不致流于平庸。

关于工作的心态，似乎是令所有成年人苦恼纠结的命题。自远古以来，信奉"不劳动者不得食"的老祖先已经把工作的意义讲得淋漓透彻：工作是为了生存。田间劳作是工作，上山砍柴是工作，下海捉鱼也是工作。皇上日理万机，是工作；小民贩运货物，也是工作。

我们许多人一生的大部分时间都是在工作中度过的，所以说，我们对工作的态度决定了我们是每天全力以赴、表现优异、使日子充满活力与成就感，还是天天与挫折、无聊、疲倦为伍。我们应该有一种和谐的"工作心态"：享受工作、享受生活、享受快乐。当你能以积极的态度面对工作与生活并感觉自己能够不断地发挥潜力时，你就真的在享受工作、享受生活了。

互动活动 请说一说你看过这个故事后的感受。

建筑工人的故事

有三个建筑工人在共同砌一堵墙，这时，有人问他们："你们在干什么呀？"

第一个头也没抬，没好气地说："你没看见吗？在垒墙。"

第二个人抬起头来说："我们当然是要盖一间房子。"

第三个人边干活边唱歌，脸上满是笑容："我在盖一间非常漂亮的房子，不久的将来，这里将变成一个美丽的花园，人们会在这里幸福地生活。"

10年以后，第一个人仍是一名建筑工人；第二个人成了建筑队的队长；第三个人则成了他们的总经理。

其实，这个故事之所以如此广为流传，是因为它告诉了我们一个浅显而又实用的道理：面对同一环境，不同的工作心态造就了他们不同的未来。

第三节　放弃偏执　学会合作共赢

知识点击

"在这个竞争的社会里，什么人都不能忽视。"的确，在一个大集体里，干好一项工作，占主导地位的往往不是一个人的能力，而是各成员间的团结协作配合。团结大家就是提升自己，因为别人会心甘情愿地教会你很多有用的东西。毕业生刚从校园里走出来，不可能独自承担一个项目，特别是在程序化、标准化极强的行业里，每个人只能完成一部分的工作，团队合作在很大程度上关系着企业发展的命脉。无法想象，一个只会自己工作、平时独来独往的人能给企业带来什么。广州有位人事经理曾直截了当地说："我从不录用不积极参加集体活动的毕业生。"诺贝尔经济学奖获得者莱因哈特·赛尔顿教授有一个著名的"博弈"理论。假设有一场比赛，参与者可以选择与对手是合作还是竞争。如果采取合作策略，可以像鸽子一样瓜分战利品，那么对手之间浪费时间和精力的争斗不存在了；如果采取竞争策略，像老鹰一样互相争斗，那么胜利者往往只有一个，而且即使是获得胜利，也要被啄掉不少羽毛。现代企业文化追求的是团队合作精神。所以，不论对个人还是对公司来说，单纯的竞争只能导致关系恶化，使成长停滞；只有互相合作，才能真正做到"双赢"。

职场中，不管我们是相遇在同一个部门、合作在同一个项目中、共事于同一个公司里，还是在同一个商业谈判场合，有一点非常清楚，就是没有一方可以在对方全输的情况下而自己大获全胜。每一个个体都需要他人的配合来实现大家共同的目的。所谓"双赢"指的就是只有在双方都有胜算的空间下，才有可能达到自己最理想的目标。

尽管我们非常了解，"双赢"意味着在彼此利益指向不同方向的情况下而努力求得共同目标的一致性。但我们往往总是倾向着眼于"不同"而非"共同"。最具体的表现，就是我们在做一个决定和判断的时候，不是记得要如何更好地达成一致，而总是在不一致上纠缠和不妥协。

争论时，大多数人更在意自己的意见是否是正确的，自己的想法是否可以起主导作用，自己的面子是否被维护……于是，当不同声音出现时，我们就会倾向于要证明自己是对的而他人是错的，于是就会把对方当成"敌人"。但是，即便我们用自己的声音压制了他人的声音，我们也将失去他人真正的尊重和支持！

无论在生活中还是职场中，与他人共存的我们没有敌人，只有对手，而能够获得对手尊重的人将拥有真正的合作伙伴和真心的朋友！

那么，究竟如何做，才能使得我们在面对不同意见时，既能将问题完满解决，又可以为理想的职场关系打下良好基础呢？

案例共享

小贾是某公司销售部的一名员工，为人比较随和，不喜争执，和同事的关系处得都比较好。但是，前一段时间，不知道为什么，同一部门的小李老是处处和他过不去，有时候还故意在别人面前指桑骂槐，对跟他合作的工作任务也都有意让小贾做得多，甚至还抢了小贾的好几个老客户。

起初，小贾觉得都是同事，没什么大不了的，忍一忍就算了。但是，后来小李越来越嚣张，小贾一赌气，告到了主管那儿。主管把小李批评了一通，从此小贾和小李成了不可化解的冤家了。

分　析

小贾遇到的事情是在工作中常常出现的。在一段时间里，同事小李对他的态度大有改变，这应该是让小贾有所警觉的，他应该留心是不是哪里出了问题了。但是，小贾只是一味忍让。实际上，忍让不是一个好办法，更重要的是应该多沟通。

小贾应该考虑是不是小李有了一些什么想法或有了一些什么误会，才让他对自己的态度变得这么恶劣，他应该主动及时地和小李进行真诚的沟通，比如问问小李，是不是自己什么地方做得不对、让他难堪了之类。任何一个人都不喜欢与人结怨，人与人之间的误会和矛盾在比较浅的时候是可以通过及时沟通而消失的。

而小贾是到了忍不下去的时候选择了告状。其实，找主管来说明一些事情，不能说不对，关键是怎么处理。但是在这里，小贾、部门主管、小李三人犯了一个共同的错误，那就是没有坚持"对事不对人"，主管做事也过于草率，没有起到应有的调节作用，他的一番批评反而加剧了二人之间的矛盾。主管正确的做法应该是把双方产生误会、矛盾的疙瘩解开，促使员工通过沟通来解决这件事，这样做的结果肯定会好得多。

我们每一个人都应该学会主动地沟通，真诚地沟通，讲策略地沟通，如此一来就可以化解很多工作与生活中的误会和矛盾。

1. 欢迎不同的意见

在职场中，总有些地方是你没有想到的，而有人提出来，恰恰是帮助你看到你的盲区，你需要对不同的意见表示感谢，因为它可能恰恰是让你避免重大错误的最好机会。

2. 不要相信你直觉的反应

当有人提出不同意见的时候，你的第一个反应可能是倾向于自卫。当你感到要为自己的想法做辩护时，你要提醒自己这是对自我进行保护的一种表现，此时你要慎重地去看待自己对不同想法的排斥态度。听到不同意见就立即给予反驳的时候，你需要注意，这有可能是你最需要改进的地方。保持平静，是此刻最佳的表现！

3. 控制你的情绪

没有一个人会喜欢他人对我们的想法指手画脚，你不喜欢，别人也不喜欢。当别人对你的想法提出质疑时，尤其是说出你所不希望听的内容时，你可能会非常生气。这个时候，请你屏住呼吸，然后深深地吐一口气，让自己感觉胸腔放掉了所有的气，做好可以接纳挑战和质疑的声音的准备后再做出反应。

凡是成功者都会谨记：我们可以根据一个人在什么情况下发脾气来测定这个人的度量和成就究竟有多大。

4. 先听为上

当你将情绪放在一边时，就做好倾听你"反对者"的声音。要让你的"反对者"有说话的机会，让他们把话说完，不要抗拒、防护或辩解，因为这样只会增加彼此沟通的障碍，破坏团队共同前行的气氛。努力建立了解的桥梁，就是以开放的倾听为首要的态度，只有真正地听到了对方的声音，才能帮助彼此达成一致。

5. 寻找你同意的地方

在听完不同意见后，你首先要认真地想出你可以同意的地方。这将有助于帮你了解到，对方并非真正地要去阻碍事件本身的发展，而只是要表达他自己不同的看法，他用他的不同意见来协助你离真相更近。

6. 对待自己要诚实

如果听完"反对者"的意见后，你觉得自己似乎在某些观点上的确有欠缺之处，要坦诚地表达，为你的不恰当之处表示歉意。这样可以有助于解除你"反对者"的武装和防卫。能真正赢得尊重的人并非一直正确的人，而是在犯错误时勇于承认的人。

7. 向那些对你提出不同意见的人表示真正的感谢

做到这一点，是要有胸襟和气度的，正因为这一点非常难以做到，所以尤为可贵。真正的感谢一定是发自内心真实的感受，而非表面的敷衍和讨好！

其实，任何肯花时间表达不同意见的人，必然和你一样对同一件事情感到关心，当你想到这一点，你大概会从心底感受到他们是正在帮助你的人，是你的朋友，而不是"敌人"。

8.延缓采取行动，让彼此都有时间可以把问题考虑清楚

不可否认，不是每一位提出不同意见的人都是基于事件本身，可能有人就是要反对你，或是要表现他自己很重要。但不管出于何种原因，当不同的意见出现时，都必然有它的价值。

你要问问自己："他们的意见，可不可能是对的或是部分是对的？他们的立场或理由是不是也有道理？"又或者："我的反应到底是在帮助解决问题还是在减轻我的一些挫败感？""如果我的理由打倒了他们，我将会付出什么代价？是不是不同的意见就会消失？"

这些问题都是对自己内心最真实的拷问。当给彼此时间去思考时，就是帮助彼此去厘清问题所在的最佳时机，而我们的难题恰恰就成了我们的机会。

"把反对者的声音听成是对自己的支持"，拥有这样一个观念的我们，就会在通过聆听他人不同意见的同时，帮助自己去拓展更多的可能性，并且让我们学会如何以建设性的态度来处理与他人的关系，在自我保护和自我发展的同时，避免攻击和伤害他人，承认并尊重他人自我保存和发展的权利！

第四节　踏实做人　圆融处事

知识点击

对于所有在职场中打拼的人来说，良好的工作态度是做好一切工作的首要前提。它不仅体现着一个人对待工作的忠诚度，还是一个人走向成功的阶梯。因为没有任何一个老板愿意将大任交给一个整日浑水摸鱼、敷衍了事的人。这对于老板来说，将意味着一次十分不明智的冒险。而对于所有想在职场上占有一席之地的人来说，忠于事业、踏实做人是比什么都重要的。因此，浑水浑鱼、敷衍了事的态度对于每一个职场人士来说都是必须戒除的。

很多时候，我们会发现，有一些人虽然有很强的工作能力，但他的职场生涯却并不比那些能力一般的人顺利。究其原因，在于他的心态、他的情商、他的抗压能力很差。这样的人在面临挫折的时候，通常不是去想方设法解决困难，而是变得不知所措，畏首畏尾。可以想象，这样的人是无法委以重任的。所以，要想在职场中闯天下，就必须要戒除畏惧困难、知难而退的心理。

如何处理好工作中的人际关系，让自己在复杂多变的职场中如鱼得水，是

每一个职场人的愿望。在工作中，善于言谈，懂得人际交往技巧，不仅能快速提升个人形象，还能得到领导的赏识与重用。所以，与同事搞好关系是驰骋职场的人必须要学习的一堂课。

职场中人所面临的环境永远都是充满着竞争的。能够在这场战争中胜出，靠的不仅是智商，更重要的还有情商和逆商。那些积极乐观的人似乎更容易得到命运的眷顾和垂青。而那些消极悲观的人，却往往会难逃被淘汰的噩运。一个充满竞争的社会，需要的永远是那些斗志昂扬、奋发向上的人。所以，要想创造辉煌、取得成功，就必须戒除消极悲观、不思进取的心理。

通常情况下，那些顽固死板、不懂变通的人很容易被同事隔离、孤立。天长日久，就变成了边缘人、孤家寡人。这样一来，他们也就将所有能够走向成功的路给堵死了。所以，要想在职场中游刃有余地穿梭，懂得圆融变通是很重要的。

案例共享

张丹峰刚刚从名校管理学专业毕业，出任某大型企业的制造部门经理。张丹峰一上任，就着手对制造部门进行改造。张丹峰发现生产现场的数据很难及时反馈上来，于是决定从生产报表上开始改造。借鉴跨国公司的生产报表，张丹峰设计了一份非常完美的生产报表，从报表中可以看到生产中的任何一个细节。

每天早上，所有的生产数据都会及时放在张丹峰的桌子上，张丹峰很高兴，认为他拿到了生产的第一手数据。但没过几天就出现了一次大的品质事故，而报表上根本没有反映出来。张丹峰这才知道，报表的数据都是随意填写上去的。

为了这件事情，张丹峰多次开会强调认真填写报表的重要性，每次开会后在开始几天可以起到一定的效果，但过不了几天又回到原来的状态。张丹峰怎么也想不通。

分 析

张丹峰的苦恼是很多企业中经理人普遍的烦恼。现场的操作工人很难理解张丹峰的目的，因为数据分析距离他们太遥远了。大多数工人只知道好好干活，拿工资养家糊口。不同的人所站的高度不一样，单纯靠强调、靠开会效果是不明显的。

站在工人的角度去理解，虽然张丹峰不断强调认真填写生产报表的重要性，可以有利于企业的生产发展，但这距离工人比较远，而且大多数工人认为这和他们没有多少关系。

后来，张丹峰将生产报表与业绩奖金挂钩，并要求干部经常检查，工人们才开始认真填写报表。

沟通中，不要简单地认为所有人都和自己的认识、看法、高度是一致的。对待不同的人，要采取不同的模式，要用别人听得懂的"语言"与之沟通，做到外圆内方，踏实做人，圆融处事！

一、注重细节，锋芒不露

1. 注重细节，从小事做起

看不到细节，或者不把细节当回事的人，对工作缺乏认真的态度，对事情只能是敷衍了事。而注重细节的人，不仅认真地对待工作，将小事做细，并且能在做细的过程中找到机会，从而使自己走上成功之路。

2. 工作中没有小事

点石成金，滴水成河，只有认真对待自己所做的一切事情，才能克服万难，取得成功。

3. 认真对待每一次训练

那些在平时训练和准备过程中认真对待的人则相反，由于一直接受了高强度的模拟训练，他们更容易在关键的比赛中表现出镇定的心态，因为在他们心目中，平时的训练无异于一场简单的比赛。

4. 悄悄地为他人做点好事

试着去真心真意地帮助别人，当这一切完全发自你的意愿时，你将会感觉到这是件多么快乐的事，你的心灵就会得到回报——一种平和、安静温暖的感觉。

5. 敬业精神＋脚踏实地＝成功

敬业，不仅仅是事业成功的保障，更是实现人生价值的手段。有的人总是不满意目前的职业，希望改变自己的处境。但世界上绝对没有不劳而获的事情，人们的成功无一不是按部就班、脚踏实地努力的结果。

6. 知道如何做好一件事，比对很多事情都懂一点皮毛要强得多

在得克萨斯州一所学校演讲时，一位美国总统对学生们说："比其他事情更重要的是，你们需要知道怎样将一件事情做好；与其他有能力做这件事的人相比，如果你能做得更好。那么，你就永远不会失业。"一个成功的经营者说："如果你能真正制好一枚别针，应该比你制造出粗陋的蒸汽机赚到的钱更多。"

许多人都曾为一个问题困惑不解：明明自己比他人更有能力，但是成就却远远不如他人！面对这样的问题，我们不要疑惑，不要抱怨，而是应该先问问自己：是否在自己的工作领域里有过浑水摸鱼的行为？如果你对这些问题无法做出肯定、积极的回答，这也就是你无法取胜的原因。如果一件事情是正确的，那就大胆而尽职地去做吧！如果它是错误的，就干脆别动手。

7. 相信自己，正视开端

任何大的成功，都是从小事一点一滴累积而来的。没有做不到的事，只有不肯做事的人。想想你曾经历过的失败，当时的你真的用尽全力试过各种办法了吗？困难不会是成功的障碍，只有你自己才可能是最大的绊脚石。

8. 扎实的基础是成功的法宝

如果一味地追求高远的目标，丧失了眼前可以成功的机会，就会成为高远目标的牺牲品。许多年轻人不满意现在的工作，羡慕那些大款或高级白领人员，不安心本职工作，总是想跳槽。其实，没有十分的本领，就不应有这些妄想。我们还是多向成功人士学习，脚踏实地，做好基础工作，一步一个脚印地走上成功之途。

二、争取合理利益

美国职场心理专家对世界 500 强企业中的 377 家进行专门调查，结果发现，除了例行公事的年终加薪，72% 的老板虽然不会在平时为员工加薪，但仍有54% 的员工获得过"非常规加薪"，前提是你必须主动提出加薪要求。

当然，有很多职场人士认为，不能和老板谈条件。无条件服从领导的安排，这样的员工才是老板心目中的好员工。但是，如果你的晋升机会到了，你还一直默不做声，这也有可能成为你事业的绊脚石。所以，作为打工者，要懂得向"东家"争取利益，这也是每个职场人士应该掌握的晋升技巧。

许多人在自己的正当利益受到损害时，常常因为不好意思或者对方的力量太强大而选择放弃。实际上，应当大方坦率地去争取自己的应得利益，不能助长他人的嚣张气焰，让人白白吞噬自己的劳动成果。

现在的主管或老板，素质参差不齐，有些人知道付给员工合理报酬能带来更好的效益，有些人却认为在员工身上花钱越少越有利。遇到后一种主管或老板，只有学会讨价还价才不会太亏。偏偏有些员工不爱争，不敢争，不会争，宁可选择跳槽也不愿意跟主管或老板当面对话，这未免太消极了。跳槽、打官司之类是不得已而为之的手段，在此之前，应该先采用较温和的方法。你不去争，怎么知道争不到应得利益呢？很多人对报酬不满意，便抱怨老板有眼无珠、"不识金镶玉"，甩手不干了。这样做，到头来还是自己吃亏。

事实上，现代的法制已经比较健全了，一旦你遇到自己正当权益被侵犯的情况，你不但可以利用智慧去争取，更可以拿起法律武器来捍卫。

综合训练

一、阅读分析题

阿利大学毕业后，就只身来到上海，在一家民营的通讯公司做研发工作。但工作了大半年之后，却失去了当初的豪情壮志。阿利感觉到在现在的企业做研发工作虽然有一定压力，但还能比较好地发挥自己的进取精神。不过从职业性格来看，他觉得自己更适合做突变性强的工作，所以内心里对现在的工作内容感到不满足，总感到工作太过单一，没有前途。在阿利看来，公司基本没有任何培训，完全靠传统的师徒面授方式，而由于阿利在团队协作方面做得不够好，性格与师傅不和，似乎已经到了瓶颈阶段。有时候情绪一低落就会萌生去意，想转型去做别的，但又怕一时冲动做了决定将来会后悔。所以，是去是留一直困扰着他。

1. 结合学过的知识，分析阿利遇到了什么问题？
2. 假如你是一位资深人力管理专员，将为阿利提出什么建议？

二、案例分析

小杨这样辞职对吗？

小杨是某大学广告专业学生，下学期即将毕业，目前正在一家大型公司的销售部做兼职。小杨工作十分出色，销售部冯经理对她的工作非常认可，向高层汇报小杨工作时全是赞美之词，并承诺待小杨毕业后立刻雇佣她，让她领导公司里新成立的媒体研究部。

小杨对此受宠若惊，但她对这个新职位并不感兴趣，因为她对目前正在做的工作并不满意，然而她从来没有告诉冯经理她对当前工作以及将来工作的想法。因为冯经理培养了小杨，并且对每个人都夸赞她，小杨对冯经理十分忠诚并心怀感激。小杨觉得拒绝这项工作就等于背叛了冯经理。几个星期后，小杨决定辞职，但她不知道如何面对冯经理，觉得有点难以启齿，便一直拖到她要辞职的那天。

那天冯经理准备出差，小杨走进经理办公室，当时还有其他人在里面讨论项目。冯经理问小杨什么事情，小杨回答说："我要辞职。"

冯经理大吃一惊，问小杨为什么要辞职。小杨为未能早些通知他道歉，并解释说从明天开始就要在其他地方做兼职。冯经理对她非常失望，说："如果你早点告诉我，我还能慢慢将项目交给其他人，现在可怎么办？"

请思考：

1. 小杨应该怎样处理辞职一事？

2. 你认为小杨应该在何时、何地、以何种方式提出辞职？如果换一个环境，冯经理会理解她吗？

3. 冯经理哪些做法使得小杨不愿沟通？

三、讨论电影计划

（一）训练要求

1. 时间控制：5分钟；

2. 场地：室内；

3. 所需道具：印有《任务表》的纸张，每小组一张。

附件：任务表

	姓名	A	B
任务1	最终达成的结果是什么？		
任务2	最终达成的结果是什么？		
	与任务1的结果有何不同？		
	如果本次交流确有进展，为什么？		

（二）训练过程

1. 训练者分成2人一组，其中一人角色为·A，另一人为B，允许训练者自由组合。每组有1分钟时间一起安排下周末去看电影的计划。

2. 完成任务1：（时间为5分钟）

（1）A提出一个建议。例如：我们一起去看电影吗？

（2）B采用"好的，但是……"这样的句式来回答。例如：好的，但是我觉得去游乐场更好玩儿。

（3）A也用"好的，但是……"这样的句式来表达自己的意愿。

（4）A、B均采用这样的句式进行交流，直至时间结束为止。

3. 完成任务2：（时间为5分钟）

（1）A用同样的建议开始这次对话。

（2）本次交流均采用"好的，而且……"这样的句式对对方的建议做出反应。例如：好的，而且我们看完电影以后可以一起去吃饭。

（3）5分钟后结束本次交流。

4. 小组成员完成任务表。

（三）训练分享

1. 现实生活中你遇到过类似的情况吗？你经常采用哪种方式来回应对方？你认为哪种交流方式更有利于有效的沟通？

2. 总结一些常用的肯定性词语和常用的否定性词语。

3. 当你不同意他人观点时，怎样用肯定性词语来回应对方？

第二章
服务类职业沟通技巧

经典语录

　　永远不要忘记你和你的公司是干什么的，这是一个满足顾客需求、向顾客提供服务的行业。

　　　　　　　　　　——选自斯坦·瑞普和汤姆森·科林斯《新市场学》

　　一个简单的接待比一个详细的说明书要好。

　　　　　　　　　　　　　　　　　　　——德国《营销杂志》

情景导入

　　位于济南的 L 公司信息化采购前派出由副总、总工、信息化部门负责人组成的考察组分别考察 X 集团公司和 Y 公司。Y 公司被安排在周六，X 公司被安排在周日。

　　Y 公司原来就是 L 公司信息化供应商，将考察活动安排在河北的分公司。考察组抵达现场时，工作人员才打开门，该公司也没有安排领导层出席，只有销售人员陪同考察组进入该公司进行了参观。当晚，也没有安排晚宴活动。

　　X 公司安排考察组考察深圳的一家分公司，该分公司的总会计师出面接待，安排现场体验集团公司产品的应用，同时安排考察组在深圳进行了游览，从济南飞抵深圳机场时，还安排了专用通道和鲜花。晚宴很隆重，总经理亲自出面宴请，2 名高级副总陪同。会议中，领导亲自讲解，技术人员进行现场演示。会议结束后，安排专车送考察组成员返程。

　　结果可想而知，X 公司取得了 L 公司的认可，成为合作伙伴，通过销售人员的进一步跟进，L 公司累计采购软硬件两千多万元。同时，也为 X 公司完善了产品。

1. 掌握客户接待的技巧与礼仪；
2. 掌握接打电话的技巧，能熟练地接打电话；
3. 举一反三，掌握服务类职业沟通技巧。

第一节　客户接待

知识点击

一、什么是接待

接待工作是指对来自上级、同级、客户以及其他组织的来宾进行接洽与接待，是一种公共关系职能的具体活动。

一项接待活动通常由以下要素构成：一是来访者，这是接待的对象。来访者可能是一个代表团、一个工作组，也可能是个别人；可能是内宾，也可能是外宾。二是接待者，这是接待的主体，包括秘书人员、有关领导者和其他参与接待的工作人员。三是来访的意图，这是来访者期望达到的目的。四是接待方式，这是接待者根据来访者情况而确定的接待规格、程序和方法等。

接待的目的是利用一定的接待设施和服务为手段，沟通上下，联系左右，保证公务、业务等活动的顺利完成。接待工作的开展，有助于树立对外的良好形象，扩大对外影响的渠道，维系进行交往和合作的纽带，建立联系、获得信息的渠道和交流经验、传播信息的媒介。

二、接待客户的准备

客户在接受某项基本服务时，最基本的要求就是服务代表能关注他直接的需求，能提供热情的接待；在不需要接待时，客户就不希望服务代表去打扰。服务代表要想在接待客户的过程中，呈现出良好的服务技巧，就必须事先做好充分的准备工作。具体来说，服务代表在接待客户之前应做好以下两个方面的准备工作。

（一）预测客户的三种需求

服务代表在接待客户之前，应先预测一下客户可能有哪些方面的需求，再一一做好准备。一般来说，客户一般有以下三个方面的需求：

1. 信息的需求

实际上是客户需要使用帮助。例如，你去餐厅吃饭，那么你会需要知道该餐厅都有什么菜，哪道菜是招牌菜，哪道菜的口味最好，多长时间能够端上来，价格是多少，等等，这些都称为信息需求。

为了满足客户的这种信息需求，就要求服务代表事先做好充分的准备，就要求我们的服务代表不断地充实自己的专业知识。因为只有你很专业了，才有可能去为你的客户提供令人满意的服务，才可能去满足他对信息的需求。

2. 环境的要求

例如，天气很热时，客户希望这个房间里很凉爽；如果这次服务需要等候很长时间，那么就会需要有一些书报、杂志可以供客户来翻阅等等。这些都是客户对环境的需求。

案例共享

很多大商场都有托管儿童的区域，托管后家长就可以自由地去选购商品了。

在麦当劳、肯德基里也设有专门的儿童乐园，以满足带小孩的顾客的需要。

很多企业的销售坐席上都有很好的隔音装置设备，就是为了让客户清晰地听到服务代表的话。为不同的客户提供不同的消费环境，是留住客户的一个重要手段。

3. 情感的需求

客户都有被赞赏、同情、尊重等方面的情感需求，服务代表需要去理解客户的这些情感。客户可能会跟你讲："你看我这么一大把年纪了，跑到你这儿来，来回坐车就要得倒三趟车。"那么，你就应该考虑是否可以通过电话来解决这件事情。如果客户说："你看，这么大热的天，到你们这儿来，我骑车已骑了半个小时，浑身都湿透了！""我给你倒一杯水。"

那么客户心里相对来说就会感到舒服很多。这些东西就叫客户对情感的需求。

满足客户情感需求的难度是相当大的，要做好这方面的准备工作也是相当不容易的。这就需要服务代表有敏锐的洞察力，能够观察到客户的需求并给予满足。

服务代表在认识到客户的三种需求以后，就应该根据客户的这些需求做好相应的准备工作。如果服务代表能根据本行业的特点做好这三方面的准备工作的话，在真正面对客户的时候就有可能为客户提供优质的服务。

✍ 案例共享

右图为某人民医院病人经脊柱微创手术后 24 小时下床进行康复锻炼的场景，从右图可以得到如下信息：

信息需求：病人首先需要一套最佳、最有效的康复治疗方法。这就要求这家医院康复中心的员工本身要有很强的专业知识，能充分地去指导病人最有效、最安全地使用这项器械进行治疗，以便尽快地恢复健康。

环境需求：环境应该安静和舒适，房间的温度应该适宜。病人的腰做过手术，如果腰部固定一下，产生支撑感，会感到舒服一些。在康复器械的摇把上包一些柔软的绒布病人会感觉到更舒服。如果能加上一些轻松的背景音乐，会缓解锻炼带来的枯燥，效果会更好。

情感需求：如果说护理人员在提供很好的专业知识，又能够提供很好的环境，然后在伴随病人进行康复治疗的过程中能尽量地陪病人聊聊天，让她心情变得好起来；如果能说一些安慰和鼓励的话，病人的心情就会变得更加舒适。

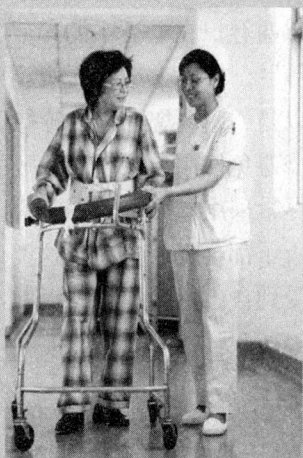

（二）欢迎你的客户

服务代表在做好充分的准备工作后，下一步的工作就是迎接你的客户。服务代表在迎接客户时要做好以下几个方面的工作：

1. 职业化的第一印象

对客户来讲，他非常关注对面那个人带给他的第一印象究竟会是怎么样的。对服务代表来讲就是你的穿着怎么样，给别人感觉你是不是很专业，最好让你的客户一看到你就能很快地判断出你的职业甚至你的职业水准。例如：你去医院看病，医生办公室门一开，你通常就能看出来这个人是教授、实习医生还是护士。因此，服务代表在欢迎客户时一定要呈现出一个非常好的职业化的第一印象。

2. 欢迎的态度和正面语言表达

态度是非常重要的，因为它决定着客户对于整个服务的一种感知。而这种欢迎态度通常都是难享受到的，除非是他想把东西卖给你的时候，你才会感觉到这一点。

欢迎的态度对你的客户来说确实是非常重要的，你在一开始时应该以怎样的态度去接待你的客户，将决定你整个服务的成败。在保持一个积极的态度时，沟通用语也应当尽量选择体现正面意思的词，选择积极的用词与方式。比如说，要感谢客户在电话中的等候，常用的说法是："很抱歉，让你久等了""抱歉久等"，实际上这在无意识中强化了对方"久等"这个感觉。比较正面的表达可以是"谢谢您的耐心等待"。

避免使用导致商谈失败的语言。保持商量的口吻，避免用命令或乞求语气，而尽量采用以顾客为中心的语句。在一般情况下，毫无生气、灰暗、冷淡的话，谁听了都会丧气。面对这类话语，很难指望顾客有积极反应，因为顾客的选择会受到自己感受的影响。

互动活动

常见的正、负面用语对比

请体会其中的差别，并举一反三，正确使用。

负面用语："问题是那种产品都卖完了。"
正面表达："由于需求很高，送货暂时没接上。"

负面用语："我不能给你他的手机号码！"
正面表达："您是否向他本人询问他的手机号？"

负面用语："我不想给您错误的建议。"
正面表达："我想给您正确的建议。"

负面用语："你没有必要担心这次修后又会坏！"
正面表达："这次维修后，请尽管放心使用。"

负面用语："你叫什么？"
正面表达："请问，我可以知道你的名字吗？"

负面用语："你必须……"
正面表达："我们要为你那样做，这是我们需要的。"

负面用语："如果你需要我们的帮助，你必须……"
正面表达："我愿意帮助你，但首先我需要……"

负面用语："你没有弄明白，这次听好了。"
正面表达："也许我说的不够清楚，请允许我再解释一遍。"

资源链接

面对特殊客户，怎么接待？

八点钟，长安银行准时开门营业。

营业员小余坐在电脑旁热情地接待着每一位客户。她熟练地敲打着键盘、打票、点钞、让客户签字、收款付款，整个工作井然有序，有条不紊。

又送走一个客户，小余长长地松了一口气，然后高声叫道："下一位！"

窗口外一位老人出现了。小余见是一位六十多岁的老太婆，便和颜悦色地问："大娘，你是存钱还是取款？"

老太婆小心翼翼地说："不存也不取。我是来贷款的。"

老太婆的话让小余十分惊讶，在她看来，像老太婆这样年纪的人不是存钱就是取款，一般贷款的大多数都是些年轻人，因为年轻人不是买房就是购车，需要大量的资金。而老人贷款干什么？何况还是老太婆。这就更让人觉得匪夷所思了。

然而不理解归不理解，对于客户还是要热情接待的。小余问："大娘，你要贷多少钱？"

"一元。"老太婆不紧不慢地说道。

"亿元？"小余瞠目结舌，一下子惊呆了。她不相信地反问，"你要那么多钱干什么？"

老太婆见小余听错了，不好意思地笑了笑，说："不是一亿元，是一块钱。"

这才怪了，哪有贷一元钱的？小余自工作以来还从未遇到过这样的事。这不是开玩笑么！老太婆是不是脑子有点不正常？小余仔细打量一番后，也没看出她有什么不正常的。她本想一口回绝，可觉得老太婆毕竟还是客户，虽然她所需的服务让人觉得难以理解，但客户就是上帝，得罪不起的。再说，就是一元钱的业务，也是符合银行规定的，哪有回绝之理？

不过，这个客户毕竟是太特殊了。为了不耽误其他客户办理业务，小余只好把这情况向主管做了汇报，让他对这个特殊的客户进行特殊处理。

银行营业主管老王是个老金融，干了半辈子营业员，什么事没经过？

可当他听了小余的汇报还是感到有点意外，于是决定自己亲自接待这位特殊的客户。

老王来到营业大厅，见了老太婆，开门见山地问："是你要贷款？"

"是的。"老太婆肯定地点点头。

老王向老太婆解释道："按照银行的相关规定，所有贷款是要有担保或者抵押的。"

"这个我明白，所有需要的东西我都拿来了。"说着，老太婆从手提包里掏出身份证、户口本、房产证，一一展示给老王看。

这还有什么说的，老太婆手续齐全，符合规定，哪有不办之理！老王也没说的，就给她取了贷款合同让她签写。

签完贷款协议，老王在审查时惊奇地发现，老太婆竟然身价百万。因为他从抵押的票据中发现，老太婆不但有一处价值五十万的房产，还有一张五十万的定期存单。

身拥百万，却要贷款一元钱，这让谁都感到疑惑。就是身经百战的老王也百思不得其解。难道这里边有什么不可告人的秘密？

办好贷款手续，老太婆取走自己贷的一元钱后要走了。老王把他送到银行门口，实在忍不住了，问道："我真想不通，你既然有那么多财产，还在乎区区的一元钱？"

老太婆神秘地笑笑，说："实话跟你说吧，我是不缺钱。可这些票据放在家里不安全，放到你们这儿我就放心了。一元算个啥，就是算上利息能有多少？你们还给我保管一年。买个保险柜还得成百上千元呢？"

原来是这样，老王一下子恍然大悟。望着老太婆渐渐远去的背影，老王不由得感叹道："好一个精明的客户！"

3.关注客户的需求

就是要关注客户的信息需求、环境需求、情感需求。

案例共享

有一次陈瑾老师去某宾馆的时候，拿着两个包，一个大包，一个小包，因为小包里面装的都是教材，很沉。进入宾馆的时候，门童帮他把门打开之后，伸出手来，接过他的小包，对他说："先生，我可以帮你吗？"因为门童看到他提小包的那只手看起来很吃力。这说明门童本身对客户的需求很关注，他会很细心地发现这些东西，然后去满足客户的需求。

互动活动

根据图片，分析客户的信息、环境、情感等三方面的需求。

参考

信息需求：健身房是城市里用来健身的场所，客户来到这里需要了解，是否有齐全的器械设备，是否有较全的健身及娱乐项目，是否有专业的教练进行指导，是否有良好的健身氛围。客户需要教练员根据客户的身体状况和个人需求定制一个健身计划。要求教练员具备很强的专业知识，指导客人使用器械。对客人的饮食计划提出建议。

环境需求：有良好的通风换气设施，设置有绿色盆景，有空气净化设施使之干净、清新等，健身器材好、多、全。

情感需求：器械训练辛苦而枯燥，教练员要多鼓励。

4. 以客户为中心

服务代表应该以客户为中心，时刻围绕着客户，那么就要求当你为这个客户提供服务时，即使旁边有人正在叫你，你也必须先跟客户说，"非常抱歉，请您稍等"，然后才能去说话，一说完话马上就回来接着为客户服务。让客户觉得你比较关注他，以他为中心，是非常重要的。

资源链接

与客户第一次接触

汪中求《细节决定成败》有一句话："细节源于态度，细节体现素质。"与客户第一次见面时的文明礼仪技巧一定要注意，一个不经意的细节往往能够反映出一个人深层次的修养。

问候时最好点名道姓。客户迈进会客室的门，你的第一句话可能是："你好，见到你很高兴。"但这却不如说："李经理，你好，见到你很高兴。"后者比前者要热情得多。

尽管对方已经了解到你的一些情况和来访目的，你仍有必要主动开口。你可再次对某些问题进行强调和说明。这既是礼貌的需要，也反映一个人的精神面貌。

学会聆听。听有两个要求，首先要给对方留出讲话的时间，其次要"听话听音"。如对方首先讲话，你不可打断对方。应做好准备，以便利用恰当的时机给对方以响应，鼓励对方讲下去。不能够认真聆听别人谈话的人，也就不能够"听话听音"，更不能机警、巧妙地回答对方的问题。记住：不论是社交场合，还是在工作中，善于聆听都是一个人应有的素养。

避免不良的动作和姿态。玩弄手中的小东西，不时地用手理头发、搅舌头，清牙齿，掏耳朵，盯视指甲、天花板或对方身后的字画等，这些动作都有失风度。

诚实、坦率，又有节制。若在一件小事上做假，很可能使你的整个努力付诸东流。对方一旦怀疑你不诚实，你的各种不同凡响的作为都将黯然失色。谁都不是十全十美的完人，因此你可以坦率地谈起或承认自己的缺点或过失。在评论第三者时不应失去体谅他人的气度。

善于"理乱麻"，学会清楚地表达。善于表达使人终生受益。讲话不会概括的人，常常引起人们的反感；叙事没有重点、思维头绪混乱的人，常常迫使人们尽量回避他。一般来说，你若从没有担心过别人会对你的话产生反感，就意味着你已经引起他人的反感了。

做一次音色和语调的自我检查。把自己要讲的话录音5分钟，听听是否清晰，喉音、鼻音是否太重？语速怎样？语调老成、平淡吗？如不满意，改进后再录一段听听。充满朝气的语调会使你显得年轻。此功重在平时留心多练。

注意衣着和发式。第一次见面就给人一种不整洁的印象，往往会给你的自我表白投下阴影。平时不修边幅的企业家，在会见前应问问懂行的人，让他根据你的年龄、体形、职业及季节等因素设计一下你的衣着和发式。

如果对方资历比你浅，学识比较低，你应格外留心，防止自我优越感的外露。当你介绍了自己令人羡慕的学位、职称等情况后，对方也得谈到他的相应情况。为了避免对方自愧不如，在介绍自己时你应该谨慎一些。可以对对方表示赞佩，而过度的关心和说教则应该避免，要表现出诚意和合作精神。

若有争执，当愤怒难以抑制时，愤怒会使你失去理解他人和控制自己的客观尺度。它不仅无助于问题的解决，反而会把事情搞得更糟。这时应提早结束会见。

很多时候，特别是客户高峰期和流动岗。服务员每天都肩负了超负荷的工作压力，疲惫的工作使服务员无法保持良好的仪态及微笑的表情，不能自始至终关注客户的需求，也不能自始至终保持欢迎的态度，这会给客户带来不受欢迎的错误感觉。这样的结果会使你的服务工作迅速变得复杂、充满挑战，并得到客户的否定，也会在公司获得负面的影响。

案例共享

情境1　　　　　　　　**要求打印清单的客户**

顾客：（一位年轻男子走进营业厅，东张西望，好像在寻找什么。）

服务员：（服务营销代表发现后，面带微笑，热情地走上前去）先生，您好！请问我能都您什么吗？

顾客：噢，你好，我想打印一下话费清单。

服务员：打印话费清单是吧，没问题，请问你办理了密码服务吗？

顾客：我办了密码服务的。

服务员：（手势指引）那请您到前面那一排自助终端服务那里吧，可以自动打印您所需要的清单。

顾客：好，谢谢！

服务员：不用谢！如果有什么问题，请您直接找我帮忙，好吗？

顾客：好的。谢谢！

服务员：不客气。

情境2　　　　　　　　**办理补卡的客户（此时是高峰期）**

顾客：（一个表情焦急的女性客户脚步匆匆地走进营业厅。）

服务员：（服务营销代表发现后，面带微笑，热情地走上前去）小姐，您好，请问我能都您吗？

顾客：（焦急）我的手机刚刚不见了，我现在要马上补张新卡，要不然别人拿到我的手机后乱打一通长途，我可怎么办呀？

服务员：（表情为同情）那您有没有先办电话挂失呢？

顾客：没有啊，手机没了，附近又没有电话，我上哪儿去挂失啊？我直接就跑过来了。

服务员：（表情为理解）我知道您很着急，别担心，我马上为您处理，请您跟我来。（手势指引）

顾客：好，快一点吧。

服务员：一会儿就好，请您稍等。

分　析

（1）接待岗位的基础要求：身着干净整齐的职业装，面带微笑并且保持标准的服务仪态迎接客户。

（2）赢得客户的基本要求：主动热情应贯穿服务全过程。在上面的案例中，首先，服务员主动热情地上去迎接，传达了欢迎的态度；接待客户时从微笑、标准手势指引及服务用语的使用等方面，正确地塑造了自己的职业形象。并且，通过提问、提供解决方案关注了客户的信息需求，通过服务用语、安慰以及面部表情传递了自己对客户情感需求的关注。

（3）服务成功的第一步：热情地响应客户的需求。两个案例中，服务员也很好地做到了始终以客户为中心："如果有什么问题，请您直接找我帮忙，好吗？""我马上为您处理，请您跟我来。"

（4）服务的基本法则是：（服务工作的中心是）客户的需要，不管你手中正在忙什么工作，客户都是第一要关注的对象。

✓ 案例延展

精准服务的基本要求：快速响应客户的需求，并自始至终主动热情。一切工作都以客户的需求为中心。如果客户到来，没有良好的准备和积极的态度，客户会觉得自己不重要、被忽视。接触客户的前3秒钟里客户会对你以及你的服务有个初步的评估，我们必须第一时间在客户心里树立起良好的形象，为我们后续的工作打好基础。

三、常见的商务接待

1. 接送

序号	主要事项	责任人	注意事项／备用方案
1	联系落实客人抵达（离开）的时间、车次（航班），以及人数（包括姓名、性别、职务等）		邀请重要客人可提前发出正式邀请函
2	根据客人情况安排接送的车辆		客人人数和车辆的配比
3	确定负责接送的人员		身份职务要恰当
4	确认出面的领导和领导接待的地点		
5	重要客人提前安排贵宾通道		
6	接飞机（或其他交通工具）前，注意联系机场确认飞机（或其他交通工具）抵达准确时间		防止延误，也防止提前
7	抵达机场／车站，如有必要，还需考虑：鲜花、接机（接站）牌、拍照等		
8	客人坐的位置和上下车的地点		陪同前往下一行程的规范（先送上车，再赶到前面迎接）

（续表）

序号	主要事项	责任人	注意事项 / 备用方案
9	接到客人以后，要立即通知有关领导和相关下一环节接待人员，以确保领导和下一环节提前做好准备；快抵达时再提醒一下		对领导不熟悉客人，要提前给领导准备好客人简历等材料
10	送客人要送到客人离开视线后再离开		

2. 住宿

序号	主要事项		注意事项 / 备用方案
1	提前联系落实需要安排住宿的人员情况（包括姓名、性别、职务），并了解客人喜好：房间要求（大小、价钱等），是否是无烟房		
2	提前预订好酒店，重要客人提前到酒店踩一下点		酒店的位置要便于客人在当地的活动
3	重要客人要提前拿到房卡，并提前考察房间的位置、是否靠近走廊、朝向等		
4	重要客人可以考虑在房间摆放水果（果盘要精致、最好摆上姓名牌）		
5	重要的客人或者团队，安排酒店打欢迎屏 / 横幅，重要活动地点准备指引牌		
6	客人较多时，房卡可以提前在去酒店的车上或者一下车就分给客人，客人较少或较重要的，要有专人在酒店门口等候客人，帮助客人拿着房卡，并帮助拿行李，一直送到房间		要记下每个客人的房间号，便于联系安排
7	特别重要的客人，进入房间后，要帮客人烧上开水，然后根据情况离开请客人休息或者做简单交流		
8	在用餐或者出发时，要提前到重要客人房间外面等候，但是在时间未到之前，不要敲门打扰客人		不要在客人门口，要离开5—10米，站的位置要随时可以看到客人出门
9	如早晨有活动，要根据约定的时间，安排酒店的 morning call 服务		
10	特别重要的客人，晚上酒后，准备一些牛奶 / 酸奶和饼干，或者粥		

3. 宴请

序号	主要事项	责任人	注意事项 / 备用方案
1	提前联系落实宴请的人员情况（包括姓名、性别、民族、职务），如有可能，了解一下客人的口味和忌口		
2	沟通确认我方参加的领导和人员		人数和客人大体相当为佳，一般可以考虑 0.7—1.3 的比例之内
3	预订酒店，在不熟悉的酒店进行重要宴请时有必要提前到酒店踩一下点。		房间要适当宽松一些（比实际人数放大 20% 的摆台数）
4	酒店的地点、宴请的档次和特色要提前考虑		
5	与重要且不熟悉的客人就餐，应当为领导提前准备好客人简介、宴请背景、沟通要点等		
6	大型宴请活动，安排酒店打欢迎屏 / 横幅，准备指引牌		
7	提前点菜，并安排酒水、茶水（有时点菜要隆重，有时点菜重在特色，中外、荤素、冷热，忌主陪点菜等等）		根据情况可自备酒水和茶叶
8	提前准备好席签并摆放就位		
9	如果客人时间紧急或就餐时间较晚，要联系确认好客人到达酒店的时间，安排提前上菜（备菜间），在客人到时能快速把菜上齐，但也不能上得太早，避免菜凉了		
10	就餐期间可以考虑安排赠送礼品、鲜花等活动活跃气氛		要高雅，忌贫嘴、庸俗
11	如果没有工作人员，就餐快结束时，要提前一点出来结账		忌：要离开时大家都等着，再去结账
12	依次送客人上车离开		
13	对于早餐安排，特别重要的早餐宴请可安排桌餐，对于陪同领导或客户吃自助早餐时，要注意统一约定时间，提前预订好早餐位，统一就餐		

4. 会议、会谈、参观

序号	主要事项	责任人	注意事项 / 备用方案
1	落实来访的客人（包括姓名、性别、职务），确定会议／会谈／参观时间和地点		
2	提前准备好会议／会谈／参观内容、背景、来访客人的简历		
3	沟通确认我方参加的领导和人员，确定总协调人／联系人		人数和客人大体相当为佳，可以考虑0.7—1.3的比例
4	正式交流要准备好正式交流的PPT材料（介绍、方案等等），会谈、参观需为领导准备好讲话提纲／要点		材料要有针对性、互动性、与来宾有共同语言
5	做好会议室／会谈室／展厅的安排		展厅或材料中的照片，要注意体现和来宾有关的内容
6	提前安排好欢迎屏、桌牌、茶水、纸笔、礼品等		
7	提前明确接待着装		正式接待要着西装领带
8	注意联系落实客人抵达时间，提前确认相应领导出来迎接，并确定主要领导出面的地点		主要领导是在楼门口还是会议室／座谈室门口出面
9	客人抵达后，做好迎接和引导工作		
10	在会议／会谈／参观过程中，要做好记录、拍照和现场控制与衔接工作		
11	根据情况交换或赠送礼品		提前约定一致
12	重要活动照片要及时以光盘或相框形式提供给来宾		
13	活动结束后送客人离开或者陪同客人就餐		
14	重大接待活动结束后，对整个接待工作做个小结并安排有关下一步工作		
15	活动结束后，工作人员（市场人员）要进一步跟进，将接待成果落实到实处		
16	宣传报道（及时、保密），有关资料及时存档		

5. 拜访

序号	主要事项	责任人	注意事项 / 备用方案
1	和客人提前约好拜访的时间和地点		
2	正式拜访，要发个正式的拜访函（包括主要领导的简历、拜访的行程和目的）		
3	正式拜访，要统一着装		
4	为领导准备好拜访的背景材料和讲话要点		
5	拜访客人，提前准备合适的礼品		
6	在拜访时要守时，既不能早到，更不能晚到，一般提前5分钟左右为宜		如果早到了，要找个地方稍微等等，遵照约定的时间提前一点进门即可
7	正式拜访，按照约定时间快抵达时，告诉客人一声，已让客人有准备		
8	离开时，赠送客人礼品并表示感谢		
9	上车离开时，要快上，避免拖沓		忌讳：主要领导已经上车，准备挥手告别离开，工作人员还没上车
10	到重要客人家中或外国朋友家中做客，回家后打电话 / 发短信表示感谢，必要的时候写封信感谢对方盛情款待		

四、客户接待礼仪

迎来送往，是社会交往接待活动中最基本的形式和重要环节，是表达主人情谊、体现礼貌素养的重要方面。尤其是接待，是给客人良好第一印象的最重要工作。给对方留下好的第一印象，就为下一步深入接触打下了基础。商务接待的礼节不仅能够反映出对来访者的重视程度，还能反映出公司的管理程序是否完善，直接决定商务合作的进展方向和顺利程度。仪容仪表、仪态规范、会面礼仪、接待礼仪、馈赠礼仪、用餐礼仪、沟通礼仪、拜访礼仪等，都是接待礼仪的组成部分。

（一）仪容仪表

1. 着装——男装

男士正装有两种：西装和职装，以西装为主。正式接待需要穿着西装、打领带。有事先约定的按照约定执行。

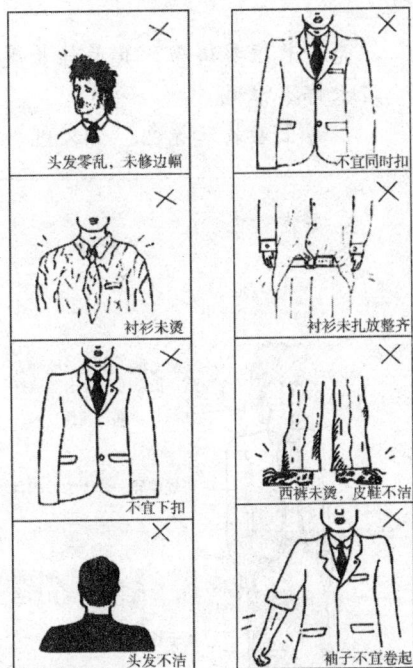

短发，保持头发的清洁、整齐

精神饱满、面带微笑

经常整刮胡须

白色或单色浅色无污迹

领带紧贴领口 系得美观大方

正确配带司徽

西装平整、清洁

袖口无污迹

西装口袋不放物品

短指甲保持清洁

西裤平整，有裤线

黑色或深色袜子

皮鞋光亮、无灰尘

头发零乱，未修边幅 ✕

不宜同时扣 ✕

衬衫未烫 ✕

衬衫未扎放整齐 ✕

不宜下扣 ✕

西裤未烫，皮鞋不洁 ✕

头发不洁 ✕

袖子不宜卷起 ✕

资源链接

西装选购原则和注意事项

1.选购原则

肩膀合适度：肩垫下是空的，不合适；要撑得圆圆满满的。

袖子：白衬衫露出一指半到两指（手腕）。

上装遮住臀部 2/3。

背部画出漂亮的曲线（背部不鼓）。

裤长适中，脚部上只有一个窝。

系上扣子胸与西装刚好放一个拳头。

2.注意事项

西装的扣子：穿西装，扣子的扣法很讲究。双排扣西装，正规场合应将扣子全部扣上。单排扣西装，一粒扣可系可不系，两粒扣上系下不系，三粒扣系中间一粒或上面两粒。切记：最下面一粒永远不系。

领带：穿西装，正式场合一定要打领带，领带结大小要适中，造型要

漂亮，长短要得当，其最佳长度是领带的大箭头正好抵达腰带口，过短、过长都不雅观。

男士着装三原色：公文包、皮带、皮鞋三物颜色要一致，首选黑色。

2. 女装

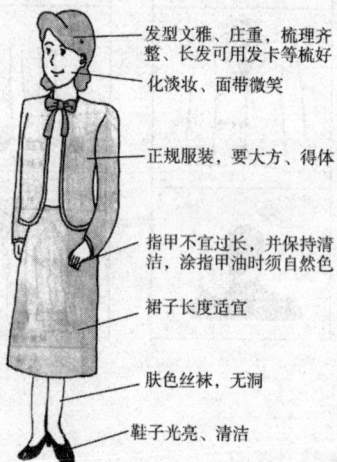

发型文雅、庄重，梳理齐整、长发可用发卡等梳好

化淡妆、面带微笑

正规服装，要大方、得体

指甲不宜过长，并保持清洁，涂指甲油时须自然色

裙子长度适宜

肤色丝袜，无洞

鞋子光亮、清洁

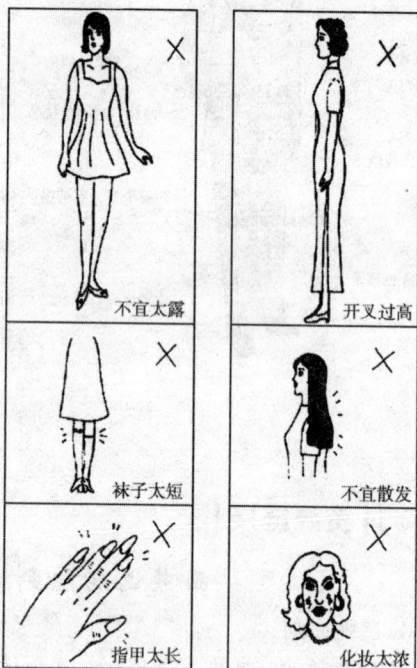

不宜太露　　开叉过高

袜子太短　　不宜散发

指甲太长　　化妆太浓

（二）仪态规范

1. 行走

动作要领：要求注意稳重与干练。

头部抬起，目光平视，双臂自然下垂，手掌心向内，并以身体为中心前后摆动。伸直膝盖，尤其是前足着地和后足离地时，膝盖不能弯曲。男士步幅以一脚半距离为宜，女士步幅以一脚距离为宜。抬脚时，脚尖应正对前方，不能偏斜。沿直线行走，即两脚内侧应落在一条直线上。双臂以身为轴前后摆动幅度30度至35度。

注意：有急事不要跑，可小步快走。

2. 坐离

先有表示：离开座位时，身旁如有人在座，须以语言或动作向其示意，方可站起。

注意先后：地位低于对方时，应稍后离开；双方身份相似时，才可同时起身离座。

起身缓慢：起身离座时，最好动作轻缓，无声无息站好再走。离开座椅时，先要采用"基本的站姿"，站定后，方可离开。

从左离开：从坐椅左侧离开。

3. 递物

动作要领：双手为宜，不方便双手并用时，也要采用右手，以左手通常视为无礼；将有文字的物品递交他人时，须使之正面面对对方；将带尖、带刃或其他易于伤人的物品递于他人时，切勿以尖、刃直指对方。

（三）会面礼仪

1. 问候

问候的顺序原则是位低者先行。晚辈先向长辈问候；下级先向上级问候；主人先向客人问候；男士先向女士问候。

2. 称呼

就普通称谓而言，按照惯例，在交际场所，一般称男子为"先生"，称已婚女子为"夫人"，称未婚女子为"小姐"，在不明婚姻情况时，用"小姐"称之比贸然称为"太太"更安全。在交际场合，为了表示对女性的尊重，可以将女性称为"女士"。这些称呼均可冠以姓名、职称、头衔等，如市长先生、怀特夫人等。

要注意不适当的地方性称呼。因为商务交往不可能只是在本地与人交往，而是会跨地域、跨省份、跨国界进行交往。

还有些不适当的简称，比如把李处长简称李处。这种简称有时让人不明白，有时又觉得别扭。一次开会，主持人说："下面请范局讲话。"下面就有人悄悄说："没带饭碗。"

商务场合不能称兄道弟。"哥们""伙计""张哥""李姐""王叔"等称呼会降低交往的档次。不能在商务交往中随便套近乎。

注意："亲"不等于"敬"。

3. 介绍礼仪

互动活动

先介绍谁

一位客户来到公司拜访，公关经理在机场接到客户后，要安排他和公司总经理见面，谁来充当介绍人，应该先介绍谁？

> 问题实质——替别人介绍的前后顺序问题。
>
> 问题重要性——顺序错了，轻者别人会说你没教养；重者别人会认为你蓄意为之。

（1）介绍人选择。介绍人不同意味着给客人不同的待遇，一般分为三种：

专职接待员——秘书、办公室主任。

交往双方的熟人——女主人是客人到家里时的专职介绍人（社交）。

贵宾介绍——由职位最高者介绍，表示对贵宾的重视和欢迎。

（2）介绍顺序。先介绍级别低的、年轻的、未婚的、男性、主人、同事、本国人，后介绍级别高、年长的、已婚的、女性、客人、客户、外国人。这里把握一个原则：女士优先、尊卑有序、长幼有序、尊者居后。

还有一种情况就是集体介绍。一边是一个人，一边是许多客人，遵循少数服从多数的原则。被介绍双方都不止一个人。先介绍地位低的给地位高的；先介绍主人，再介绍客人；一方介绍，从地位高的到地位低的排序。当所要介绍的双方符合其中两个或两个以上顺序时，一般以先职位再年龄、先年龄再性别的顺序做介绍。如，要为一位年长的职位低的女士和一位年轻的职位高的男士做介绍时，应该将这位女士介绍给这位男士。

4. 握手

如今，在商务和社会活动中，握手礼已是最常用的一种见面礼，以表示对对方的欢迎、问候、敬重或慰问。

（1）握手的方式。在问候之前，双方各自伸出右手，彼此之间保持一步左右的距离，手掌略向前下方伸直，掌心向左，两人手掌平行相握，同时注意上身稍向前倾，头略低，面带微笑地注视对方的眼睛并简短地用言语致意、寒暄，以示认真和恭敬。

（2）握手的先后顺序。握手之伸手顺序：原则是尊者居前，先伸手的往往是地位高的人。正式场合，取决于职位、身份；社交场合，取决于年纪、性别、婚否。

职位高、身份高的人与低者握手，前者先伸手；长辈与晚辈握手，由长辈先伸手；女士

与男士握手，由女士先伸手；已婚者与未婚者，由已婚者先伸手；主人待客时，主人先伸手；客人告辞时，客人先伸手告别。

互动活动 秘书小姐遇到经理先生，谁先伸手？

（3）握手的忌讳。

多人见面时应避免交叉握手。

跨门槛时不可握手，否则被认为不礼貌。很多国家、种族认为左手是不干净的。握手时要以右手相握，用左手是失礼行为。

握手时不应戴墨镜，这样会让别人感受不到你的眼神和目光。当然，眼有疾者除外。

握手的时候一般不戴帽子。

握手的时候一般不戴手套，除非是女士在社交场合戴的薄纱手套，否则会有隔阂。

握手时应面带微笑，目光专注，不可心不在焉。

握手的力度要适中，不宜过猛或毫无力度。

当你和异性第一次见面时，一般不要用双手握，否则显得热情过度。

握手时手部应保持清洁，握手后切忌用手帕擦手。

握手的时间一般以3—5秒为宜。

（四）接待礼仪

1. 迎客

对于如约而来的客人，要表示热情、友好。

对贵客或远道而来的客人，要指派专人出面，提前到达双方约定的地点（或适当的地点），恭候客人的到来。

接待人员要提前到达机场、码头或车站，以示对客人的尊重。

相关领导一般应该提前在单位大门口或办公楼下迎候客人，重要客人要到机场、车站等迎接。

把客人送到最正规、近便的位置。

2. 行进中的位次

并行时，中央高于两侧，内侧高于外侧，一般让客人走在中央或内侧。

单行行进时，前方高于后方，没有特殊情况的话应让客人在前面走。

3. 引导

自己走在客人左前两三步，侧转130度左右向着客人的角度走，并用左手示意方向。

要配合客人的行走速度。

保持职业性的微笑和认真倾听的姿态。

如来访者带有物品，可以礼貌地为其服务。

拐弯或有楼梯台阶的地方应使用手势，并提醒客人"这边请"或"注意楼梯""有台阶，请走好"等。

4. 上下楼梯

一般而言，上下楼梯要单行行进，没有特殊情况要靠右侧单行行进。

上楼梯时，客人走前面，陪同者紧跟后面；下楼梯时，陪同者走前面，并将身体转向客人。

男女同行时，上下楼宜让女士居后。

5. 出入电梯

如乘坐无人驾驶电梯，在客人之前进入电梯，按住"开"的按钮，请客人进入电梯，到达目标楼层时，按住"开"的按钮，请客人先下。即引导者先进后出，客人后进先出。

如乘坐有人驾驶电梯，无论上下都应客人、上司优先。

6. 出入房门

若无特殊原因，位高者先出入房门。

若有特殊情况，如室内无灯而暗或者是室内仍需引导，陪同者宜先入；出去也是陪同者先出，为客人拉门引导。

向外开门时，打开门后把住门把手，站在门旁，请客人进入房间后，轻轻关上门。

向内开门时，敲门后，自己先进入房间，侧身，把住门把手，请客人入内，轻轻关上门安静退出。

7. 待客——会客时的位次

会客时的位次有相对式、并列式、自由式三种。

相对式是主人与客人相对而坐，这种情况下面门为上，面对房间正门者是客位，是地位高者，背对房间正门者是主位，是地位较低者。

并列式是指主人与客人并列而坐，倘若双方都面对房间正门，以右为上。宾主之间，客人应该坐在主人的右边，即面门为上，以右为上，内侧为上。

自由式就是客人愿意坐在哪里就坐在哪里，通常适用于客人身份地位差不多，座次无法排列的情况；或者大家都是亲朋好友无需排列座次时。

8.送客

送客指的是在来宾离去之际，出于礼貌，陪着对方一同行走一段路程，或者特意前往启程之处，与之告别，并看着对方离去。

送客礼仪是整个接待礼仪中最后一个环节，做得好就是为整个接待活动画上了一个完美的句号。

沟通小贴士

客户关系管理的魅力

泰国的东方饭店堪称亚洲饭店之最，几乎天天客满，不提前一个月预订是很难入住的，而且客人大都来自西方发达国家。泰国在亚洲算不上特别发达，但为什么会有如此火爆的饭店呢？大家往往会认为泰国是一个旅游国家，而且又有世界上独有的人妖表演，是不是他们在这方面下了工夫。错了，他们靠的是真功夫，是非同寻常的客户服务，也就是现在经常提到的客户关系管理。

他们的客户服务到底好到什么程度呢？我们不妨通过一个实例来看一下。一位于先生因公务经常出差泰国，有一次下榻在东方饭店，第一次入住时良好的饭店环境和服务就给他留下了深刻的印象，当他第二次入住时几个细节更使他对饭店的好感迅速升级。那天早上，在他走出房门准备去餐厅的时候，楼层服务生恭敬地问道："于先生是要用早餐吗？"于先生很奇怪，反问"你怎么知道我姓于？"服务生说："我们饭店规定，晚上要背熟所有客人的姓名。"这令于先生大吃一惊，因为他频繁往返于世界各地，入住过无数高级酒店，但这种情况还是第一次碰到。

于先生高兴地乘电梯下到餐厅所在的楼层，刚刚走出电梯门，餐厅的服务生就说："于先生，里面请！"于先生更加疑惑，因为服务生并没有看到他的房卡，就问："你知道我姓于？"服务生答："上面的电话刚刚下来，说您已经下楼了。"如此高的效率让于先生再次大吃一惊。

于先生刚走进餐厅，服务小姐微笑着问："于先生还要老位子吗？"于先生的惊讶再次升级，心想："尽管我不是第一次在这里吃饭，但最近的一次也有一年多了，难道这里的服务小姐记忆力那么好？"看到于先生惊讶的目光，服务小姐主动解释说："我刚刚查过电脑记录，您在去年的6月8日在靠近第二个窗口的位子上用过早餐。"于先生听后兴奋地说："老位子！老位子！"小姐接着问："老菜单？一个三明治，一杯咖啡，一个鸡蛋？"现在于先生已经不再惊讶了，"老菜单，就要老菜单！"于先生已经兴奋到了极点。

上餐时餐厅赠送了于先生一碟小菜，由于这种小菜于先生是第一次看到，就问："这是什么？"服务生后退两步说："这是我们特有的某某小菜。"服务生为什么要先后退两步呢？他是怕自己说话时口水不小心落在客人的食品上，这种细致的服务不要说在一般的酒店，就是在美国最好的饭店里于先生都没有见过。这一次早餐给于先生留下了终生难忘的印象。

后来，由于业务调整的原因，于先生有三年的时间没有再到泰国去，在于先生生日那天突然收到一封东方饭店寄来的生日贺卡，里面还附了一封短信，内容是：亲爱的于先生，您已经有三年没有来我们这里了，我们全体人员都非常想念您，希望能再次见到您。今天是您的生日，祝您生日愉快。于先生当时激动得热泪盈眶，决定如果再去泰国，绝对不会到任何其他的饭店，一定要住在"东方"。而且还要说服所有的朋友也像他一样选择"东方饭店"。于先生看了一下信封，上面贴着一枚六元的邮票。六块钱就这样买到了一颗心，这就是客户关系管理的魔力。

第二节　电话沟通

知识点击

随着时代的发展，在生活和工作节奏加快、讲求效率的今天，电话和移动电话的普及，也已经成为企业和个人日常生活中不可缺少的快捷交流和沟通的通信工具。"电话沟通"作为个体沟通的一种方式，是一种比较经济的沟通方式。一般来说，电话沟通的对象主要是企业外的人员，电话应对水平反映的应该是企业的风貌、精神、文化甚至管理水平、经营状态等。因此，你如果在电话应对上表现不当，就会导致外部人员做出对企业不利的判断。所以，在许多大型企业中，电话的礼仪和技巧往往是新进员工上岗培训的必备内容。

案例共享

一个电话的寓意

一个替人割草打工的男孩打电话给陈太太说："您需不需要割草？"

陈太太回答说："不需要了，我已请了割草工。"

男孩又说："我会帮您拔掉花丛中的杂草。"

陈太太回答："我的割草工也做了。"

男孩又说："我会帮您把草与走道的四周割齐。"

陈太太说："我请的那人也已做了，谢谢你，我不需要新的割草工人。"

男孩挂了电话，此时男孩的室友问他说："你不是就在陈太太那儿割草打工吗？为什么还要打这通电话？"男孩说："我只是想知道我做得够不够好！"

故事是一段典型的电话沟通，告诉我们只有不断地探询客户的评价，你才有可能知道自己的长处与短处。不要萧规曹随，凡事想想清楚事出何因，多问几个为什么。

一、接听电话

接电话的方式不同，带来的效果也许会大不相同。一个电话可能使你完成这个月的业务指标，也可能使你丢掉一大宗买卖。可能让你得到提升，也可能导致你被解雇。所以，接电话的方式很重要。

接听电话不可太随便，得讲究必要的礼仪和一定的技巧，以免横生误会。无论打电话还是接电话，我们都应做到语调热情、大方自然、音量适中、表达清楚、简明扼要、文明礼貌。

（一）接听电话基本流程

顺序	基本用语	注意事项
1. 拿起电话听筒，并告知自己的姓名	"您好，宇通重工××部×××"（直线） "您好××部×××"（内线）如上午10点以前可使用"早上好" 电话铃响应声以上时"让您久等了，我是××部×××"	电话铃响3声之内接起 在电话机旁准备好记录用的纸笔 接电话时，不使用"喂—"回答 音量适度，不要过高 告知对方自己的姓名
2. 确认对方	"×先生，您好！" "感谢您的关照"等	必须对对方进行确认，如是客户要表达感谢之意
3. 听取对方来电用意	"是""好的""清楚""明白"等回答	必要时应进行记录 谈话时不要离题
4. 进行确认	"请您再重复一遍" "那么明天在××，9点钟见。"	确认时间、地点、对象和事由，如是传言必须记录下电话时间和留言人

（续表）

顺序	基本用语	注意事项
5. 结束语	"清楚了""请放心……""我一定转达""谢谢""再见"等	
6. 放回电话听筒		等对方放下电话后再将话筒轻轻放回电话机上

（二）接听电话的技巧

1. 使用电话敬语

在整个电话接听过程当中，使用敬语是基本的电话礼仪，是职业化电话接听的基本要求。不能使用"喂""谁"。很多人虽然都能做到在接起电话时不说"喂"，可是往往在听不到电话里对方声音时，就会情不自禁地说"喂，喂喂，喂喂喂"，甚至喊个不停，显得心情急躁，不耐烦，这也是不礼貌的。我们可以说"您好……您好"，在连续几个"您好"后，如果仍然没有声音时，可以说"我听不到您的声音，我挂机了"，在挂机前向对方说清楚。同时，也要避免唐突地问"你是谁"，这是极其不礼貌的表现。

2. 避免多余的声音

接听电话时，应注意使嘴和话筒保持4—5厘米的距离；要把耳朵贴近话筒，仔细倾听对方的讲话。说话时，声音不宜过大或过小，要吐词清晰，保证对方能听明白。

3. 正确的姿势和记录原则

很多人接听电话没有准备笔和纸的习惯，认为事情可以在电话中马上解决，而不必要用笔和纸，但有些时候就会耽误，笔和纸是接打电话必须准备的。接听电话时，左手拿听筒，右手准备备忘录，依照"3w"原则记录，即"when（什么）""who（对象是谁）""what（什么事）"。在整个电话接听过程当中，不要出现不必要的动作，如叼着香烟、嚼着口香糖，以免引起对方的不必要猜测，同时避免给对方传递你并没有在用心听电话的感觉，如果你在听电话的同时还在做其他的事情，可能使人感到不受尊重。

4. 避免否定的或绝对性的词语

接听电话应给对方留下一个积极的印象，这个积极的印象也表现在对词语的使用上，因此不能在电话交谈当中使用过多否定的或绝对性的词语，即不要表现出消极和武断。

（三）代接电话技巧

表明身份：告知对方自己不是他或她所要找的人。

区别情况：或"正忙于他事不能立即接听"，或"不在现场，不过一会儿可能回来"，或"因事外出，一段时间之内不能回来"，接听者应详尽说明原因，不能仅仅只说"他或她不在"。

主动帮助：诚恳告知对方："需要的话，我可以帮您传达"。

认真记录："5W1H"，即何人（who）、何事（what）、何因（why）、何时（when）、何地（where）、何做（how to do）。

不使久候：若对方要找的人不在现场而就在附近，要征得对方同意再去找人，若不确定能否找到，应告知对方稍后再打过去，不要让对方拿着话筒一等再等。若是长途，更应如此。

及时办理：及时处理传达代劳的事情，不拖延。

案例共享

下面两个情景都是客户打电话来找人，老总不在，秘书接电话。两位秘书接电话专业不专业，不言而明。

情景一

秘书：下午好，这里是总裁办公室，很高兴为您服务，请讲。

客户：您好，麻烦您转一下王家荣王总。

秘书：先生您好，很高兴为您服务。我姓李，请问该怎么称呼您?

客户：我姓张。

秘书：张先生您好，请您稍等，我马上为您转王总。

客户：好的，谢谢。

秘书：张先生，非常抱歉，王总的电话现在没有应答。张先生，需要我帮您向王总留言吗?

客户：好的，你告诉他，就说张力来过电话了。

秘书：好的，张先生。需要我记录一下您的电话号码吗?

客户：他知道的，你说张力就可以了。

秘书：好的，张先生，我已经记录下来了，我一定会尽快转告王总，张力张先生您给他来过电话了。张先生，您还有其他吩咐吗?

客户：没有了，谢谢你。

秘书：不客气，张先生，祝您下午愉快! 张先生，再见。

客户：谢谢。再见。

情景二

秘书：您好！

客户：您好，麻烦您转一下孙总。

秘书：稍等……孙总的电话没人接，可能出去了，要不您下午再打一下。

客户：好吧，我下午再打一遍。

秘书：好的，再见。

客户：再见。

互动活动

同桌合作模拟代接电话情景

台湾林宇女士打电话给时光公司的高琦先生洽谈事务。高琦先生不在，同仁接电话。

同仁：时光公司，您好！请问您找谁？

林宇：请问高琦在吗？

同仁：请问您是哪里？

林宇：我是台湾林宇。

同仁：麻烦您稍等，我帮您转接，看他在不在。

林宇：谢谢您！

同仁：林小姐，很抱歉！高琦出去还没回来呢！请问您有什么事需要我转告他。

林宇：麻烦您帮我转告高琦，录像带的脚本我已经发到他的邮箱中，请他回来看看有没有需要修改的地方。

同仁：好的，我会转告高琦您已经把脚本传过来了。

林宇：谢谢您！

同仁：不用客气！

林宇：再见！

资源链接

替上司应对电话的首要目的是什么

在职场中作为秘书或下属，替上司应对电话是经常的事情，评判你的应对是否得体的背后，是你要明白你接电话的目的是什么。

1.摸清对方身份是处理电话的首要工作

对方若不肯说出身份，您应巧妙地探听：××先生，经理正在开会，但我可以去找他，说有他的电话，您能否让我告诉他是哪一位先生（女士）打电话找他？

2. 了解对方用意

××先生，主管现在有客人，可能他等一下打电话给您，您能否让我转告他，您找他有什么事？

如果对方仍不说出来意，你就只好借口改为主管真的无法来接电话，而请问对方的电话号码，以便你的主管回他的电话。

3. 坚持只和主管通话的人

回应：他现在在开会，请您把电话和姓名告诉我，我会告诉他给您打回来。

4. 通话人的要求超过正常限度

回应：对不起，我们公司不允许发布这种信息。

5. 通话人是你不想见也不想谈的人

回应：我以后几周会非常忙，没有时间。如果你能留下你的电话，我一有时间就会给你打电话。

6. 领导无暇接电话

××先生/小姐，主管正在开会，我去看看能否暂时离开来接电话。然后轻放话筒，给主管递纸条，写明谁打电话找他，询问他是否接听，切勿直接报告或用内线电话，干扰会议或会客。

7. 领导拒绝接电话

你须根据对方的身份和要求来决定如何处理，还须充分发挥你的聪慧机敏特长。

互动活动 下面是两段电话沟通的情景，你认为哪一个回访比较成功，哪一个相比较差一些，为什么？

场景一

李宇是金星汽车特约维修中心的客户经理，最近一段时间，他通过电话回访进行客户满意度的调查。今天早上他一到公司，就开始了电话拜访。

"是王刚吗？"

"我是，哪位？"

"我是金星汽车特约维修中心的。"

"有事吗？"

"是这样，我们在做一个客户满意度的调查，想听听您的意见？"

"我现在不太方便。"

"没有关系，用不了您多长时间。"

"我现在还在睡觉，您晚点打过来好吗？"

"我待会儿也要出去啊，再说这都几点了，您还睡觉啊，这个习惯可不好啊，我得提醒您。"

"我用得着你提醒吗？你两小时后再打过来。"

"您还是现在听我说吧，这对您很重要，要不然您可别怪我。"客户挂断。

场景二

李宇是金星汽车特约维修中心的客户经理，最近一段时间，他通过电话回访进行客户满意度的调查。今天早上他一到公司，就开始了电话拜访。

"您好，请问是王刚先生吗？"

"我是，哪位？"

"您好，我是金星汽车特约维修中心的客户经理，我叫李宇。"

"有事吗？"

"是这样，您是我们公司的老客户，为了能为您提供更好的服务，我们现在在做一个客户满意度的调查，想听取一下您的意见，您现在方便吗？"

"我现在不太方便"。

"噢，对不起，影响您工作了。"

"没有关系。"

"哪您看您什么时候方便呢，我到时候再给您打过来。"

"噢，您中午再打吧。"

"噢，那不会影响您吃饭吗？"

"您十二点半打过来就可以了。"

"好的，那我就十二点半打给您，谢谢您，再见！"

参考答案

第一个回访是比较差的，在这里李宇在提问语气的使用上就有问题，更何况他没有考虑到客户的当时情况，没有站在客户的角度上思考问题，从而导致回访没能达到预期的效果，也给客户留下了十分不好的印象。

第二个回访是比较成功的，在这里李宇运用了一些技巧，先站在客户的角度思考问题，给客户留下了比较好的印象，在下次回访时肯定能达到预期的效果。

二、拨打电话

（一）拨打电话的基本流程

顺序	基本用语	注意事项
1. 准备		确认拨打电话对方的姓名、电话号码、准备好要讲的内容、说话的顺序和所需要的资料、文件
2. 问候、告知自己的姓名	"您好！我是宇通重工××部的×××。"	一定要报出自己的姓名 讲话时要有礼貌
3. 确认电话对象	"请问××部的×××先生在吗？" "麻烦您，我要找×××先生。" "您好！我是宇通重工××部的×××。"	必须要确认电话的对方，如与要找的人接通电话后，应重新问候
4. 电话内容	"今天打电话是想向您咨询一下关于××事……"	应先将想要说的结果告诉对方，如是比较复杂的事情，请对方做记录
5. 结束语	"清楚了""麻烦您了""那就拜托您了"等等	语气诚恳、态度和蔼
6. 放回电话听筒		等对方放下电话后再轻轻将话筒放回电话机上

（二）拨打私人电话的恰当时间

白天应在8点以后，节假日最好在9点以后，夜间则要在10点以前，即使是给同学、朋友、同事家里打电话，也应选择此时间段，以免干扰对方及其家人的休息。太早或太晚都不适宜，除非有要事相告或相商。如果不是特别熟悉或者有特殊情况，一般不要在早上7点以前、晚上10点以后打电话。

上班时间不要长时间打私人电话，尽管在办公时间里私人通话不可避免，但不论打出还是接入，长时间的聊天都是不合时宜的。这些时间属于公司，而不是雇员个人。上班随便打私人电话不仅是对自身工作的不负责，同时也可能影响其他同事的正常工作。不要在用餐时间和休息时间打电话，否则有失礼貌，也影响通话效果，除非是紧急情况。家庭当中老年人大多数有午睡的习惯，无特殊情况，也不要在中午给老年人打电话。

（三）拨打公务电话的恰当时间

不要对方一上班就打电话。尽管有时事情很急，因为一般人上班后第一件事就是计划当天的工作，在这个时间段不要打扰对方。

要避开临近下班的时间打电话。因为这时打电话，对方往往急于下班，很可能得不到满意的答复。"好了，我要下班了，明天再说吧！"得到这样的回答是常见的事情。

打公务电话最好选择在早上9点至下午5点之间。如果有些公司有午休，则应是上午9点至11点，下午3点至5点。公务电话应尽量打到对方单位，若确有必要往对方家里打时，应注意避开吃饭或睡觉时间。如果是拨打国际长途电话，还要在拨打电话前弄清地区时差以及各国工作时间的差异，不要在休息日打电话谈生意，以免影响他人休息。即使对方已将家中的电话号码告诉你，也尽量不要往家中打电话。

不要太晚打电话，这主要是指在晚上。有些事情特别紧急，那么宜早一些打电话，不宜太晚。总之，要考虑对方是否方便接听电话，而不是仅凭自己的感觉，应谨慎地决定是否拨打电话。

（四）拨打电话的技巧

1. 打电话时的正确姿态

不要以为打电话时"不见其人"就可以姿态不雅、体态不雅；其实，懒散的姿态对方是能够"听"得出来的，说话者当时的心情和肢体语言也会微妙地显现于声调和语气中。如果你打电话的时候斜躺在椅子上，对方听你的声音就是懒散的，无精打采的，如同与别人面对面谈话时嘴里嚼着东西一样，是非常粗鲁的行为。若坐姿端正，所发出的声音也会亲切悦耳，充满活力。因此，打电话时，即使看不见对方，也要当作对方就在眼前，尽可能注意自己的姿势。

正确的姿态包括您的站姿或坐姿，同时还要稳稳地握住电话听筒，以避免因姿态不好，没有拿好话筒，导致话筒滑落的"呼呼"声响，将对方弄得莫明其妙。

最好养成打电话时用左手拿话筒的习惯，这样右手空出来就可以将对方所讲的话或重要事项记下来；尽量站着听电话，即使采取坐姿，也要伸直上身，这样有助于语调的提高，更能展现你高雅的神韵。通话时，如遇到不礼貌者也应该稳定情绪，稍安毋躁，以礼相待。打电话过程中绝对不能吸烟、喝茶、吃零食，同时不要对着听筒打喷嚏、擤鼻涕或咳嗽。实在克制不住，可以说声"抱歉"，然后把头转到一边去。

2. 怎样挂断电话

挂断电话之前要把通话要点确认一遍，放话筒时一定要轻，不能"啪"的一声重重挂上，这样的结果往往会使你前功尽弃。挂断电话之前应先用手轻按切话器，切勿用力将话筒挂上。否则，通话的另一方可能正把耳朵贴近听筒，突然而来的尖锐的"砰"的声音可能会吓人一跳。切记，不要在最后一刻给别人留下不好的印象。

3. 谁先挂断电话

在将要挂断电话时，不要过于匆忙，也许对方在最后一刻才想起要补充些什么，若主动挂了电话，对方就没有表达的机会了。谁先挂断电话，是一个非常重要的礼仪细节。

（1）原则上是打电话的一方先放电话。

（2）通常是长辈、上司、客户先挂断电话。

（3）领导是女士时，即使是你打电话过去的，也应该请对方先挂断。

（4）如果对方也在等你挂断，你应当婉转有礼貌地提醒："请您先挂断电话吧，谢谢！"

（5）切忌没有致结束语就挂机，确定对方已挂断电话后才能放下话筒。

沟通小贴士

电话沟通中的礼貌用语

1. 您好！这里是×××公司×××部（室），请问您找谁？

2. 我就是，请问您是哪一位？……请讲。

3. 请问您有什么事？（有什么能帮您？）

4. 您放心，我会尽力办好这件事。

5. 不用谢，这是我们应该做的。

6. ×××同志不在，我可以替您转告吗？（请您稍后再来电话,好吗？）

7. 对不起，这类业务请您向×××部（室）咨询，他们的号码是……[×××同志不是这个电话号码，他（她）的电话号码是……]

8. 您打错号码了，这里是×××公司×××部（室），……没关系。

9. 再见！（与以下各项通用）

10. 您好！请问您是×××单位吗？

11. 我是×××公司×××部（室）×××，请问怎样称呼您？

12. 请帮我找×××同志。

13. 对不起，我打错电话了。

14. 对不起，这个问题……请留下您的联系电话，我们会尽快给您答复，好吗？

综合训练

一、仔细阅读并如实回答

我们很多人无意中养成了一些不好的习惯，或者是头脑中有一些根深蒂固的观念，这些都影响了我们的发展。通过自我测评，你会发现你在某一方面的能力需要巩固或提高。阅读下面每一个问题，然后把你认为最符合自己表现的选项列出来。

序号	问题	选择
1	你对打电话的人是什么态度？ A. 公平合理　　　B. 没有注意过　　　C. 经常不满	
2	你是否很愿意告诉别人自己对工作的感受？ A. 经常　　　　　B. 从不表露　　　　C. 不经常	
3	你的个人问题总会影响到你的工作？ A. 经常　　　　　B. 偶尔　　　　　　C. 从不	
4	如果有人批评你的公司或单位，你通常有什么反应？ A. 表示赞成　　　B. 持反对意见　　　C. 虚心聆听	
5	你的电话留言是否没有传达给合适的人？ A. 经常　　　　　B. 有时　　　　　　C. 很少	
6	打电话给你的人觉得你的耐心如何？ A. 很有耐心　　　B. 不错，但应该再好一些 C. 一点耐心都没有	
7	当你被人打扰时是什么反应？ A. 你感到恼火，但尽量去帮助他们　　　B. 你很乐意为他们效劳 C. 你告诉他们你很忙，建议他们找别人帮忙	
8	你的熟人认为你接电话怎么样？ A. 很好　　　　　B. 有时还行　　　　C. 很糟	
9	在电话中交谈时你经常面带笑容吗？ A. 经常　　　　　B. 有时 C. 为什么要笑？——反正他们看不到	
10	你接电话时说的第一句话是什么？ A. 电话号码　　　B. 你的单位名称　　　C. 早上好或下午好	
11	电话结束时你会向对方道谢吗？ A. 总是这样的　　B. 有时会　　　　　C. 只有对方态度好的时候	

（续表）

序号	问题	选择
12	你觉得该怎样形容自己的语调？ A. 平平淡淡的　　　　B. 和气友好的　　　　C. 清晰明了的	
13	在铃声响过多少次之后你会接电话？ A. 尽可能少的次数　　B. 4 次或更少些　　　C. 不超过 5 次	
14	打电话时，如果对方的回答达到了你打电话的目的，你会为此而致谢吗？ A. 经常　　　　　　　B. 有时　　　　　　　C. 极少	
15	如果有人打电话询问一些事情而你不太肯定答案的时候，你会怎样做？ A. 告诉他们你认为正确的答案 B. 告诉他们你不知道，请他们等一会你去找找看 C. 告诉他们你不知道，把问题的细节记下来，设法找到准确的答案，然后安排时间让他再打电话来。	

接下来，在每道题你得的分数上画一个圈，算出你的最后分数，然后检查你的电话表现。

问题	A	B	C
1	3	2	1
2	3	2	1
3	1	2	3
4	2	1	3
5	1	2	3
6	3	2	1
7	2	3	1
8	3	2	1
9	3	2	1
10	1	2	3
11	3	2	1
12	1	3	2
13	2	3	1
14	3	2	1
15	1	2	3

分析你的分数：

44—46分：优秀。你在接打电话中的表现非常得体，你几乎可以与每一个人和睦相处；当然，你可能还有些地方需要改进，仔细检查一下你的答案，看看哪些题目得分最低，那就是你的薄弱环节。

40—43分：良好。大多数时候，你在电话中的表现令对方满意；不过，你也要进一步提高你的技巧，检查一下你的答案，找出问题。不要只满足于现状，要不断改进。

30—34分：有待改善。你总是想着怎样回答对方的问题，处于一个被动的位置，没有主动掌握双方的交谈过程。不管是接电话，还是打电话，你要尽量主动一些，积极一些。检查你的答案，看看哪些答案得分最低，改进这些方面。你还要更加自信些，自如应付电话中出现的各种情况。随后我们会介绍一些好方法，不要错过。

低于30分：各方面都急需改进。你在电话中的表现不好，不能妥善处理电话中出现的问题。你是不是经常感到打电话全无头绪？把你的答案与标准答案比较一下，以后努力改进。

（摘自〔英〕林·沃克《电话技巧》）

二、同桌两人合作，模拟接打电话，注意语气、语调

谢先生：喂！请问王小姐在吗？

王小姐：我就是，你是哪位呀？

谢先生：你好，我姓谢，我是平安保险公司的。是这样的，我是你的好朋友林××介绍来的。

王小姐：哦！有什么事吗？

谢先生：是这样的，前几天，我跟你的好朋友林××一起吃饭时，提到近来我们公司的业务蓬勃发展，我也想找一位得力的创业伙伴，所以请林××帮我一个忙。我自己在保险行业已做了很多年，也多亏林××帮忙，业绩一直很好。所以这次请他帮我物色一下，在他的朋友之中有哪一位是事业心强、人际关系好、能力也强，并想做一番事业的人。林大哥不假思索第一个就想到了你。因此，我想借此机会，利用20—30分钟的时间，向您介绍一下这个难得的创业机会，不知道王小姐您是礼拜三方便，还是礼拜四方便呢？

王小姐：哦！但是我实在很忙呀！

谢先生：哦！是是是，林大哥曾经向我提过，他说你对自己的时间安排得非常好，而且事业做得也很成功，就因为工作忙碌，分秒必争，所以他请我在与你见面之前，务必要先与您电话联络。您放心！我不会占用您很多时间，只

要20分钟就好了。不知道王小姐您是礼拜三方便还是礼拜四方便？

王小姐：等等，等等，你刚说什么？你是哪家公司？

谢先生：我是平安保险公司的。

王小姐：哦！平安保险啊！很抱歉，我对保险实在没有什么兴趣。

谢先生：是是是，林大哥也跟我提过，如果请你从事保险这个行业，你一定是没什么兴趣的，但是经过我的说明之后，他发现，我们公司的这套经营方式非常特别，并不是一般传统保险公司的经营模式。因此，他觉得值得你了解一下，认为你听完之后一定会很感兴趣的，所以让我一定提供给您做个参考。不知道你是礼拜三方便还是礼拜四方便？

王小姐：是这样子的，我虽然想马上找一份工作做，但是我自己做了那么久的业务，我实在不想再做业务了。

谢先生：是啊！我相信任何人长期从事业务工作都会有疲惫的时候，所以林大哥告诉我如果纯粹请你做业务，你一定不会感兴趣的。不过我们公司的制度不太一样，我们不把业务人员叫作业务员，而称为营销员。因为，我们希望有业务基础或对做业务有兴趣的人，通过我们的训练以及培养以后，能在保险业里一展宏图。我们公司里有许多人以前都是在其他行业做业务的，刚开始时心态也跟您一样，可是经过深入的了解之后，他们发现，他们找到了真正想做的事业了。不知道你是礼拜三方便，还是礼拜四方便？

王小姐：哦，是这样的。因为我有很多朋友都在做保险，而且做得并不是很好，所以我不太想做保险。

谢先生：嗯，我想在任何一个行业里头，都有很多人成功，也有许多人失败，而且失败的人比成功的人多。当然，如果想要事业成功，一定要接近成功的人。我们公司是中国最早成立的保险公司，各项制度已非常完善。最近还特别从国外引进了一套新的训练模式，所以这里有很多新同事发现我们公司的做法跟他以前的公司完全不一样。我向你保证，只要你给我20分钟的时间，我一定会给你提供一个前景辉煌的事业。不知道你礼拜三方便还是礼拜四方便？

王小姐：听你这样说，好像是还真的挺不错的啊。不过，最近我真的没时间。要不这样子好了，你先把资料寄过来，让我看看。如果我觉得还不错，我们再约个时间详谈，好吗？

谢先生：好！林大哥向我提过，说你的事业做得很成功。我现在越来越相信，像您这么会利用时间的人，您绝对会成功的。我真的很想见见您，向您请教一下成功的经验。而且也正是因为你这么会利用时间，所以我要特别向你说明的是，这份资料非常详细，如果要您自己看的话，可能要一两天的时间，但是如果让我来说明重点的话，我想只要20分钟的时间。你给我20分钟，我说明完之后，会把资料留给你。你看是礼拜三方便还是礼拜四方便？

王小姐：哦，你这个人真的很厉害啊。我想问一下，因为我已经很久没有跑业务了，不知道再做业务还能不能做好？

谢先生：我现在一时也无法回答你这个问题，所以我们才这么慎重地先提供详细的资料给你参考，而且你也不需要马上做决定。因为我们公司从国外引进了一套非常科学的测试方法，可以帮你评估你的性格倾向与能力，以此判断你适不适合做业务。测试结果十分准确，我们可以先为你做个测试，不晓得你是礼拜三方便还是礼拜四方便？

王小姐：好吧！既然如此，那你就礼拜三来好了。

谢先生：好的，那我们就约在后天早上十点，我将专程登门拜访，我相信我一定会成为你值得结交的朋友的。那就礼拜三见！

王小姐：礼拜三见！再见！

（文章来自百度文库，经过编者整理，做了较大幅度的改动）

三、案例分析

1. 请问秘书初萌有什么不妥的地方？

天地公司的初萌是一个新员工，她在前台负责接待来访的客人和转接电话，还有一个同事小石和她一起工作。每天上班后一到两个小时之间是她们最忙的时候，电话不断，客人络绎不绝。

一天，有一位与人力资源部何部长预约好的客人提前20分钟到达。初萌马上通知人力资源部，部长说正在接待一位重要的客人，请对方稍等。初萌转告客人说："何部长正在接待一位重要的客人，请您等一下。请坐。"正说着电话铃又响了，初萌匆匆用手指了一下椅子，赶快接电话。客人面有不悦。小石忙完后，赶快为客人送上一杯水，与客人闲聊了几句，以缓解客人的情绪。

2. 你要是业务人员，应该怎么办？

有一个业务人员，到一家广告公司拉广告，这家广告公司是他的老客户。他走进老总的办公室时，这位老总显得非常高兴，热情地招呼业务员坐下来，兴致勃勃地说："我女儿考上大学了！"这位业务员只是平淡地点点头，"哦"了两声，接着说："我们上次谈的那个广告的事怎么样了？"老总反感地说："不做了，下次你也别来了。"

业务员："啊……"

四、情景训练

1. 假如你是中国电信客户服务中心的员工，你将接待一位办理 ADSL 业务的客户，你打算怎样做好你的准备工作呢？

2. 有家坐落在某旅游胜地国际机场出口处不远的三星级饭店，常常会遇到因飞机晚点而没有被接机者接走的客人。这天下着大雨，有几位客人预订了市中心四星级宾馆的客房，但在机场出口处并未见到该宾馆的接客车。因为下雨，几位客人就来到了这家三星级饭店大堂等候，面对这几位客人，如果你是大堂副理，会如何反应？

3. 销售人员如何改进电话沟通的方式？

销售人员：你好，您是商店的负责人吗？我是××公司的销售人员陈大勇，在您百忙中打扰，想要向您请教有关贵店目前使用收银机的事情。

商店老板：哦，我们店里的收银机有什么毛病吗？

销售人员：并不是有什么毛病，我想是否已经到了需要更换的时候。

商店老板：没有这回事，我们店里的收银机状况很好呀，使用起来还像新的一样，嗯，我不想考虑换台新的。

第三章
商务类职业沟通技巧

情景导入

伊斯曼是柯达公司创办人以及胶卷发明人，他作为胶片相机时代的标志，曾经创造了辉煌的业绩。很多人都希望能和伊斯曼结识，并和他有商务合作。但人们也都知道伊斯曼是个相当严厉的人，他非常忙碌，通常情况是如果你占用他的时间超过5分钟，那就别指望得能和他继续交谈下去了。有一次，伊斯曼为了纪念他已故的母亲，准备在罗切斯特建造伊斯曼音乐学院和基尔伯恩大剧院。纽约优美座椅公司的经理亚当斯得到消息以后，希望得到这些建筑物中的座椅业务订单。他约见了伊斯曼雇用的建筑师约托，约托也直接告诉他："我知道你想要得到这笔订单。但伊斯曼先生很严厉，时间观念很强。所以我的建议是你要长话短说，尽量做到言简意赅，快点儿说完然后就出来。"于是亚当斯走进了伊斯曼的办公室，这时伊斯曼正埋头看一堆文件。一会儿之后，伊斯曼摘下眼镜，抬起头来，走到约托和亚当斯两人跟前，说道："两位好，请问有什么指教吗？"约托介绍他们认识之后，亚当斯说："伊斯曼先生，当我们等您的时候，我一直在欣赏你的办公室。我想如果我也有一个像你这样的办公室，我也一定会努力工作的。你知道，我本身是从事室内木工装潢行业，但我这一辈子还没有见过比你这办公室更棒的了。"伊斯曼说："啊，如果不是你这样说，我真几乎忘记了这一点。这办公室很美，对吗？当初安装好之后，我就对它非常满意。可是我现在每天大脑里想的只是工作，因此许久以来我竟没有注意到自己这个漂亮的办公室。"亚当斯走过去，用手轻抚了一下伊斯曼的办公桌，说："如果我没看错的话，这应该是英国橡木的，对吧？它的质地与意大利橡木有点儿差异。""是的。"伊斯曼回答说，"那是进口的英国橡木桌子。这是我一位朋友特意为我挑选的，他对硬质木材很有研究。"接着，伊斯曼带领亚当斯参观了整个办公室，还给他详细介绍了各种物品的比例、颜色、精细雕刻，以及某些在他的参与下设计完成的装饰——很显然，伊斯曼很愿意展示这些东西给他的客人。当他们走到了一扇窗户前，伊斯曼停了下来向亚当斯说起了他正要捐资建造的一些机构，如罗切斯特大学、公众医院、慈善养老院、儿童医院……说到这些的时候，伊斯曼是那样的谦虚和平静。亚当斯则不失时机地赞美他用自己创造的财富来解救人类疾病痛苦的崇高行为。然后亚当斯又向伊斯曼请教他早年创业的经历，于是伊斯曼向他诉说了自己穷困的童年，自己当保险公司小职员时的艰辛生活。这些亚当斯都认真地听着，并问他一些问题。伊斯曼不由自主地说起了自己发明胶卷的难忘经历，如何整晚做实验，等到睡觉的时候累得连衣服都忘了脱下。听着这些，亚当斯也由衷地感叹着。两个人谈得很投机，几乎忘记了时间，一个小时、两个小时过去了，早已超过了约托说的五分钟。最后，伊斯曼对亚当斯说："上次我从日本买了几张椅子回来，就放在我家的阳台上，但阳光已经把油漆都晒脱了。我买了一些油漆，想亲自把那些椅子油漆一遍。你愿意看看我油漆后的效果吗，然后咱们一同吃午饭？"亚当斯接受了伊斯曼的邀请，吃完午饭后，伊斯曼请亚当斯看了他自己很得意的油漆椅子。亚当斯拜访伊斯曼，最后的结果大家都能想得出来，那两座建筑物座椅订单全都给了亚当斯。从那时起，直到伊斯曼去世，亚当斯和他一直保持着相当密切的联系。

学习目标

1. 明确推销中先推销自己的意义。
2. 掌握接近客户的方法。
3. 重点掌握推销的语言技巧。
4. 理解商务谈判的特点。
5. 掌握谈判基本功的训练技巧。
6. 学会进行谈判资源的整合。
7. 熟练运用倾听、表述、提问、答复等谈判技巧。

第一节　商品推介

知识点击

"没有推销就没有企业"，在目前市场经济的条件下，各行各业的竞争异常激烈，因此每个企业都热切期盼能有一批具有较强推销能力的员工，做好商品的推介。

一、先推销自己

在销售市场有一本相当热销的书：《卖产品不如卖自己》，说得非常形象。的确如此，成功的产品推介就是从推销自己开始的。"职员制造公司"，每一位职员都代表着公司、代表着产品形象。在客户眼中，推销人员通常是"不速之客"，因此首先要打破客户的"心理防线"，让客户接受你。产品推介成功与否，通常会取决于你的服务精神和态度，只有客户喜欢你的为人、个性和风格，他才会考虑购买你的产品。生意的基础是人，推销自己应在推销产品之前。

资源链接

神谷卓一的体会

神谷卓一是日本丰田公司的推销之神，他曾说过："接近客户，不是一味地向客户低头行礼，也不是迫不及待地向客户说明商品，这样做，反而会引起客户逃避，当我刚进入企业做一个销售人员时，在接近客户时，我只会销售汽车。因此，在初次接近客户时，往往无法迅速打开客户的心防。在无数次的体验揣摩下，我终于体会到，与其直接说明商品，不如谈些有关客户太太、小孩的话题或谈些乡里乡间的事情，让客户喜欢自己才是真正能关系着销售业绩的成败，因此，接近客户的重点是让客户对一位以销售为职业的业务主管抱有好感。"

（一）推销人员的类型

推销人员可分为多种类型，推销学家麦克墨里（Mcmurry）将推销人员分为下列 7 种类型。

一般产品推销者：主要是指一些日用消费品的推销人员。他们一般是在固定的地点，向固定的消费者进行推销。如零售商店的营业员等。

室内接收订单者：他们的主要任务是在办公室内接待顾客、接收订单，或以电话、函件等形式与顾客联系，取得订单。

外务订单获取者：通过走访顾客、上门推销，与顾客达成交易，取得订单。

信息传递者：他们的主要任务不是接收订单、直接销售商品，而是通过交往、宣传，与现有顾客及潜在顾客建立良好的关系，了解顾客的潜在需求，帮助顾客认识、了解产品和企业，以促进产品的销售。

技术知识推销者：他们主要是参与一些技术性较强的商品的推销，向顾客传授有关技术知识，为用户解决产品使用、安装、维修方面的技术问题，充当顾客的技术顾问。

某些有形产品的创造性销售者：对于具有一定特色的产品的推销，采用一定的推销技巧，使消费者了解其特色，从而促进销售。

无形产品的创造性销售者：对于保险、广告服务、信息情报、技术成果等产品的推销、宣传者。

推销人员作为企业与顾客间的纽带与桥梁，肩负着为企业销售商品、为顾客提供服务的双重任务。企业的营销工作离不开推销人员，顾客的购买活动也离不开推销人员。

（二）明确推销人员的职责

推销人员是商品推销活动中的主要角色，在推销活动中发挥着重要作用。为保证推销活动的顺利进行，推销人员必须要明确自身的职责。

1. 销售产品

推销产品是推销工作的核心，也是推销人员的主要职责。这项职责要求推销人员通过寻找潜在顾客、接近顾客、推销洽谈、处理异议、签订合同等一系列活动，最终达成交易。

2. 收集资料

为了更好地推销产品，推销人员需要及时收集与此有关的各种资料。这些资料包括有关产品、顾客、市场等方面的信息资料。一是搜集有关产品的全部知识，如产品的性能、结构、使用方法、售后服务、销售状况等。二是搜集有关顾客的资料，如顾客对产品的评价和意见，顾客的年龄特征、结构，顾客需求的现状、变化趋势以及顾客对企业销售政策、售后服务等的反应等。三是搜集有关市场的资料，如同类产品的竞争状况、市场的供求现状及发展趋势、竞争对手的市场营销战略和战术等。

3. 提供服务

推销人员为顾客提供优良的服务是提高产品竞争力的重要手段之一。提供优良的服务包括售前服务、售中服务和售后服务。

资源链接

售前服务包括：帮助顾客确认需求或要解决的问题；为顾客提供尽可能多的选择；为顾客的购买决策提供必要的咨询服务，这些工作为成交奠定了基础。

售中服务主要包括：为顾客提供运输、保管、装卸以及融资、保险、办理各种手续方面的帮助，这些能为顾客带来额外利益的服务项目常常成为决定成交的主要因素，尤其是在商品本身的特征和价格差别不大的情况下，顾客总是选择那些能提供额外服务的厂家。

售后服务一般包括：产品的安装、调试、维修、保养，人员培训，技术咨询，零配件的供应，以及各种保证或许诺的兑现等，这些服务不仅能够消除顾客的抱怨、增强顾客的满足感，而且有助建立良好的企业形象、巩固与客户的关系。

4. 沟通信息

商品的推销过程也是一个信息的传递和反馈的过程。由于销售任务是长期的，信息沟通的目的就是为了促进长期销售。推销活动实际上就是推销人员将企业与顾客双方的信息进行双向沟通的过程。一方面，推销人员要将企业的相关情况、产品的相关知识传递给顾客，引起顾客兴趣，引导顾客购买，促进产品的销售。另一方面，推销人员也要将顾客的意见、市场的需求变化反馈给企业，为企业生产、销售决策的制定提供依据。

5. 树立形象

推销人员在推销过程中代表的不仅仅是个人形象，一举一动都代表着产品形象和企业形象。在顾客面前，推销人员就是企业的化身，推销人员的素质和专业水平是顾客判断企业形象最直接的标准和依据。所以，一名合格的推销人员要时刻注意自己的一言一行，通过塑造良好的自身形象，使顾客了解、信任企业，从而促进产品的销售。

（三）具备良好的推销职业能力

从推销职业能力方面讲，推销人员应具有敏锐的观察能力、良好的语言表达能力、较强的创造能力、较强的社交能力和快捷的应变能力等。

1. 敏锐的观察能力

敏锐的观察能力就是善于洞察顾客的种种反应并迅速做出判断的能力。推销人员在与顾客的接触中，需要对顾客进行细致的观察与分析，要善于抓住一些细枝末节，从顾客的谈话用词、语气、动作、神态等微妙的变化去洞察对方的心理过程。

案例共享

曾经有一位推销商品颇有成效的推销员，别人问他是怎样去把握对方沉默不语时的思想时，他回答道："只要你留心观察，你就会发现对方虽然沉默不语，但你从他的神态和表情变化中能够发现内心思想感情的变化。比如在正常情况下，顾客坐着的时候总是脚尖着地的，并且静止不动；但到心情紧张的时候，对方的脚尖就会不由自主地抬高起来，我只要看对方的脚尖是着地还是抬高，就可以判断他的内心世界是平静的还是紧张的。又如，在正常状态中，吸烟的人熄灭烟蒂大都保留一定的长度，可是一到非正常的情况下，放下的烟蒂就可能很长。所以，如果你发现对方手中的烟蒂还很长，却已放下熄灭了，你就要有所准备，对手可能打算告辞了。"由此可见，这位推销员具有相当敏锐的观察能力，这成为他取得成功销售业绩的保障。

2. 良好的语言表达能力

语言表达能力体现在三个方面：口头语言表达能力、书面语言表达能力以及体态语言表达能力。一个优秀的推销人员应该具备这三种语言表达能力。推销员天天都要接触不同的顾客，在推销活动中主要是借助语言来推介产品，激发顾客的欲望，最终促成交易，语言能力的高低是推销成功的基本要素。第一，推销人员应该讲究口头语言表达艺术，表达要准确、清晰、言简意赅，并学会倾听。第二，推销人员应该具备体态语言知识，不仅要关注顾客的体态动作，也要自觉注意自己的体态动作，虽然这种信息是无声的，但却可以明确地表达出一个人的思想感情和意见要求。第三，推销人员应该具备基本的写作常识，能够在日常推销活动中撰写企业的产品介绍，草拟用户说明书，编辑企业宣传刊物等。

3. 较强的创新能力

市场是喜新厌旧、优胜劣汰的，推销工作是一项富有挑战性的工作，每一次推销都可能会出现新情况、面对新问题，这就要求推销人员不断创新。较强的创新能力包括推销观念的创新、推销手段的创新、推销市场的开拓等。

4. 较强的社交能力

推销产品的过程，也是一种人际交往的过程。社交能力是衡量一个推销员能否适应现代开放社会和做好本职工作的重要标准。推销人员必须具备较强的社会交往能力，在任何场合都能应付自如，与任何人接触都能愉快合作。推销人员较强的社交能力体现在以下方面：对人友善、热情诚恳；能设身处地地为顾客着想，体谅顾客的难处；有自制能力，能冷静、客观地处理问题。

5. 快捷的应变能力

应变能力是指对突发情况和尚未预料到的情况的适应、应对能力。推销员在推销过程中会遇到形形色色的顾客和复杂多变的状况，经常会碰到各种意想不到的问题。对于这种突发的状况，推销人员就要理智、沉着地分析和处理，随机应变，并对推销策略进行适时的调整，妥善快速地解决出现的问题。

案例共享

乔·吉拉德自我推销的成功经验

乔·吉拉德被誉为"世界最伟大的销售员"，他连续 12 年荣登世界吉斯尼纪录大全世界销售第一的宝座，他所保持的世界汽车销售纪录——连续 12 年平均每天销售 6 辆车，至今无人能破。乔·吉拉德曾一语道破自己成功的秘诀——"推销的要点是，不是在推销商品，而是在推销自己"。如何更好地推销自己，可以借鉴以下的经验。

1. 树立可靠的形象

乔·吉拉德努力改变推销人员在公众心目中的形象，不但有儒雅得体的言谈举止，而且有对顾客发自内心的真诚和爱心。他出现在顾客的面前时，总是衣着整洁，朴实谦和，脸上挂着迷人的微笑。而且对自己所推销的产品型号、外观、性能、价格、保养期等烂熟于心，保证对顾客有问必答。他乐于做顾客的参谋，根据顾客的财力、气质、爱好、用途，向他们推荐各种适合的小汽车，并灵活地加以比较，举出令人信服或易于忽略的理由来坚定买主的信心，主动热情、认真地代顾客进行挑选。年复一年，乔·吉拉德就这样用自己老成、持重、温厚、热情的态度，真心实意地为顾客提供周到及时的服务，帮助顾客正确决策，与顾客自然地形成了一种相互信赖、友好合作的气氛。顾客都把他当作一个值得信赖的朋友，戒备心理烟消云散，高兴地接受他的种种建议。

2. 注意感情投入

乔·吉拉德深深懂得顾客的价值，他明白推销员就是面对顾客的，而顾客都是活生生的人，人总是有感情并且重感情的。所以，他标榜自己的工作准则是："服务，服务，再服务！"他豪迈地说："我坚信每个人都可能成为潜在的买主，所以我对我所见到的每一个顾客都热情接待，以期培养他们的购买热情。请相信，热情总是会传染的。"

乔·吉拉德感情投入的第一步是以礼待客，以情相通。顾客一进门，他就像老朋友一样地迎接，常常不失时机地奉上坐具和饮料；他总是耐心倾听顾客的每一项要求，尽可能做出详细的解释或者示范；凡是自己能够解决的问题就立即解决，从不拖拉。在这种情况下，绝大多数顾客都不得不对是否买车做出积极的反应了，否则心中就可能产生对不起推销员的内疚感。

乔·吉拉德感情投入的第二步是坚持永久服务。他坚信："售给某个人的第一辆汽车就是跟这个人长期关系的开始。"他把建立这种与"老主顾"的关系作为自己工作的绝招。顾客从把订单交给乔·吉拉德时起，每一年的每一个月都会收到乔·吉拉德的一封信，绝对准确。一月份祝贺新年，二月份纪念华盛顿诞辰日，三月份祝贺圣帕特里克日……凡是在乔·吉拉德那里买了汽车的人，都收到了他的贺卡，也就记住了乔·吉拉德。乔·吉拉德的种种服务使他的顾客备受感动，第二次、第三次买车时自然就忘不了他。据估算，乔·吉拉德的销售业务额中有80%来自原有的顾客。有位顾客亲昵地开玩笑说："除非你离开这个国家，否则你就摆脱不了乔·吉拉德这个家伙。"乔·吉拉德感动地说："这是顾客对我的莫大的恭维！"

3. 名片满天飞

每一个人都使用名片，但乔·吉拉德的做法与众不同，他有一个习惯：只要碰到一个人，他马上会把名片递过去，不管是在街上还是在商店。他认为生意的机会遍布于每一个细节。

他到处递送名片，在餐馆就餐付账时，他要把名片夹在账单中；在运动场上，他把名片大把大把地抛向空中。名片漫天飞舞，就像雪花一样，飘散在运动场的每一个角落。

乔·吉拉德认为，每一位推销员都应设法让更多的人知道他是干什么的，销售的是什么商品。这样，当他们需要这种商品时，就会想到他。乔·吉拉德抛撒名片是一件非同寻常的事，人们不会忘记这种事。当人们买汽车时，自然会想起那个抛撒名片的推销员，想起名片上的名字：乔·吉拉德。同时，要点还在于，有人就有顾客，如果你让他们知道你在哪里，你卖的是什么，你就有可能得到更多生意的机会。

然而，这么一位优秀的推销员却有一次难忘的失败教训。有一次，一位顾客来跟乔·吉拉德商谈买车。乔·吉拉德向他推荐了一种新型车，一切进行顺利，眼看就要成交，但对方突然决定不买了。乔·吉拉德百思不得其解，夜深了还忍不住给那位顾客打电话想问明原因，谁知顾客回答说：

"今天下午你为什么不用心听我说话？就在签字之前，我提到我的儿子即将进入密歇根大学就读，我还对你说他的运动成绩和将来的抱负，我以他为荣，可你根本没有听我说这些话！你宁愿听另一位推销员说笑话，根本不在乎我说什么！我不愿意从一个不尊重我的人手里买东西！"从这件事，乔·吉拉德得到了两条教训：第一，倾听顾客的话实在太重要了，自己就是由于对顾客的表面看来和买车毫无关系的闲话漠然、置之不理失去了一笔生意；第二，推销商品之前，先要把自己推销出去，顾客虽然喜欢你的产品，但如果不喜欢你这个推销员，也可能不买你的产品。

二、接近客户的方法

（一）明确接近主题

在接近客户前一定要首先明确与客户交流的主题是什么，在这个基础上才能进行接近客户方式的选择。常见的主题有想和未曾谋面的客户邀约第一次见面，想邀请客户光临参观，或者想向客户介绍公司产品等。

（二）选择接近方式

常见的接近客户的方式有三种，即电话、信函、拜访。接近方式的选择与约见主题有直接的关系。如主题是想约见客户，可选择电话方式；想邀请客户光临参观，可选择信函方式；想向客户介绍公司产品，则是直接拜访效果最好。

（三）锤炼接近话语

接近话语，是指在销售中初次面对客户时的话语。常规的接近话语通常有六个步骤：

步骤1，称呼对方的名字。准确清晰地叫出对方的姓名及职称。

步骤2，自我介绍。清晰地说出自己的名字和企业名称。

步骤3，感谢对方的接见。诚恳请求并感谢对方能抽时间接见你。

步骤4，寒暄。根据事前准备客户的资料，表达对客户的赞美；或能配合客户的状况，选一些对方容易谈论及感兴趣的话题。

步骤5，赞美及询问。用赞美拉近与客户的心理距离，接着用问题引导出客户的兴趣与需求。

步骤6，表达拜访的理由。最后以自信的态度，清晰地表达出拜访的理由，让客户感到您的专业及可信赖。

案例共享

情景1

李勇：您好！我是永兴公司的销售人员李勇。在百忙中打扰您，想要向您请教有关贵商店目前使用收银机的事情？

商店老板：哦，我们店里的收银机有什么毛病吗？

李勇：并不是有什么毛病，我是想是否已经到了需要换新的时候。

商店老板：没有这回事，我们店里的收银机状况很好呀，使用起来还像新的一样，不好意思，我们目前没这方面打算，以后再说吧！

情景2

王强：郑老板在吗？我是华贸公司销售人员王强，在百忙中打扰您。我是本地区的销售人员，经常经过贵店。看到贵店一直生意都是那么好，实在不简单。

商店老板：您过奖了，生意并不是那么好。

王强：贵店对客户的态度非常亲切，郑老板对贵店员工的教育训练，一定非常用心，我也常常到别家店，但像贵店服务态度这么好的实在是少见；对街的张老板，对您的经营管理也相当钦佩。

商店老板：张老板是这样说的吗？张老板经营的店也是非常好，事实上他也是我一直为目标的学习对象。

王强：郑老板果然不同凡响，张老板也是以您为模仿的对象，不瞒您说，张老板昨天换了一台新功能的收银机，非常高兴，才提及郑老板的事情，因此，今天我才来打扰您！

商店老板：喔！他换了一台新的收银机呀？

王强：是的。郑老板是否也考虑更换新的收银机呢？目前您的收银机虽然也不错，但是如果能够使用一台有更多的功能、速度也较快的新型收银机，让您的客户不用排队等太久，他们会更喜欢光临您的店的。请郑老板一定要考虑这台新的收银机。

分　析

以上李勇与王强两个销售员用不同的方法接近客户，最后呈现出来不同的结果，李勇在初次接近客户时，单刀直入地询问对方收银机的事情，让人感觉突兀，因此反遭商店老板的回问，他回问："店里的收银机有什么毛病？"李勇忽略了突破客户的"心防"及销售商品前先销售自己的这两个重点。再看王强，却能够很好地把握这两个原则，能一进门直接称呼郑老板，了解郑老板店内的经营状况、清楚对面张老板以他为学习目标等，通过和商店老板聊天，拉近距离，在打开郑老板的"心防"后，才自然地进入销售商品的主题，取得了预想的效果。

看过了接近话语的范例，请做接近话语的练习，三个同学为一组，做角色扮演，分别扮演销售人员、客户、观察者，时间限 30 分钟，观察者要提供观察后的感想。

三、推销的语言技巧

推销活动的核心是"说服"，推销人员的核心任务就是说服顾客接受自己推销的产品。高效率的推销活动源于推销人员多方面的修养，而拥有极佳的口才是成功推销的必备条件。"一言之辩重于九鼎之宝，三寸之舌强于百万之师。"可见，口才是推销员创造推销业绩的锐利武器。成功的推销员都特别注重提高自己的口语表达能力，完善自己的口才。推销人员练就极佳的推销口才，实际上就是要解决在推销过程中究竟应该说什么、怎么说的问题。

（一）动听的语言

优秀的推销人员懂得如何掌握语言艺术，用动听的语言与顾客交流，取得顾客的好感和信任，从而达到说服顾客、顺利成交的目的。

1. 善用请求式语句

在推销过程中，推销人员要注意多用请求式语句，尽量避免命令式语句。

案例共享

顾客询问还有没有货物供应，若推销员答"没有了，这个问题下个月再谈"，这样会令顾客不舒服而转向别的厂家。面对这样的问题可以说："目前的货物都预订出去了，不过我们已经在加班生产，您愿意等几天吗？"

再如，一位推销员到一家大商场推销。经理说："你的产品在这儿没市场。我们从来不卖。"对于这样的断然拒绝，这位推销员说："我们在几家小商店试销，走势都很好，你们能不能试销一下？如果效果好，就继续。如果效果不好，就中止。你看如何？我们不蒙你们，大商场资金雄厚，能不能你们先付 70% 款项，待销完后再付 30%；若滞销，退货时，我们退款。"最后几经协商，这位经理按推销员的条件订购了一批产品。

2. 巧用肯定语句

在推销过程中，推销人员应该尽量避免使用否定语句，应该学会用肯定语句代替否定语句。

例如，有顾客问："这个皮鞋有黑色的吗？"如果此时确已无黑色皮鞋，推销人员也不要直接回答"没有"，而应该回答"目前这款皮鞋还有红色和蓝色，这两种颜色都很好看，您可以试试看。"

特别是当遇到顾客有异议时，推销员要巧用肯定语句，化解矛盾，既能维护顾客的自尊，又能婉转地否定异议。

案例共享

一位推销员在向一位中年妇女推荐时装。

顾客提出异议："这件衣服太时髦了，我这年纪怎么穿得出？不要！不要！"

售货员答："是的，这件衣服颜色鲜艳，款式新颖，年轻人买的很多。不过，人到中年更需要打扮，人靠衣装嘛，这件衣服您穿上绝对合适，有不少您这个年纪的人买过，穿上起码年轻10岁。"

分　析

推销员肯定性的语言能够促使顾客说出"是""是的"，从正面明确向顾客表示购买商品会给她带来哪些好处。

资源链接

肯定性的常用语句

您会高兴。

您能够了解。

能够相信、可靠性高。

放心吧！

可以放心。

这样是安全的。

可以获得好处。

我们的态度是积极的。

这很有价值。

这是对的，正确的。

这值得接受。

这个挺生动的。

前景比较乐观。

这样更加容易一些。

3.讲究语言的艺术性

推销语言的艺术性主要表现在语言表达的灵活性、创造性和情境适用性上。

案例共享

高尔基的名著《在人间》里描写了两个店铺推销圣像的情节：一家店铺的小学徒没有什么经验，只是反复向人们说："各种都有，请随便看看。圣像价钱贵贱都有，货色地道，颜色多样，要定做也可以，各种圣人圣母都可以画……"尽管这个小学徒喊得声嘶力竭，可仍很少有人问津。另一家店铺的广告则不同："我们的买卖不比卖羊皮靴子，我们是替上帝当差，这比金银还宝贵，当然是没有任何价钱的……"结果，许多人都情不自禁地被吸引了过来。

分　析

同是推销圣像，为什么效果不同呢？原因就在于前者用语冗长，平淡刻板，而后者则针对基督徒的心理，创设了情景，将自己说成是"为上帝当差"的，用心独到，言简意赅。

互动活动

找两个同学模拟以下情境，说出你的感受，提出解决的办法。

小王现在要将公司的电脑卖给顾客小李，小李不停地挑着电脑的各种毛病，小王耐心地一一回答小李的问题，即使是面对一些吹毛求疵的问题，也要让小李满意，不能伤害小李的感情。

（二）入耳的话题

著名的销售大师廉·丹弗说："首先要引起客户的兴趣，而不是一开始就和客户谈生意。"推销过程中，一般不能直接切入销售主题，推销人员首先需要选择适当的话题，缩短与客户的距离，使自己逐渐被客户接受，然后把话题引向自己的商品。推销人员在同客户沟通的时候，能够激起他兴趣的最好办法莫过于谈论他最感兴趣、最在意的事情。

资源链接

推销人员常用的引入话题

提起对方的嗜好（72%）；提起对方的工作（56%）；提起时事问题（36%）；提起孩子等家庭之事（34%）；提起演艺活动（25%）；提起对方的故乡及就读的学校（18%）；提起健康（17%）；提起理财技术及街谈巷议（14%）。

（三）生动的表达

销售口才的动听入耳，不仅要考虑场合及说话的技巧，说话声调的抑扬顿挫也会对说话的内容产生影响，从而影响听者的感受，影响推销的效果。

案例共享

举一个简单的例子来说明声调的高低轻重对于说话的内容及含义的影响。每句话下面加点的字为强调的部分。

"**我**没有说冰箱可以保修！"——没有强调任何部分，仅仅说明事实。

"**我**没有说冰箱可以保修！"——强调"我"，显然是别人说的。

"我没**有**说冰箱可以保修！"——否认自己说过。

"我没有说冰箱**可**以保修！"——给人的感觉是想说但没有说出。

"我没有说**冰箱**可以保修！"——表示不是冰箱，而是其他产品。

分　析

通过上面的例子，可以看出语气重点的不同会导致语义的差别如此之大。因此，要真正做到推销口才的入耳与动听，必须学会生动的语言表达方式。

（四）耐心的倾听

推销的过程是推销人员和顾客语言沟通、展开对话的过程，是二者互动的过程。推销人员与顾客的良性互动，就不仅仅需要推销人员口齿伶俐的表达，更需要推销人员耐心的倾听。通过倾听，了解顾客的真正需求。根据 Sellraise 销售研究机构对 2000 例销售谈话的调查，顶尖的销售人士通常花 60%—70% 的时间在倾听上，听是对话中所占比重最大的部分。耐心倾听顾客说话，就是要全神贯注地听。要放下手中的工作，双手交叉放在膝盖上，身子稍微前倾些，好像全身心置于与对方的谈话之中。在倾听中注意捕捉顾客话中的关键语句，理解其真实想法，较重要的则要做好记录，要注意与对方目光交流。不要任意打断顾客谈话，不要试着加入话题或纠正他。不能让顾客认为你对他的话题不感兴趣。有疑问时，可打断对方，可重申或用自己的话说，问对方对否，要心平气和地听顾客讲话，不可带有敌意，不带任何偏见；要注意总结、概括或重申对方讲话中对自己有利的一面。

（五）有效的提问

销售人员在和客户沟通的过程中，一定要让客户发表自己的观点和看法，避免销售人员自己滔滔不绝地讲，客户却沉默不语的现象发生。有效地提问是打破对话僵局的重要手段，推销人员通过直截了当的提问，可以提出自己的疑问、发现顾客的需要，从而征求顾客的意见。

案例共享

小李是 M 品牌冰箱的导购小姐。一天，一对夫妇走进该品牌的展厅，打算看看冰箱。

"先生，家里几口人？"丈夫回答五口人。

小李又看着太太问："你是喜欢隔日买菜，还是每天都上市场？"

太太笑而未答。

小李并未放弃，采用选择式提问，刺激太太回答。

"听说有人一星期买一次菜，有人 3 天买一次。假如 3 天买一次，菜色菜味不会变化，太太你喜欢哪一种买法？"

太太终于回答了："3 天买一次。"

小李："在冰箱里储存食品、菜肉，既可以保鲜，又可以节省时间，还可以随时享用自己喜欢的饮料和啤酒……"

分　析

在这段简短的对话中，可以看出一个推销高手不停用摆事实和提问的方法，来刺激顾客购买冰箱的欲望，避免自己一味向顾客介绍产品，而顾客却没有听懂或者听进去，造成销售不成功。

资源链接

原一平的语言魅力技巧

原一平是日本推销的大师，他 36 岁加入美国百万圆桌协会（进入该协会代表是全球最顶尖的少量寿险从业人员），43 岁时已经连续保持 15 年全国推销冠军，连续 17 年推销额达到了百万美元。1962 年，日本政府授予他"四等旭日小缓勋章"。有许多推销界的朋友曾向他询问："怎样才能让声音充满魅力呢？"原一平总结出这么几个技巧。

语调低沉明朗——明朗、低沉、愉快的语调是吸引人的最大所在，如果你说话的语调偏高，就要练习让语调变得低沉一点，这样你的声音才能迷人。

吐字清晰、层次分明——吐字不清、层次不明是谈话成功的最大敌人，假如别人无法了解你的意思，你就不可能说服他。要克服这种缺点，最好的方法就是公众场合练习大声朗诵。

注意说话的节奏——这就如同开车有低速、中速与高速，必须依实际路况的不同而有所调整，在说话时也是一样。另外，音调的高低也要妥善安排，任何一次谈话，抑扬顿挫，速度的变化与音调的高低，必须搭配得当，只有这样，你的谈话才能有出奇的效果。

停顿的奥妙——"停顿"在交谈中非常重要，但要运用得恰到好处，既不能太长，也不能太短，这需要靠自己去揣摩，"停顿"可整理自己的思维、引起对方注意、观察对方的反应、促使对方回话、强迫对方下决定等。

声音的大小要适中——在一个人少的房间里，如果音量太大，就会成为噪音。如果音量太小，使对方身体前倾才听得到，对方听起来就会感到很吃力。其实，最恰当的就是两个人能够相互听清彼此的声音就可以了。

语言与表情相配合——这样做能让你的谈话更具感染力。

措词高雅——一个人在交谈时的措词，如同他的仪表，对谈话的效果起着决定性的影响。对于发音困难的字词，要力求正确，因为这无形中会表现出你的博学与教养。

互动活动 总结一下，如何提高销售人员的沟通技能？

沟通小贴士

如何巧妙应对客户的拒绝

1. 客户说："说来说去，还是要推销东西？"

推销员说："我当然是很想销售东西给你了，不过要是能带给你让你觉得值得期望的，才会卖给你。有关这一点，我们要不要一起讨论看看？我下星期一过来还是星期五过来比较好？"

2. 客户说："我现在没空！"

推销员说："先生，美国富豪洛克菲勒说过，每个月花一天时间在钱上好好盘算，要比整整30天都工作来得重要！我们只要花25分钟的时间！麻烦你定个日子，选个你方便的时间。我星期一和星期二都会在贵公司附近，所以可以在星期一上午或者星期二下午来拜访你一下。"

3. 客户说："我要先跟我太太商量一下！"

推销员说："好，先生，我理解。可不可以约夫人一起来谈谈？约在这个周末，或者您喜欢的哪一天？"

4. 客户说："我没兴趣参加！"

推销员说："我非常理解，先生，要你对不晓得有什么好处的东西感兴趣实在是强人所难。正因为如此，我才想向你亲自报告或说明。星期一或者星期二过来看你，行吗？"

5.客户说："要做决定的话，我得先跟合伙人谈谈！"

推销员说："我完全理解，先生，我们什么时候可以跟你的合伙人一起谈？"

6.客户说："抱歉，我没有钱！"

推销员说："先生，我知道只有你才最了解自己的财务状况。不过，现在做个全盘规划，对将来才会最有利！我可以在星期一或者星期二过来拜访吗？"或者是说："我了解。要什么有什么的人毕竟不多，正因如此，我们才需要现在开始选一种方法，用最少的资金创造最大的利润，这不是对未来的最好保障吗？在这方面，我愿意贡献一己之力，可不可以下星期三或者周末来拜见您呢？"

7.客户说："目前我们还无法确定业务发展会如何。"

推销员说："先生，我们都很关心这项业务日后的发展，你先参考一下，看看我们的供货方案优点在哪里，是不是可行。我星期一过来还是星期二比较好？"

8.客户说："请你把资料寄过来给我怎么样？"

推销员说："先生，我们的资料都是精心设计的纲要和草案，必须配合人员的说明，而且要对每一位客户分别按个人情况再做修订，等于是量体裁衣。所以，最好是我星期一或者星期二过来亲自给你解释说明。你看上午还是下午比较好？"

9.客户说："我们会再跟你联络！"

推销员说："先生，也许你目前不会有什么太大的意愿，不过，我还是很乐意让你了解，要是能参与这项业务，对你会大有裨益！"

10.客户说："我没时间！"

推销员说："我理解。我也老是时间不够用。不过只要3分钟，你就会相信，这是个对你绝对重要的议题……"

11.客户说："我要先好好想想。"

推销员说："先生，其实相关的重点我们不是已经讨论过吗？容我直接问一问：你顾虑的是什么？"

12.客户说："我再考虑考虑，下星期给你电话！"

推销员说："欢迎你来电话，先生，你看这样会不会更简单些？我星期三下午晚一点的时候给你打电话，还是你觉得星期四上午比较好？"

13.客户说："我没兴趣。"

推销员说："是，我完全理解，对一个谈不上相信或者手上没有什么资料的事情，你当然不可能立刻产生兴趣，有疑虑、有问题是十分合理自然的，让我为你解说一下吧，星期几合适呢？……"

第二节　商务谈判

赫布·科恩（Herb Cohen）在他的《万事皆可谈判》（You Can Negotiate Anything）一书中说："世界就是一个巨大的谈判桌，每个人都有可能成为谈判者。"在世界这个大舞台，我们每个人都在其中扮演着多种角色。每种角色的使命不同、期望不同，要想实现这些期望，就要与其他人进行谈判。谈判的着眼点，就在于赢得人的好感和尊重，并获取我们所需要的，从而完善自我，改变生活。

知识点击

一、谈判的定义

什么是谈判？有学者认为，谈判实际上包含"谈"和"判"两个紧密联系的环节。谈，即说话或讨论，就是当事人明确阐述自己的意愿和所要追求的目标，充分发表关于各方应当承担和享有的责、权、利等看法；判，即分辨和评定，它是当事各方努力寻求关于各项权利和义务的共同一致的意见，以期通过相应的协议正式予以确认。因此，谈是判的前提和基础，判是谈的结果和目的。

谈判是参与各方为了满足各自切身权益的需要，通过进行接洽、协商、交流、沟通从而达成一致意见的行为和过程。

资源链接

美国谈判学会会长、著名律师杰勒德·I.尼尔伦伯格在《谈判艺术》一书中所阐明的观点更加明确。他说："谈判的定义最为简单，而涉及的范围却最为广泛，每一个要求满足的愿望和每一项寻求满足的需要，至少都是诱发人们展开谈判过程的潜因。只要人们为了改变相互关系而交换观点，只要人们是为了取得一致而磋商协议，他们就是在进行谈判。""谈判通常是在个人之间进行的，他们或者是为了自己，或者是代表着有组织的团体。因此，可以把谈判看作人类行为的一个组成部分，人类的谈判史同人类的文明史一样悠久。"

二、商务谈判的特点和类型

（一）商务谈判的特点

现代经济社会生活中，商务谈判成为必不可少的组成部分。商务谈判是指在商务活动中，买卖双方为了满足各自的一定需求，彼此进行交流、阐述意愿、磋商协议、协调关系、争取达到意见一致从而赢得或维护经济利益的行为与过程。

商务谈判的特点包括：

1. 商务谈判是一种互动协调的过程

商务谈判需要谈判各方共同参与，不能是单方面的施舍或承受。要想谈判成功，谈判各方应在追求自身利益的同时，考虑并尊重对方的利益，实现互惠互利。不能把谈判看成是一场棋赛或一场战争，非赢即输，所以任何一方固执己见、死不让步都会使得谈判陷入僵局。谈判的过程就是一个各方协调各自需求和利益的过程，应该本着求大同存小异的原则，力争解决关键分歧。谈判是讲求互惠互利的，成功的谈判应是基于各方的需求，实现共同最大利益的过程，谈判的每一方都是胜者。

2. 商务谈判同时含有"合作"与"竞争"两种成分

谈判双方都有各自的需求，一方面，双方进行合作，任何一方都不能忽视对方需求的满足；另一方面，双方又存在竞争，因为对对方需求的满足程度又会反过来影响己方的利益。所以，谈判双方利益是对立统一的，成功的谈判就是要实现良性竞争中的合作。

3. 商务谈判是互惠的，但不是均等的

谈判的互惠性是指通过谈判，双方都可以从中得到利益，这是谈判的前提。谈判的"不均等性"是谈判的结果，由于谈判各方所拥有的实力与投入不同、谈判人员的谈判技巧与策略的选用不同等，会导致谈判结果的不均等性。

案例共享

分橙子的故事在谈判界广为流传。有两个孩子去邻居家借橙子，但邻居家只有一个橙子了，女主人告诉他们这个橙子归两人共有。不管从哪里下刀，两个孩子都觉得不公平。两个人吵来吵去，最终达成了一致意见，由一个孩子负责切橙子，另一个孩子选橙子。结果，这两个孩子按照商定的办法各自取得了一半橙子，高高兴兴地拿回家去了。回家之后，一个孩子把橙子皮剥掉扔进了垃圾桶，把果肉放到果汁机里打果汁喝。另一个孩子恰恰相反，回到家把果肉挖掉扔进了垃圾桶，把橙子皮留下来磨碎了，混在面粉里烤蛋糕吃。

分 析

分橙子的故事中，尽管两个孩子每人都得到了自己想要的，但是每个人都浪费了一半橙子。这种看似公平的分法却造成了资源的浪费。如果他们事先有过充分的沟通交流，各自清晰地申明自己的利益所在，就可以互通有无、调剂余缺，实现资源的优化配置，使得双方各自的利益达到最大化，获得双赢的结果。这实际就是谈判的过程，成功的谈判者并不是追求寸步不让，而是要与对方充分交流，从双方的最大利益出发，创造各种解决方案，用相对较小的让步来换得最大的利益，而对方也是遵循相同的原则来取得交换条件。由此可见，有分歧、有矛盾、有利益冲突，就会有谈判。谈判是解决分歧、化解矛盾、平衡利益的必然选择。

（二）商务谈判的类型

从不同角度出发，可以把商务谈判分成不同的类型：

以参与方数量为标准，分为双方谈判和多方谈判；以谈判所在地为标准，分为主场谈判、客场谈判、第三地谈判；以谈判的态度与方法为标准，分为软式谈判、硬式谈判、原则式谈判；以谈判的沟通方式为标准，分为口头谈判和书面谈判；以谈判方式为标准，分为正式谈判和非正式谈判；以谈判的透明度为标准，分为公开谈判和秘密谈判。

三、练好谈判基本功

谈判是一种智慧的较量、实力的较量，成功的谈判是由具有良好素质的谈判者去完成的。成为一个优秀的谈判者，需要不断加强自身修养，练好谈判基本功。

（一）优化合理的知识结构

商务谈判作为一种智力竞争，必然要求谈判者不断地学习、研究有关谈判的理论及各种专业知识，形成雄厚广博、完善合理的知识结构。

资源链接

谈判前的知识储备

1. 掌握政治、政策知识，把握交易的基本性质和方向；

2. 了解经济学知识，具有经济头脑；

3. 懂得企业经营管理知识，发挥企业管理在商务谈判中的作用；

4. 精通心理学、社会学知识，善于分析己方和对方的各种需要、动机和行为；

5. 懂得兵法知识，能够合理制定谈判的战略战术；

6. 掌握对外商务知识以及各国各民族的风土人情和风俗习惯，以适应国际商务谈判的需要；

7. 懂得国家法律和国际法则，确保谈判的合法性，捍卫谈判成果；

8. 熟知某种商品的市场潜力或发展前景，深化某个领域的专业知识，自如应对谈判技术条款。

总之，扩大知识视野，深化专业知识，广泛猎取有助于谈判成功的广博而丰富的知识，才能在谈判的具体操作中左右逢源，运用自如，最终取得谈判的成功。

（二）培养健全的心理素质

谈判是各方之间精力和智力的较量，较量的环境在不断变化，各方的行为也在不断变化，要在这种较量中达到特定目标，谈判者就必须具有健全的心理素质。

1. 坚忍顽强的意志力

许多重大艰辛的谈判，就如同马拉松运动一样，考验着参与者。谈判者之间的持久交锋，不仅是一种智力、技能和实力的比试，更是一场意志、耐心和毅力的较量。只有具有坚韧毅力的谈判者，才能在较量中获得最后胜利。

2. 高度的自制力

自制力是谈判者在谈判环境发生巨大变化时适时克服心理障碍的能力。谈判始终是利益的对决，因而僵持、争执的局面不可避免，由此可能会引起谈判者情绪的波动。如果谈判者出现明显的情绪变化，如发怒、沮丧等，可能会产生疏忽，给对手以可乘之机。作为一个优秀的谈判人员，无论在谈判的高潮阶段还是低潮阶段，都需要保持冷静、理智，能够控制自己的情感，避免因感情用事带来的损害。

3. 敢于和善于冒风险的创新精神素质

谈判中冒险无时不在，问题在于冒什么样的风险和怎样冒险。谈判者冒的险应是适当的，知道后果，不会产生超过自己承担能力的损失。

（三）加强高雅的礼仪修养

商务谈判礼仪是商务谈判人员在商务谈判过程中所必须遵守的，用来维护个体组织形象和对谈判对手表示尊重与友好的惯例以及形式。

1. 得体的服饰

在谈判活动的正式场合，得体的服饰对谈判者的精神面貌及其给对方的印象都带来一定的影响。服饰的总原则是与穿着者的年龄、身份、地位及所处场合相符。服饰应整洁、挺括；发型、化妆应较正规，不应标新立异；指甲、胡须要修净、清洁。

2. 大方的谈吐

在商务谈判中，大方的谈吐可以营造融洽友好的谈判气氛。礼节性交际语言的特征在于语言表达中的礼貌、温和、中性和圆滑，并带有较强的装饰性。在一般情况下，它的功用主要是缓和与消除谈判双方的陌生和戒备敌对的心理，联络双方的感情，创造轻松、自然、和谐的气氛。

｜资源链接｜

商务谈判中的谈吐

1. 称呼礼节

称呼礼节主要体现在称呼用语上。称呼用语是随着交际双方相互关系的性质而变化的，因此，应根据具体情况和国内外的习惯灵活运用。根据对象的具体情况如性别、年龄、身份等和关系亲密程度，称呼可分为尊称与泛称。

尊称是指对人尊敬的称呼。它在初次见面和正式场合中经常被采用，如"贵姓""贵公司""贵方"等。

泛称是对人的一般称呼。根据具体情况，泛称又分为正式场合中的泛称与非正式场合中的泛称。谈判正式场合的泛称有：姓＋职务／职称／职业、姓名＋同志／先生／女士／小姐。

2. 寒暄礼节

寒暄，是社会交往中双方见面时为了沟通彼此之间的感情，创造友好与和谐气氛，以天气冷暖、生活琐事及相互问候等为内容的应酬话。较常见的寒暄形式有以下四种类型。

A. 致意型：表达人们相互尊重、相互致意和相互祝愿的情谊，是最常用的寒暄形式，如"您好！""旅途辛苦了！"

B. 问候型：以一种貌似提问的话语表达一种对人关心和友好的态度，如"您工作忙吗？""您休息得好吗？"

C. 攀认型：在交往过程中，寻找契机，发掘双方的共同点，如同乡、校友等，从情感上靠拢对方，如"听说张先生祖籍广州，这么说我们还是同乡呢！"

D.敬慕型：对初次见面者表示敬重、仰慕。这是热情有礼的表现，如"王女士，久仰大名！""见到您，不胜荣幸！"

3.优雅的举止

要有挺拔的站姿，要求肩平、收腹、挺胸、两眼平视、嘴唇微闭含笑，双手放在身后或体前自然交叉。

要有端庄的坐姿，最适当的坐姿是两脚着地，膝盖成直角，与对方交谈时，身体要适当前倾。

要有洒脱的走姿，行走时双肩平衡，目光平视，双臂自然摆动。

要掌握正确的握手方式，遵循主方、职务高者或年长者先伸手的原则，笔直站立，用右手稍稍用力握住对方的手，然后身体略微前倾，全神贯注地注视对方，握手的时间以3—6秒为宜。

四、谈判前的准备

（一）谈判人力资源的配备

谈判人员是直接参与谈判交锋的当事者，他们的素质和谈判水平直接影响着谈判结果。因此，选好谈判人员和组织好谈判班子是谈判准备工作的首要内容。无论什么样的谈判，其谈判班子的规模必须符合既能胜任谈判，又能获得高效率与便于控制的要求。

谈判班子配备的过程中，要遵循谈判人员知识互补、性格协调、分工明确的配备原则。

谈判班子的规模设定，一般会按照项目的大小和难易程度、谈判所需专业知识的复杂程度以及管理幅度的有效性来确定谈判小组的阵容。在一般的商务谈判中，所需的知识大体上可以概括为以下几个方面：有关技术方面的知识；有关价格、交货、支付条件等商务方面的知识；有关合同法律方面的知识；语言翻译方面的知识。根据谈判对知识方面的要求，谈判班子应配备相应的人员。

1.技术精湛的专业人员

熟悉生产技术、产品性能和技术发展动态的技术员、工程师，在谈判中负责有关产品技术方面的问题，也可以与商务人员配合，为价格决策做好技术参谋。

专业人员是谈判组织的主要成员之一，其基本职责是：同对方进行专业细节方面的磋商；修改草拟谈判文书的有关条款；向首席代表提出解决专业问题的建议；为最后决策提供专业方面的论证。

2. 业务熟练的商务人员

商务人员是谈判组织中的重要成员，商务人员由熟悉贸易惯例和价格谈判条件、了解交易行情的有经验的业务人员或公司主管领导担任。具体职责是：阐明己方参加谈判的愿望和条件；弄清对方的意图和条件；找出双方的分歧或差距；掌握该项谈判总的财务情况；了解谈判对手在项目利益方面的期望指标；分析、计算修改中的谈判方案所带来的收益变动；为首席代表提供财务方面的意见和建议；在正式签约前提供合同或协议的财务分析表。

3. 精通经济法的法律人员

法律人员是一项重要谈判项目的必需成员，如果谈判小组中有一位精通法律的专家，将会非常有利于谈判所涉及的法律问题的顺利解决。法律人员一般是由律师或由既掌握经济又精通法律专业知识的人员担任，通常由特聘律师或企业法律顾问担任。主要职责是：确认谈判对方经济组织的法人地位；监督谈判在法律许可范围内进行；检查法律文件的准确性和完整性。

4. 熟练业务的翻译人员

翻译人员一般由熟悉外语和企业相关情况、纪律性强的人员担任。翻译是谈判双方进行沟通的桥梁。翻译的职责在于准确地传递谈判双方的意见、立场和态度。一个出色的翻译人员，不仅能起到语言沟通的作用，而且必须能够洞察对方的心理和发言的实质，既能改变谈判气氛，又能挽救谈判失误，增进谈判双方的了解、合作和友谊。因此，对翻译人员有很高的素质要求。

5. 首席代表

首席代表是指对谈判负领导责任的高层次谈判人员，在谈判中的主要任务是领导谈判的组织工作。这就决定了他们除需具备一般谈判人员必须具备的素养外，还应阅历丰富、目光远大，具有审时度势、随机应变、当机立断的能力，有善于控制与协调谈判小组成员的能力。因此，无论从什么角度来认识他们，都应该是富有经验的谈判高手。主要职责是：监督谈判程序；掌握谈判进程；听取专业人员的建议和说明；协调谈判班子成员的意见；决定谈判过程中的重要事项；代表单位签约；汇报谈判工作。

6. 记录人员

记录人员在谈判中也是必不可少的。一份完整的谈判记录既是一份重要的资料，也是进一步谈判的依据。为了出色地完成谈判的记录工作，要求记录人员要有熟练的文字记录能力，并具有一定的专业基础知识。具体职责是准确、完整、及时地记录谈判内容。

这样，由不同类型和专业的人员就组成了一个分工协作、各负其责的谈判组织群体。

（二）谈判信息资源的搜集

在谈判前，谈判者要做好充分的调查研究工作，搜集掌握各方面的信息，做到"知己知彼"，为以后的谈判奠定良好的基础。谈判涉及的信息资源涉及面非常广，一般应包括：

1. 有关商务谈判环境方面的信息

（1）政治状况。政治和经济是紧密相连的，政治对于经济具有很强的制约力。商务谈判中的政治因素是指与商务谈判有关的政府管理机构和社会团体的活动，主要包括政局的稳定、政府之间的关系、政府对进口商品的控制等。政治因素对商务谈判活动有着非常重要的影响，它直接决定了商务谈判的行为。当一个国家政局稳定，政策符合本国国情，它的经济就会发展，就会吸引众多的外国投资者前往投资。否则，政局动荡，市场混乱，人心惶惶，就必然产生相反的结果。这一点，在我国的政治及经济发展历程中已得到了印证。因此，贸易组织在进行经济往来之前，必须对谈判对手的政治环境做详尽的了解。

（2）法律制度。商务谈判不仅是一种经济行为，而且是一种法律行为。因此，在商务谈判中，首先必须要求符合有关的法律规定，才能成为合法行为或有效性为，才能受到国家有关法律的承认和保护。在商务谈判中，只有清楚地了解法律制度，才能减少商业风险。

（3）宗教信仰。宗教是社会文化的一个重要组成部分，当前，在世界各地宗教问题无不渗透社会的各个角落。宗教信仰影响着人们的生活方式、价值观念及消费行为，也影响着人们的商业交往。在很多情况下，人们面临的矛盾与冲突很多数情况下缘于宗教信仰，也就是意识形态的不同而引起的。对于宗教的有关问题，商务谈判人员必须了解，如宗教的信仰和行为准则、宗教活动方式、宗教的禁忌等，这些都会对商务活动会产生直接的影响，如果把握不当，则会给企业带来很大的影响。如麦当劳曾经进入印度失败，当地人讥讽麦当劳"用13个月的时间才发现印度人不吃牛肉"。

（4）商业习俗。在商务谈判中，商业习俗对谈判的顺利进行影响很大。谈判当事人由于各自所处的地理环境和历史的原因，形成了各具特色的商业习惯。作为谈判人员，要促使谈判顺利进行，就必须了解各地的风俗习惯、商业惯例，否则双方就很有可能会产生误会和分歧。

资源链接

各国谈判禁忌

日本的文化是把和谐放在首位，日本人在日常交往中非常注重礼节，和日本人进行谈判时千万不要在这方面开玩笑，这是日本人最忌讳的。而美国文化则比较强调进取、竞争和创新，美国有句名言："允许失败，但不允许不创新。"所以，多数美国人交往中性格外露、热情自信、办事干脆利落、谈判时开门见山，很快进入谈判主题，并喜欢滔滔不绝地发表自己的看法，谈判中善于施展策略，同时也十分赞赏那些讨价还价和善于施展策略的谈判对手。和沙特阿拉伯男人谈判时千万不能问及对方的妻子，因为沙特阿拉伯男子歧视女性。相反，和墨西哥人谈判时问及对方的妻子则是必需的礼貌。有位谈判人员说过："和东方人做生意，应多做解释少争执，这样会伤面子；对英国人则应有礼貌地慢慢说服。"

（5）价值观念。价值观念是人们对客观事物的评价标准。对商务谈判营销影响较大的价值观念有时间观念和审美观念。时间观念是人们利用时间的态度。一般来说，工业发达的地区，人们的生活和工作节奏都比较快，时间观念强，认为"时间就是金钱"，业务洽谈十分注重时间。相反，在某些地区却不同，如在拉美国家，家庭主妇购买速溶咖啡会被人笑话，会被人们认为是"懒惰的主妇"，因为在这里时间不值钱。审美观念是指人们对于美的看法，尽管对于此问题有一定的一致性，但由于文化和地理的差异，还是存在很大的不同。

（6）气候因素。气候因素包括雨季的长短与雨量的多少、气温的高低等，这些因素对人们的消费习惯，对贸易谈判都会产生一定的影响。比如，日本汽车之所以能在东南亚国家和我国香港地区打败欧洲厂商，原因在于日本汽车在进入当地市场时考虑到那里气候炎热，在汽车上配有制冷设备，而欧洲汽车没有这些设备，不能适应市场的需要。

2. 掌握市场行情

在谈判中，只有及时、准确地了解与标的对象有关的市场行情，预测分析其变化动态，才能掌握谈判的主动权。这里所讲的市场行情是广义的，不仅仅局限于对价格变化的了解，还应包括市场同类商品的供求状况，相关产品与替代产品的供求状况，产品技术发展趋势，主要竞争厂家的生产能力、经营状况、市场占有率，市场价格变动比例趋势，有关产品的零配、供应，以及影响供求变化显现与潜在的各种因素。

（1）供求状况。一般而言，在买方市场条件下，卖方居劣势；反之亦同理。

但不同地区、不同时间的市场供求也会发生某种变化，简单地说，甲地的滞销商品在乙地并非肯定滞销，特别是时尚品，它与消费地域密切相关，不可一概而论。

（2）供求动态。供求动态即市场供求变化的提前量，有些新产品、新时尚在市场投入前期往往不被人看好，但一旦被消费者知晓，就会形成消费热潮，对此商务人员要做好充分论证。

（3）相关产品（或服务）分析。相关产品包括替代品、补充品及前续产品与后续产品等。

资源链接

替代品，包括功能相近的不同品牌的产品、功能升级换代的产品等多种类型。替代品的快速发展往往会导致主项产品的价格下降，甚至被挤出市场。

补充品，即人们在消费主项产品时，必须附带消费的产品，如汽车与汽油、休假时间与娱乐、电脑与网络。补充品的快速发展（或低价位）可以为主项产品本身的发展创造条件。

前续产品，即生产主项产品必需的原材料或初级加工产品（服务），如汽车与钢材价格及进口关税、酒类与粮食供应价格。前续产品的充裕有助于主项产品（服务）的供应量增加和成本下降。

后续产品，即因主项产品（服务）而派生的为主项产品提供直接服务的产品或行业，如汽车与汽车维修、美容。与前续产品同样，它也能促进主项产品的社会需求。

（4）竞争者的情况。竞争者的情况主要包括市场同类产品的供求状况；相关产品与替代产品的供求状况；产品的技术发展趋势；主要竞争厂家的生产能力、经营状况和市场占有率；有关产品的配件供应状况；竞争者的推销力量、市场营销状况、价格水平、信用状况等。

一般来讲，了解竞争者的状况是比较困难的，因为无论是买方还是卖方，都不可能完全了解自己的所有竞争对手及其情况。因此，对于谈判人员来说，最重要的是了解市场上占主导力量的竞争者。

3.有关谈判对手的情况

谈判对手的情况主要包括该企业的发展历史，组织特征，产品技术特点，市场占有率和供需能力，价格水平及付款方式，对手的谈判目标和资信情况，以及参加谈判人员的资历、地位、性格、爱好、谈判风格、谈判作风及模式等。

这里我们主要介绍资信情况、对手的合作欲望及对手的谈判人员。

（1）资信情况。一是要调查对方是否具有签订合同的合法资格；二是要调查对方的资本、信用和履约能力，包括对手商业信誉及履行能力情况，如对手的资本积累状况，技术装备水平，产品的品种、质量、数量及市场信誉等。对对方的资本、信用和履约能力的调查，资料来源可以是公共会计组织对该企业的年度审计报告，也可以是银行、资信征询机构出具的证明文件或其他渠道提供的资料。

（2）对手的合作欲望情况。这包括对手同我方合作的意图是什么，合作愿望是否真诚，对我方的信赖程度如何，对实现合作成功的迫切程度如何，是否与我国其他地区或企业有过经济往来等。总之，应尽可能多地了解对方的需要、信誉等。对方的合作欲望越强，越有助于谈判向有利于我方的方向发展。

（3）对手的谈判人员情况。这包括谈判对手的谈判班子由哪些人组成，成员各自的身份、地位、年龄、经历、职业、爱好、性格、谈判经验如何。另外还需了解谁是谈判中的首席代表，其能力、权限、特长及弱点是什么，此人对此次谈判抱何种态度，倾向性意见如何等，这些都是必不可少的情报资料。

4. 己方的情况

己方的情况包括本企业产品及生产经营状况和本方谈判人员情况，如本次交易对我方的重要性、己方在竞争中所处的地位、己方对有关商业行情的了解程度、对谈判对手的了解程度、己方谈判人员的经验等。

正确地评价自己是确定奋斗目标的基础。通过对己方各方面条件进行客观分析，有助于我们弄清己方在谈判中的优势和薄弱环节，有针对性地制定谈判策略，以便在谈判时能扬长避短。

（三）谈判方案的制订

1. 谈判目标

设定目标时，作为卖方，可能最关注的首先是价格、时间，然后是能够卖多少东西，卖何种质量、档次的产品给客户。

客户买东西时，最关注的不一定是价格，也可能是售后服务、产品质量。不同的客户、不同的谈判对手，所列出的目标是有差别的，但不管怎么样，谈判对手所列出的目标，和自己所列出的目标一定是有差距的。这就需要通过双方的交流和谈判，使各自的目标趋于一致。

如何确定谈判的目标

（1）分清主要目标和次要目标：谈判之前一定要把目标写下来，并根据优先等级来做相应的排序。目标要分清轻重缓急，哪个是最主要的目标，哪个是次要目标，把最终目标、现实目标和最低限度目标一一排列。另外，谈判时，是否应该留有余地，在准备时要制定一个最低限度目标。实验表明，一个人的最终目标定得越高，他的最终结果就会越好。给两组人相同的条件，把其中一组的目标定得高一些，另外一组目标定得低一些，结果显示目标定得高的那一组最终结果比较好。

（2）分清哪些可以让步，哪些不能让步：列出目标的优先顺序之后，还要分清哪些是可以让步的，哪些是不能让步的，同时要简要、清楚地用一句话来描述。因为谈判是一个复杂的过程，如果写得很长、很多，就需要花很多的时间去理解，比较麻烦，也容易出错，导致在不应该让步的地方做了相应的让步，而该让的地方却没让步，使谈判陷入僵局。

（3）设定谈判对手的需求：明确什么是自己想要的、需要的之后，接下来要明确谈判对手想要和需要的内容。例如，如果给街上的乞丐一张演出芭蕾舞的门票，他是不会要的。他最需要解决的是什么？温饱问题。芭蕾舞对他来说，肯定是不需要的东西，他更需要一碗粥，一床棉被，这是他最需要的，解决温饱之后他才可能考虑其他的需要。所以，在确定谈判目标的时候，一定要分清自己想要的和需要的内容，把它罗列出来。谈判中有很多常见的问题都会出现，包括价格、数量、质量、交货期、付款比例、折扣、培训、售后服务等。在谈判前，先列出自己谈判的目标，一二三四，按优先级分出来，再列出竞争对手的目标，考虑对方可能关心的内容，也一一列出来。

2. 谈判程序

即如何开场，如何展开，如何收尾。

3. 谈判时间表

时间从时空与心理的角度会对谈判产生影响，而且有的交易客观上就存在时限。所以，无论从主观还是客观上讲，时间表是谈判方案中必不可缺的因素。时间表可分为自然时间表与自为时间表。前者为客观需要的时间长度，是依据问题复杂程度和内容的多寡确定的谈判进度中的时间分割；后者为策略或谋略所需的时间长度，是因谈判施压或坚持某个条件的需要预定的策略时间长度。

五、商务谈判的语言沟通技巧

商务谈判场上的较量就是双方语言沟通的较量。沟通贯穿于商务谈判始终，而沟通最重要的方式是听、说、问、答。所以，商务谈判沟通的关键是要掌握怎样听、怎样说、如何问、如何答的技巧。这个技巧就是倾听、明述、善问、巧答。这些综合性的技巧不仅贯穿于商务谈判的始终，也贯穿于商务活动的全过程。

商务谈判沟通是指买卖双方为了达成某项协议，与有关方面磋商及会谈过程中彼此加深理解、增进交流所使用的手段和方法。它在商务谈判中具有重要的现实意义。商务谈判沟通的关键是积极倾听、明确表述、善于提问、巧妙回答。

（一）两耳一心，学会倾听

在面对面的谈判场合，所谓"听"并不是单指运用耳朵的听，而是指同时运用眼睛去观察对手的动作和表情，运用心去为对手的话语做设身处地的构想，以及运用头脑去研究对手话语背后的动机，这种耳到、心到、脑到的听，才是谈判的倾听。

努力训练自己成为一名优秀的倾听者是谈判者的一项重要任务。思想家苏格拉底曾说："自然赋予人类一张嘴、两只耳朵，也就是要我们多听少说。"卡耐基说："一双灵巧的耳朵，胜过十张能说会道的嘴巴。"哈佛前校长耶律特也认为，商业往来并没有什么秘诀，最重要的是要专注眼前与你谈话的人。

良好的倾听是高效谈判沟通的开始。在与谈判对象会面时，我们要掌握对手的意图、目标、风格和策略，必须要学会倾听。在倾听中，除了注重对信息的接受过程以外，还强调对信息接受的全面体会，即要在听的同时包含着对信息的理解、判断、领悟和前瞻。多倾听谈判对象的发言，才能全面收集有关谈判的资讯，充分明白其表述的观点和意图，这样做既是对谈判对象的尊重，也能把握对方的谈话风格，这样才能在与对方谈判时做出积极准确的应对。通过倾听来了解对方的需求，以便对拟订的谈判方案做出必要的修正，转移或继续话题，重新设定说话内容、说话方式，甚至终止谈判。

📥 **资源链接**

商务谈判中的倾听技巧

首先，倾听时必须做到心平气和，保持良好的精神状态，谈判时要面向说话者，认真地注视着他，同他保持稳定的目光接触。在倾听的过程中，一方面，要善于通过你的姿势和语言证明你在倾听。比如：适当地点头或说"嗯""噢""是吗""真的吗"等，表示自己确实在听并鼓励对方继续说下去。另一方面，还要察言观色，注意对方的语调、重音、语速、体态语，捕捉对方通过表情和动作所传达出的非语言信息。

其次，倾听时要全神贯注，耐心听完听清全部信息，不能遗漏对方的说话内容，要从对方的话语中捕捉尽可能多的信息。要注意克服习惯性思维，不要带偏见地听。

第三，倾听时要恭听，不要随意打断对方讲话，不要抢话。抢话会打乱别人的思路，也会耽误自己的倾听。

第四，倾听时勤于思考，学会整理出关键信息，不失时机地做出积极有效的应答。倾听过程中，不但要把握准对方所表达的主要观点，还要弄清对方话语中可能隐含的言外之意，并迅速对头脑中所获得的信息进行分析，然后做出积极准确的信息反馈。

第五，不要回避难以应付的话题。很多情况下，难以应付的话题往往是解决问题的突破口，要积极面对，通过话题的展开达到说服对方、协调双方的目标，争取双方达成一致。

第六，适时复述与提问，主动向对方进行反馈。倾听过程中，可以简单重复对方的一个重要的词或一句重要的话，或者改编并摘要对方说过的话。要想简短地复述对方的讲述要点，通常的方法是以不明确的口吻概括你的理解。例如：

你好像……

你似乎……

你的想法是……

对你来说，那一定是……

你一定觉得……

（二）清晰表述，让你的观点具有影响力

俗话说："一句话说得让人跳，一句话说得让人笑。"在谈判过程中，同样的目的但表达方式不同，造成的后果可能大不一样。谈判中的叙述是一种不受对方提问限制的带有主动性的阐述。它是基于己方的立场、观点、方案等，旨在通过对各种问题的具体看法或对客观事物的陈述，以使对方了解己方。

一是用对方听得懂的语言进行表述，少用专业语言，如必须用专业术语，则应以简明惯用语加以解释。

二是语言要准确，要特别注意数字的表达。谈判就是协商合同条款，明确双方各自的责任、义务，因此不要使用模棱两可或概念模糊的语言。例如价值、价格、兑换率、日期、增长率等，不要使用"大概、可能、也许"等词语。

三是谈判中不要谈与主题没有多大联系的事，从而显得没有诚意。

四是叙述要主次分明、层次清楚。谈判中的叙述要符合听者的习惯，明确叙述的主次，分层次进行。

五是要注意语言技巧。在谈判中，语言的选择运用十分重要，有些语言应尽量少用或不用。

资源链接

商务谈判中的禁忌语

1. 极端性的语言。如"肯定如此""绝对不是那样"。即使自己的看法正确，也不要使用这样的词汇。

2. 针锋相对的语言。这类语言特别容易引起双方的争论、僵持，造成关系紧张。如"开价五万，一点也不能少！""不用讲了，事情就这样定了。"

3. 涉及对方隐秘的语言。如"你们为什么不同意？是不是你的上司没点头？"与国外客商谈判尤其要注意这一点。

4. 有损对方自尊心的语言。如"开价就讲这些，买不起就明讲。"

5. 催促对方的语言。如"请快点考虑！""请马上答复。"

6. 赌气的语言。它往往言过其实，造成不良后果。如"上次交易你们已经赚了五万，这次不能再占便宜了。"

7. 言之无物的语言。如"我还想说……""正像我早些时候所说的……""是真的吗……"等等。许多人有下意识地重复的习惯，俗称口头禅。它不利于谈判，应尽量克服。

8. 以自我为中心的语言。过多地使用这类语言，会引起对方的反感，起不到说服的效果。如"我的看法是……""如果我是你的话……"必要的情况下，应尽量把"我"变为"您"，一字之差，效果会大不相同。

9. 威胁性的语言。"你这样做是不给自己留后路。""请你认真考虑这样做的后果。"

谈判的语言技巧在日常营销中运用得好，可以带来营业额的高增长。例如，某商场休息室里经营咖啡和牛奶，刚开始时服务员总是问顾客："先生，喝咖啡吗？"或者是："先生，喝牛奶吗？"销售业绩平平。后来，老板要求服务员换一种问法，"先生，喝咖啡还是牛奶？"结果其销售额大增。原因在于，第一种问法，容易得到否定回答，而后一种是选择式，大多数情况下，顾客会选一种。

（三）恰当提问，表达有效请求

提问也是很有艺术性的，善于提问，就是要注意提问的对象、明确提问的内容、选择提问的时机、巧用提问的方式。

案例共享 ----------------------------------

有一名教士问他的上司："我在祈祷时可以抽烟吗？"这个请求遭到断然拒绝。另一名教士说："我在抽烟时可以祈祷吗？"结果抽烟的请求得到允许。

分　析

为什么在相同的条件下，一个被批准，另一个被拒绝呢？原因就在于问话的艺术性。被同意的理由是"在抽烟休息时还念念不忘祈祷，不忘敬拜上帝"。没被同意的理由是"祈祷时心不专一，用吸烟来提神，对上帝不恭不敬"。提问题是很有讲究的，哪些方面可以问，哪些方面不可以问，为了达到某一目的应该怎样问，以及问的时机、场合、环境等，对一个谈判人员来讲都是必须了然于胸的。

1. 提出问题

提出问题是我们获取信息、发现对方需求的一个有效手段，但并非随便什么问题都可以问。

资源链接

谈判中不应提出的问题

不应该提问有关对方个人生活、工作的问题，这对大多数国家与地区的人来讲是一种习惯，比如家庭情况、收入、太太年龄等。

不要提出含有敌意的问题，一旦问题含有敌意，就会损害双方的关系，最终影响交易的成功。

不要提出有关对方人品的问题，如指责对方在某个问题上不够诚实等。事实上，谈判中双方真真假假，很难用诚实这一标准来评判谈判者的行为。如果要审查对方是否诚实，可通过其他的途径。当你发现对方在某些方面不诚实时，你可以把你所了解或掌握的真实情况陈述一下，对方会明白的。

不要故意提出一些问题，特别是与谈判内容无关的问题，以显示自己的"好问"。

2. 何时提问

提问的时机很重要。掌握提问的时机，可以控制谈话的引导方向。

（1）倾听对方的议论是问话的前提，即使你急于提出问题，也不要打断对方的议论，把想到的问题先写下来，等待合适的时机再提。

（2）不要随便发问，要伺机而出。

（3）在对方没有答复完毕以前，不要急于提出问题。

（4）把有关重要的问题事先准备好，并设想对方的几种答案，针对这些答案考虑好己方的对策，然后再提问。

（5）如果你想从被岔开的话题中回到原来的话题上来，就可以发问；如果希望别人能注意你的话题，也可以发问。

3. 怎样提问

在谈判过程中，根据具体情况设计、使用提问技巧，有时能取得出奇制胜的效果。提问要讲究方式。

案例共享

　　如果在谈判中直接问对方："我们产品的质量是不是你们使用过的产品中最好的"，对方绝不会给你肯定的回答。在以提高自己产品地位为目的的这次提问中，你完全可以变换个角度、换个方式。你可以这样问："以前你使用的产品中质量最好的是××吧？""是的。""这是××牌产品的各项性能的检测结果，您一定看过吧？""是的。"拿出自己产品的检验结果，边递给对方边说："这是国家质检部门对我厂产品的检验结果，各项指标均优于××牌。我很荣幸地告诉您，我们的产品在你们使用过的产品中质量最好。"巧妙地提问，达到了意想不到的效果。因此，在与对方的沟通中，一定要注意提问技巧、提问方式。

谈判过程中的提问技巧：

第一，预先准备好问题。最好是一些对方不能够迅速想出适当答案的问题，以期收到出其不意之效。有时可以先提一些看上去很一般并且比较容易回答而实质上与后面比较重要的某个问题相关的问题，等对方思想比较松懈时突然转向重要问题，这常常可以使对方措手不及。关于这个重要问题的某些方面他可能在回答前面的问题时已经说出来了。

第二，在对方发言时不要急于提出问题。可以先把问题记下来，等待合适的时机再提出来。有时急于提问题，反而暴露了自己的意图，对方可以马上调整其后的讲话内容，从而使你本来可能得到的信息因此失去。

第三，适时提出已发生、你也知道答案的问题。验证一下对方的诚实与处理事物的态度。同时这也给对方一个暗示，即你对整个交易行情是了解的，有关对方的信息掌握得也是很充分的。

第四，不要以大法官的态度来询问对方。那样很容易造成对方的敌对与防范的心理和情绪。谈判不是法庭上的审问，而应该心平气和地提出问题。

第五，提出问题后应闭口不言。等待对方回答。提出问题后闭口不言，双方处于沉默之中，这会给对方施加一种无形的压力。你不再言语，对方就必须以回答问题来打破沉默，或者说打破沉默的责任将由对方来承担。

第六，要有耐心和毅力继续追问。假如对方的答案不够完整，甚至回避不答，要继续追问。因为回答你的问题是对方的义务和责任。

第七，可以换一个角度提问。当直接提出某一问题而对方或是不感兴趣，或是态度谨慎不愿展开回答，通过该方法来激发对方回答问题的兴趣。

案例共享

意大利著名女记者奥琳埃娜·法拉奇很善于通过换角度提问而获得许多重大内幕资料。有一次，法拉奇采访亨利·基辛格博士，说："你简直变得比总统的名气还大，你有什么窍门？"基辛格不想回答，反问法拉奇："你的意思呢？"法拉奇说："我可不清楚，我正想通过这次采访找到其中的奥妙——我的意思是说，就像一名高明的棋手，你走了几手绝招（这里指基辛格的中国行）。"这样一说，基辛格顿时神采飞扬，滔滔不绝地叙述了一些中美外交史中的秘密。见报后，基辛格也不明白自己怎么会泄露这么多的内幕。虽然记者采访时的提问与我们谈判中的提问有很大的不同，但对我们在谈判中如何提问，怎样提问更加有力，更有艺术性是很有借鉴意义的。

（四）巧妙答复，拒绝为难请求

有问必有答，"问"有艺术，"答"也有技巧，一问一答是沟通的基本过程。要能够有效地回答问题，就要预先写下对方可能提出的问题。在谈判前，自己先假设一些难题来思考，考虑的时间越多，所得到的答案将会越好。回答问题的要诀是知道该说什么和不该说什么，而不必考虑回答的问题是否切题，目的在于尽可能多了解对方的实力和信息，而尽量避免过早地暴露自己。

资源链接

美国心理学家钱德勒·华欣本教授回答问题的技巧

1. 不要彻底回答

指答话人将问话的范围缩小，或只回答问题的某一部分，或者似答非答，做非正面的间接回答。比较安全的回答：我不同意你这个问题的某部分，那已经是另外一个问题。

2. 不要马上回答

对于未完全了解对方意图的问题，千万不要马上回答。有些问题可能会暴露己方的观点、目的，回答时要谨慎。对于此类问题，可以以资料不全或记不得为借口，暂时拖延，或答非所问，或回避话题，提出反问，这样既避开提问者的锋芒，又给自己留下了思考的时间。

3. 不要确切回答

模棱两可，弹性较大的回答有时很必要。有时遇上一些难以答复或不便答复的问题，对此类问题，并不一定要回答，而且针对问题的回答并不一定就是最好的回答，这时就要采取不确切的回答。例如，别人问，你打算购买多少？比较好的回答是，这要根据情况而定，看你们的优惠条件是什么？

4. 使问话者失去追问的兴趣和机会

即回答问题特别要注意不让对方抓住某一点继续发问。这时可以资料不全或记不准为借口拖延，这样让对方等你将资料准备齐全了再谈判；也可以说明许多客观理由如铁路运输方面、许可证办理方面、气候方面……但不说自己公司方面可能出现的问题。

5. 如果有人打岔就姑且让他打扰一下

在国外，有些富有经验的谈判人员估计到谈判会碰到某些自己一时难以回答而又必须回答的出乎意料的棘手问题，为了赢得时间，他们就事先安排好人，在节骨眼上打岔，如有紧急文件需要出来签个字等，有时谈判人员会借想去洗手间方便一下而拖延时间等。

案例共享

"我不知道……"

美国一位著名谈判专家有一次替他的邻居与保险公司交涉赔偿事宜。谈判是在专家的客厅里进行的，理赔员先发表了意见："先生，我知道你是交涉专家，一向都是针对巨额款项谈判，恐怕我无法承受你的要价，我们公司若是只出 100 元的赔偿金，你觉得如何？"

专家表情严肃地沉默着。根据以往经验，不论对方提出的条件如何，都应表示出不满意，因为当对方提出第一个条件后，总是暗示着可以提出第二个，甚至第三个。

理赔员果然沉不住气了："抱歉，请勿介意我刚才的提议，我再加一点，200 元如何？"

"加一点，抱歉，无法接受。"

理赔员继续说："好吧，那么 300 元如何？"

专家等了一会儿道："300？嗯……我不知道。"

理赔员显得有点惊慌，他说："好吧，400 元。"

"400？嗯……我不知道。"

"就赔 500 元吧！"

"500？嗯……我不知道。"

"这样吧，600 元。"

专家无疑又用了"嗯……我不知道"，最后这件理赔案终于在 950 元的条件下达成协议，而邻居原本只希望要 300 元！

这位专家事后认为，"嗯……我不知道"这样的回答真是效力无穷。

分　析

谈判是一项双向的交涉活动，各方都在认真地捕捉对方的反应，以随时调整自己原先的方案，一方干脆不表明自己的态度，只用"不知道"这个可以从多种角度去理解的词，竟然使得理赔员心中没了底，价钱一个劲儿自动往上涨。既然来参加谈判，就不可能对谈判目标不知道，"不知道"的真正含义恐怕是不想告诉你你想知道的吧。这是一种不传达的信息传达。

坚持的胜利

我国某冶金公司要向美国购买一套先进的组合炉，派一位高级工程师与美商谈判，为了不负使命，这位高工做了充分的准备工作，他查找了大量有关冶炼组合炉的资料，花了很大的精力，对国际市场上组合炉的行情及美国这家公司的历史和现状、经营情况等了解得一清二楚。谈判开始，美商一开口就要价 150 万美元。中方工程师列举各国成交价格，使美商目瞪口呆，终于以 80 万美元达成协议。谈判购买冶炼自动设备时，美商报价 230 万美元，经过讨价还价压到 130 万美元，中方仍然不同意，坚持出价 100 万美元。美商表示不愿继续谈下去了，把合同往中方工程师面前一扔，说："我们已经做了这么大的让步，贵公司仍不能合作，看来你们没有诚意，这笔生意就算了，明天我们回国了。"中方工程师闻言轻轻一笑，把手一伸，做了一个优雅的请的动作。美商真的走了，冶金公司其他人有些着急，甚至埋怨工程师不该抠得这么紧。工程师说："放心吧，他们会回来的。同样的设备，去年他们卖给法国只有95万美元，国际市场上这种设备的价格100万美元是正常的。"果然不出所料，一个星期后美方又回来继续谈判了。工程师向美商点明了他们与法国的成交价格，美商又愣住了，没有想到眼前这位中国商人如此精明，于是不敢再虚高报价，只得说："现在物价上涨得利害，比不了去年。"工程师说："每年物价上涨指数没有超过6%。你们算算，该涨多少？"美商被问得哑口无言，在事实面前，不得不让步，最终以101万美元达成了这笔交易。

分 析

从中方来看，胜利的最关键一点在于对对方信息充分的收集整理，用大量客观的数据给对方施加压力，从收集的内容可看出，工程师不仅查出了美方与他国的谈判价格（援引先例），也设想到了对方可能会反驳的内容并运用相关数据加以反击（援引惯例，如物价上涨指数对客观标准做了恰到好处的运用。真可谓做到了中国古语所说的"知己知彼，百战不殆"。

综合训练

一、案例分析题

1.分析以下案例，回答问题。请指出这位推销员的失误在哪里？如果你是推销员，你将如何改进推销过程？

书店里，一对年轻夫妇想给孩子买一些百科读物，推销员过来与他们交谈。以下是当时的谈话摘录。

客户：这套百科全书有些什么特点？

推销员：你看这套书的装帧是一流的，整套都是这种真皮套封烫金字的装帧，摆在您的书架上，非常好看。

客户：里面有些什么内容？

推销员：本书内容编排按字母顺序，这样便于资料查找。每幅图片都很漂亮逼真，比如这幅，多美。

客户：我看得出，不过我想知道的是……

推销员：我知道您想说什么！本书内容包罗万象，有了这套书，您就如同有了一套地图集，而且还是附有详尽地形图的地图集。这对你们一定会有用处。

客户：我是为孩子买的，让他从现在开始学习一些东西。

推销员：哦，原来是这样。这个书很适合小孩的。它有带锁的玻璃门书箱，这样您的孩子就不会将它弄脏，小书箱是随书送的。我可以给您开单了吗？

（推销员作势要将书打包，给客户开单出货。）

客户：哦，我考虑考虑。你能不能留下其中的某部分比如文学部分，我们可以了解一下其中的内容？

推销员：本周内有一次特别的优惠抽奖活动，现在买说不定能中奖。

客户：我恐怕不需要了。

2. 阅读案例，回答问题。你会怎么评价该谈判结果？说一说该谈判中方组织与主持上有何经验？

日本某公司向中国某公司购买电石。如今，是他们间交易的第五个年头，去年谈价时，日方压了中方30美元/吨，今年又要压20美元/吨，即从410美元/吨压到390美元/吨。据日方讲，他已拿到多家报价，有430美元/吨，有370美元/吨，也有390美元/吨。据中方了解，370美元/吨是个体户报的价，430美元/吨是生产能力较小的工厂供的货，供货厂的厂长与中方公司的代表共4人组成了谈判小组，由中方公司代表为主谈。谈判前，工厂厂长与中方公司代表达成了价格共同的意见，工厂可以在390美元/吨成交，因为工厂需订单连续生产。公司代表讲，对外不能说，价格水平我会掌握。公司代表又向其主管领导汇报，分析价格形势。主管领导认为价格不能取最低，因为我们是大公司，讲质量，讲服务。谈判中可以灵活，但步子要小，若在400美元/吨以上拿下则可成交，拿不下时把价格定在405—410美元/吨之间，然后主管领导再出面谈，请工厂配合。中方公司代表将此意见向工厂厂长转达，并达成共识，和工厂厂长一起在谈判桌争取该条件。中方公司代表为主谈。经过交锋，价格仅降了10美元/吨，在400美元成交，比工厂的成交价高了10美元/吨。工厂代表十分满意，日方也很满意。

3. 阅读案例，回答问题。休斯与其助手共同使用了什么谈判策略？

美国大富翁霍华·休斯为了大量采购飞机，亲自与某飞机制造厂的代表谈判。霍华·休斯性情古怪，脾气暴躁，他提出了34项要求。谈判双方各不相让，充满火药味。后来，霍华·休斯派他的私人代表出面谈判。没有想到，私人代表满载而归，竟然达到了34项要求中的30项。霍华·休斯很满意，问私人代表是如何取得这样大的收获的。私人代表说："那很简单，每当谈不拢时，我都问对方：'你到底希望与我解决这个问题？还是留待霍华·休斯跟你解决？'结果，对方无不接受我的要求。"

二、推销能力自我小测验

你的推销能力如何？下面的测试能使你对自己有全面的认识。

1. 你的身体是否足够健康，即使长时间在外奔波，也能保持旺盛的精力？

  A. 健康   B. 不健康

2. 你是否热情、开朗，在联欢会上载歌载舞，十分活跃？

  A. 是   B. 否

3. 你找人家办事时，是否能在对方粗暴无理的情况下克制住自己，并做到彬彬有礼？

  A. 能   B. 不能

4. 你是否善于跟各种行业、各种嗜好的人打交道？

  A. 善于   B. 不善于

5. 你的语言表达能力是否出色？能否用简练、生动的语言将一件事或一样东西叙述得清清楚楚？

  A. 出色   B. 一般

6. 到自由市场去购买货物，你是否能够通过讨价还价，以最便宜的市场价买到你想买的东西？

  A. 能   B. 不能

7. 你是否喜欢到处奔波的职业？

  A. 喜欢   B. 不喜欢

8. 在办事过程中，别人是否称赞过你细心、谨慎？

  A. 是   B. 否

9. 你办事是不是脚踏实地？

  A. 是   B. 否

10. 你对产品的外观、质量、性能、价格、销售、财务诸如此类的问题是否在行？

  A. 在行   B. 不在行

11. 你是否能预见事物的将来？

  A. 能   B. 不能

12. 一个客人到你家来做客，你是否能通过短时间的观察、交谈准确无误地把握他的需要并且适当地满足他？

  A. 能   B. 不能

13. 当对方的需要被你激发起来以后，你是否善于抓住时机，顺水推舟，推销出你打算出售的产品？

A. 善于　　　　　　　　　B. 不善于

14. 平时在人际交往中，你是否懂得软硬兼施的交涉艺术，而不是用一种方式，千篇一律地对待任何交涉对象？

A. 能　　　　　　　　　　B. 不能

15. 你是否善于充分利用交谈以外的其他社交手段，针对对方的弱点给交涉对象施加必要的压力，迫使对方就范？

A. 善于　　　　　　　　　B. 不善于

16. 你是否具备良好的数学计算能力和心算能力？

A. 具备　　　　　　　　　B. 不具备

17. 你的穿着和打扮是否给人一种精明、可靠的感觉？

A. 是　　　　　　　　　　B. 否

18. 你是否对本行业的行情了如指掌？

A. 是　　　　　　　　　　B. 否

19. 你是否充分认识到对客户讲信誉、负责任、树立良好形象的重要性，不做"一锤子买卖"，而注重薄利多销？

A. 是　　　　　　　　　　B. 否

20. 你在推销产品的过程中，是否能坚持艰苦奋斗的精神，为企业（或公司）花最少的钱，办最多的事？

A. 能　　　　　　　　　　B. 不能

测验答案：

上述 20 道题中，每答一个"A"得 1 分，答"B"不得分。

测验结果评价：

18—20 分：优秀。是推销人员的合适人选，祝你走运。

12—17 分：良好。只要在上述不足的地方加以改进，有意识地参与推销实践，积累推销经验，定能成为一位优秀的推销人员。

0—11 分：不佳。需要接受系统严格的推销训练。

三、谈判能力测试题

1. 你通常是否先准备好，再进行商谈？

（1）每次　　　　　　　（2）时常　　　　　　　（3）有时

（4）不常　　　　　　　（5）都没有

2. 你面对直接的冲突有何感觉？

（1）非常不舒服

（2）相当不舒服

（3）虽然不喜欢但还是会勇敢面对它

（4）有点喜欢这种挑战

（5）非常喜欢这种机会

3. 你是否相信商谈时对方告诉你的话？

（1）不，我非常怀疑　　　（2）普通程度的怀疑　　　（3）有时候不相信

（4）大概相信　　　　　（5）几乎永远相信

4. 被人喜欢对你来说重不重要？

（1）非常重要　　　　　（2）相当重要　　　　　（3）普通

（4）不太重要　　　　　（5）一点都不重要

5. 商谈时你是否常做乐观的打算？

（1）几乎每次都关心最乐观的一面　　　　（2）相当关心

（3）普通程度的关心　　（4）不太关心　　　　　（5）根本不关心

6. 你对商谈的看法怎么样？

（1）高度的竞争

（2）大部分的竞争，小部分的合作

（3）大部分的相互合作，小部分的竞争

（4）高度的合作

（5）一半竞争，一半合作

7. 你赞成哪一种交易呢？

（1）对双方都有利的交易

（2）对自己较有利的交易

（3）对对方较有利的交易

（4）对你非常有利，对对方不利的交易

（5）各人为自己打算

8. 你是否喜欢和商人交易？（家具、汽车、家庭用品的商人）

（1）非常喜欢　　　　　（2）喜欢　　　　　　　（3）不喜欢也不讨厌

（4）相当不喜欢　　　　（5）憎恨它

9. 如果交易对对方有利，你是否会让对方再和你商谈一个较好一点的交易？

（1）很愿意　　　　　　（2）有时愿意　　　　　（3）不愿意

（4）几乎从没有过　　　（5）那是对方的问题

10. 你是否有威胁别人的倾向？

（1）常常如此　　　　　（2）相当如此　　　　　（3）偶尔如此

（4）不常　　　　　　　（5）几乎没有

11. 你是否能适当表达自己的观点？

    （1）经常如此 　　　　（2）超过一般水平 　　　　（3）一般水准

    （4）低于一般水准 　　（5）相当差

12. 你是不是一个很好的倾听者？

    （1）非常好 　　　　　（2）比一般人好 　　　　　（3）普通程度

    （4）低于一般水准 　　（5）很差

13. 面对含糊不清的词句，其中还夹着许多赞成和反对的争论时，你有何感觉？

    （1）非常不舒服，希望事情不是这个样子

    （2）相当不舒服

    （3）不喜欢，但还是可以接受

    （4）一点也不会被骚扰，很容易就习惯了

    （5）喜欢如此，事情本来就该如此

14. 有人在陈述和你不同的观点时，你能够倾听吗？

    （1）把头掉转开

    （2）听一点点，很难听进去

    （3）听一点点，但不太在意

    （4）合理地倾听

    （5）很注意地听

15. 在商谈开始以前，你和公司的人如何彻底讨论商议的目标和事情的优先程度？

    （1）适当的次数，讨论得很好

    （2）常常且辛苦地讨论

    （3）时常且辛苦地讨论

    （4）不常讨论，讨论得不好

    （5）没有什么讨论，只是在谈判时执行上级的要求

16. 假如一般公司都照着定价加5%，你的老板却要加10%，你的感觉如何？

    （1）根本不喜欢，会设法避免这种情况的发生

    （2）不喜欢，但还是会不情愿地去做

    （3）勉强去做

    （4）尽力做好，而且不怕尝试

    （5）喜欢这种考验，而且期待这种考验

17. 你喜不喜欢在商谈中使用专家？

（1）非常喜欢　　　　　（2）相当喜欢　　　　　（3）偶尔为之

（4）假如情况需要的话　（5）非常不喜欢

18. 你是不是一个很好的商议小组领导者？

　　（1）非常好　　　　　（2）相当好　　　　　（3）公平的领导者

　　（4）不太好　　　　　（5）很糟糕的领导者

19. 置身在压力下，你的思路是否很清晰？

　　（1）是的，非常好　　（2）比大部分人都好　　（3）一般程度

　　（4）在一般程度之下　（5）根本不行

20. 你的商业谈判能力如何？

　　（1）非常好　　　　　（2）很好

　　（3）和大部分主管一样好　（4）不太好　　　　（5）不行

21. 你对自己的评价如何？

　　（1）高度的自我尊重

　　（2）适当的自我尊重

　　（3）很复杂的感觉，说不清

　　（4）不太好

　　（5）没什么感觉

22. 你是否能获得别人的尊敬？

　　（1）很容易　　　　　（2）大部分时候如此　　（3）偶尔

　　（4）不常　　　　　　（5）很少

23. 你认为自己是不是一个谨守策略的人？

　　（1）非常是　　　　　（2）相当是　　　　　　（3）合理地运用

　　（4）时常会忘记策略　（5）我似乎是先说后思考

24. 你是否能广泛地听取各方面的意见？

　　（1）是的，非常能

　　（2）大部分时候如此

　　（3）普通程度

　　（4）相当不听取别人的意见

　　（5）观念相当固执

25. 正直对你来说重不重要？

　　（1）非常重要　　　　（2）相当重要

　　（3）重要　　　　　　（4）有点不重要　　　　（5）非常不重要

26. 你认为别人的正直重不重要？

（1）非常重要　　　　（2）相当重要　　　　（3）重要

（4）有点不重要　　　（5）非常不重要

27. 当你手中有权力时，会如何使用呢？

（1）尽量运用一切的手段发挥

（2）适当地运用，没有罪恶感

（3）我会为了正义而运用

（4）我不喜欢使用

28. 你对于行为语言的敏感程度如何？

（1）高度敏感　　　　（2）相当敏感　　　　（3）大约普通程度

（4）比大部分人的敏感程度都低　　　（5）不敏感

29. 你对于别人的动机和愿望的敏感程度如何？

（1）高度敏感　　　　（2）相当敏感　　　　（3）大约普通程度

（4）比大部分人的敏感性低　　　（5）不敏感

30. 对于以个人身份与对方结交，你有怎样的感觉？

（1）我会避免如此　　（2）不太妥当　　　　（3）不好也不坏

（4）我会被吸引而接近对方

（5）我喜欢超出自己立场去接近他们

31. 你调查商议真正问题的能力如何？

（1）我通常会知道

（2）大部分时间我都能够了解

（3）我能够猜得相当正确

（4）对方常常会令我吃惊

（5）我发现很难知道真正问题的所在

32. 在商议中，你想要定下哪一种目标呢？

（1）很难达成目标

（2）相当难的目标

（3）不太难也不太容易的目标

（4）相当适合的目标

（5）不太难，比较容易达成的目标

33. 你是不是一个有耐心的商谈者？

（1）几乎永远如此　　（2）比一般人有耐心　　（3）普通程度

（4）一般程度以下　　（5）我会完成交易，为什么要浪费时间呢？

34. 商谈时你对自己的目标的执着程度如何？

（1）非常执着 （2）相当执着 （3）有点执着

（4）不太执着 （5）相当有弹性

35. 在商谈中，你是否很坚持？

（1）非常坚持 （2）相当坚持 （3）适度地坚持

（4）不太坚持 （5）根本不坚持

36. 你对对方在私人问题上的敏感程度如何？（非商业性问题、例如工作安全性、工作的负担、假期、和老板相处的情形等问题）

（1）非常敏感 （2）相当敏感 （3）一般程度

（4）不太敏感 （5）根本不敏感

37. 对方的满意度对你有什么影响？

（1）非常在乎，我尽量不使他受到损失

（2）有点在乎

（3）中立态度，但我希望他不会被伤害

（4）有点关心

（5）各人都要为自己打算

38. 你是否想要强调你的权力限制？

（1）是的，非常想

（2）通常做的比我喜欢的还要多些

（3）适度的限制

（4）我不会详述

（5）大部分时间我曾如此想

39. 你是否想了解对方的权力限制？

（1）非常想

（2）相当想

（3）我会衡量一下

（4）这很难做，因为我并不是他

（5）我让事情在会谈时顺其自然地进行

40. 当你买东西时，对于说出一个很低的价钱，感觉如何？

（1）太可怕了

（2）不太好，但是有时我会如此做了

（3）偶尔才会做一次

（4）我常常如此尝试，而且不在乎如此做

（5）我使它成为正常的习惯而且感觉非常舒服

41. 通常你如何投降？

（1）非常地缓慢

（2）相当地缓慢

（3）和对方的速度相同

（4）我多让点步，试着使交易快点完成

（5）我不在乎付出更多，只要完成交易就行

42. 对于接受影响你事业的风险，感觉如何？

（1）比大部分人更能接受大风险

（2）比大部分人更能接受相当大的风险

（3）比大部分人接受较小的风险

（4）偶尔冒一点风险

（5）很少冒险

43. 对于接受财务风险的态度如何？

（1）比大部分人更能接受大风险

（2）比大部分人更能接受相当大的风险

（3）比大部分的人接受较小的风险

（4）偶尔冒一点风险

（5）很少冒险

44. 面对那些地位比你高的人，感觉如何？

（1）非常舒服　　　（2）相当舒服　　　（3）复杂的感觉

（4）不舒服　　　（5）相当不舒服

45. 你要购买车子或房屋的时候，准备的情形如何？

（1）很彻底　　　（2）相当好　　　（3）普通程度

（4）不太好　　　（5）没有准备

46. 对方告诉你的话，你调查到什么程度？

（1）调查得很彻底

（2）调查大部分的话

（3）调查某些话

（4）知道应该怎样调查，但做得不够

（5）没有调查

47. 你对于解决问题是否有创见？

（1）非常有　　　（2）相当有　　　（3）有时候有

（4）不太多　　　（5）几乎没有

48. 你是否有足够的魅力？人们是否尊敬你而且遵从你的领导？

    （1）非常有   （2）相当有   （3）普通程度

    （4）不太有   （5）一点也没有

49. 和他人比较起来，你是不是一个有经验的商谈者？

    （1）很有经验   （2）比一般人有经验   （3）普通程度

    （4）经验比一般人少   （5）没有丝毫经验

50. 对于你所属的小组里的领导人感觉如何？

    （1）舒服而且自然   （2）相当舒服   （3）很复杂的感觉

    （4）存在某种自我意识（5）相当焦虑不安

51. 没有压力时，你的思考能力如何？（和同事相比较之下）

    （1）非常好   （2）比大部分人好   （3）普通程度

    （4）比大部分人差   （5）不太行

52. 兴奋时，你是否会激动？

    （1）很镇静

    （2）原则上很镇静，但会被对方激怒

    （3）和大部分人相同

    （4）性情比较急躁

    （5）有时我会激动起来

53. 在社交场合中人们是否喜欢你？

    （1）非常喜欢   （2）相当喜欢   （3）普通程度

    （4）不太喜欢   （5）相当不喜欢

54. 你工作的安全性如何？

    （1）非常安全   （2）相当安全   （3）一般程度

    （4）不安全   （5）相当不安全

55. 假如你听过对方四次很详尽的解释，你还必须说四次"我不了解"，
你的感觉如何？

    （1）太可怕了，我不会那么做的

    （2）相当困窘

    （3）会觉得很不好意思

    （4）感觉不会太坏，还是会去做

    （5）不会有任何犹豫

56. 商议时，对于处理困难的问题，你的成绩如何？

    （1）非常好   （2）超过一般程度   （3）一般程度

（4）一般程度以下　　（5）很糟糕

57. 你是否会想探索性问题？

（1）擅长此道　　　　（2）相当不错　　　　（3）一般程度

（4）不太好　　　　　（5）不擅此道

58. 生意上的秘密，你是不是守口如瓶？

（1）非常保密

（2）相当保密

（3）一般程度

（4）常常说的比应该说的还多

（5）说的实在太多了

59. 对于自己这一行的知识，你的信心如何？（和同事相比较之下）

（1）比大部分人都有信心

（2）相当有信心

（3）一般程度

（4）有点缺乏信心

（5）坦白地说，没有信心

60. 你是建筑大厦的买主，由于太高的要求而更改设计图，现在承包商为了这个原因要收取更高的费用，而你又因为他能把这项工程做好而非常需要他。对于这个新的加价，你会有什么感觉？

（1）马上跳起来大叫

（2）非常不喜欢

（3）准备好好和他商议，但并不急着做

（4）虽然不喜欢，但还是会照做的

（5）和他对抗

（引自美国谈判专家卡罗斯的《谈判技巧》）

测试分数计算：

按照下面的分数表，把每一个问题的正分或负分加起来。算出你的总分数后，你就可以知道你的得分是属于哪一级。

举例来说：假如你选择第一个问题的答案（2），你的分数是＋15；选择第二个问题的答案（1），分数是－10；以此类推。

	（1）	（2）	（3）	（4）	（5）
1.	+20	+15	+5	-10	-20
2.	-10	-5	+10	+10	-5

3.	+10	+8	+4	−4	−10
4.	−14	−8	0	+14	+10
5.	−10	+10	+10	−5	−10
6.	−15	+15	+10	−15	+5
7.	0	+10	−10	+5	−5
8.	+3	+6	+6	−3	−5
9.	+6	+6	0	−5	−10
10.	−15	−10	0	+5	+10
11.	+8	+4	0	−4	−6
12.	+15	+10	0	−10	−15
13.	−10	−5	+5	+10	+10
14.	−10	−5	+5	+10	+15
15.	+8	−10	+20	+15	−20
16.	−10	+5	+10	+13	+10
17.	+12	+10	+4	−4	−12
18.	+12	+10	+5	−5	−10
19.	+10	+5	+3	0	−5
20.	+20	+15	+5	−10	−20
21.	+5	+10	0	−5	−15
22.	+12	+8	+3	−5	−8
23.	+6	+4	0	−2	−4
24.	+10	+3	+5	−5	−10
25.	+15	+10	+5	0	−10
26.	+15	+10	+10	0	−10
27.	+5	+15	0	−5	0
28.	+2	+1	+5	−1	−2
29.	+15	+10	0	−10	−15
30.	−15	−10	+2	+10	+15
31.	+10	+5	+5	−2	−10
32.	+10	+15	+5	0	−10
33.	+15	+10	+5	−5	−15
34.	+12	+12	+3	−5	−15
35.	+10	+12	+4	−3	−10

36.	+16	+12	0	−3	−15
37.	+12	+6	0	−2	−10
38.	−10	−8	+5	+8	+12
39.	+15	+10	+5	−5	−10
40.	−10	−5	+5	+15	+15
41.	+15	+10	−3	−10	−15
42.	+5	+10	0	−3	−10
43.	+5	+10	−5	+5	−8
44.	+10	+8	+3	−3	−10
45.	+15	+10	+3	−5	−15
46.	+10	+10	+3	−5	−12
47.	+12	+10	0	0	−15
48.	+10	+8	+3	0	−3
49.	+5	+5	+5	−1	−3
50.	+10	+8	0	0	−12
51.	+15	+6	+4	0	−5
52.	+10	+8	+5	−3	−10
53.	+10	+10	+3	−2	−6
54.	+12	−3	+2	−5	−12
55.	−8	+8	+3	+8	+12
56.	+10	+8	+8	−3	−10
57.	+10	+10	+4	0	−5
58.	+10	+8	0	−8	−15
59.	+12	+10	0	−5	−10
60.	+15	−6	0	−10	−15

测试结果评价：

第一级：＋376 —— ＋724　谈判高手

第二级：＋28 —— ＋375　有一定的谈判能力

第三级：−320 —— ＋27　具有一定的谈判潜质

第四级：−668 —— −321　谈判能力不合格，需要继续努力

第四章
科技类职业沟通技巧

情景导入

海威空调公司近期要开发新一代空调产品，专门成立了新空调研发小组，小赵作为研发工程师参与。研发小组初期的工作很顺利，大家也都是信心满满，收集市场信息、进行客户需求调研、比较现有产品，做了大量的准备工作，小赵等组员也都纷纷拿出了方案，经过小组讨论，最终形成了产品设计项目申请书。研发小组的项目申请书提交给公司各个职能部门时，出现问题了，各职能部门反馈回来很多不同意见。研发小组不得不重新返工，和公司内各个部门充分沟通、进一步整理分析前期调研数据，对项目申请书进行修改，从文字表达到篇章布局。经过这一番折腾，小赵感触特别深刻，他觉得作为技术人员，不仅要技术过硬，自己会动手做，也需要具备良好的沟通能力，明确项目申报的要求，学会清晰准确地表述技术原理、操作过程，这样技术项目才能顺利研发。

学习目标

1. 了解项目的含义及项目申报的基本要求。
2. 掌握项目申报书的写作技巧。
3. 明确产品说明书的特点和种类。
4. 掌握产品说明书的写作格式及要求。
5. 了解 FABE 产品讲解模式，掌握讲解重点。

第一节　项目申报

知识点击

一、项目的定义

项目是为创造独特的产品、服务或成果而进行的临时性工作。这是美国项目管理协会（Project Management Institute，PMI）在其出版的《项目管理知识体系指南》（Project Management Body of Knowledge，PMBK）中为项目所做的定义，也许是最容易理解的表达。

工作中，建设一条公路、建造一栋建筑物、开发一项新产品、策划举行一次会议等，都可以称为项目。对于企业而言，可以用项目管理进行内部管理，对外则需通过项目申报获得上级的资金或政策支持。

资源链接

项目的分类

（一）国家部委分类及其主管项目

1. 国家发展改革委

（1）国家高技术产业发展重大专项计划；（2）国家高技术产业化示范工程；（3）国家高技术产业化光电子专项计划；（4）国家高技术西部专项计划；（5）国家高技术产业化信息网络专项计划；（6）国家技术创新计划；（7）国家振兴软件产业行动计划；（8）高技术产业化新材料专项计划；（9）中小企业发展专项补助基金；（10）现代农业高技术示范工程；（11）生物医学工程高技术产业化专项计划；（12）国家高技术产业化电子、新型电子元器件专项计划；（13）利用国债资金建设优良林木种苗繁育高技术产业化示范工程。

2. 科技部

（1）火炬计划；（2）星火计划；（3）科技攻关计划；（4）国家重点新产品计划；（5）科技成果推广计划；（6）高技术研究发展计划（863计划）；（7）973计划；（8）中小企业技术创新基金；（9）科技成果转化基金；（10）农业科技成果转化基金；（11）技术创新工程。

3. 工信部

（1）国家振兴软件产业行动计划；（2）电子发展基金。

4.农业部

（1）农业科技跨越计划；（2）丰收计划；（3）948计划；（4）科教兴农和可持续发展综合示范县工程；（5）节水农业示范基地工程。

5.商务部（财政部）

（1）高技术出口产品技改项目贴息或无偿支持；（2）中小企业开拓国际市场专项基金。

（二）省、市支持项目

1.技改项目

主要以贴息方式支持，也有部分无偿支持。省发展改革委、省经信委、省财政厅、市经信委等均有对此类项目的支持。

2.科技攻关项目

省科技厅、市科技局每年有对此类项目的支持。

3.技改或基建项目中购置进口设备、国产设备的抵税或免税

此项由省、市经信委办理。

4.技术创新项目

已列入国家或省级、市级重大新产品或科技攻关计划，如创新报告、专利、科技成果等，均可申请该项目的支持。支持方式主要为贴息或无偿。

二、项目申报的含义

项目申报就是根据企业自身的实际情况，对照国家、省、市的产业发展方向和支持重点，有针对性地向国家及省、市相关部门申请项目的立项，进而获得有关资金或政策支持。

这里的项目申报主要指企业对外的项目立项。企业内部的项目管理也可参照项目申报的要求进行。

三、项目申报的基本要求

项目申报要获得支持，原则上须符合以下条件：

（1）符合国家、省、市的产业政策和投资导向指南；

（2）符合国家、省、市规划精神并列入《中长期科学和技术发展规划纲要》中的重点产业和优先主题；

（3）符合国家和当地的环保、安全要求；

（4）符合产品技术含量高的特点，能体现地方特色。

四、项目申报书的写作

根据申报的不同项目和要求，项目申报书既可由企业自己编写，也可请有资质的中介服务机构编写。

项目申报书不但是企业研发概述的集中表达，它还能体现出企业人才结构、市场营销、技术路线等多方面的情况。因此，一份优秀的项目申报书，往往能为项目"锦上添花"。一般的项目申报书都有官方提供的参考结构模板，项目申报书的填写需要注意以下几方面：

1. 项目资料收集、比较要全面

资料要包括申报项目的国内外现状、技术发展趋势、同类产品技术指标对比。

2. 说明问题要突出要点

说明的主要问题应包括技术内容、创新点、技术路线、研究基础。例如，技术创新部分应从技术上说明该项目的创新性，比如结构、工艺、新技术、产品性能及应用效果的变化，国内外同类产品比较方面应详细说明。

3. 相关数据的引用来源真实可靠

翔实、科学的数据关乎该项目的实施是否具有落地性与可行性。不少企业在项目申报过程中，遇到过被退回材料的情况，其中往往存在"未以数据说明问题""未罗列相关清晰的数据"等问题，而这些正是申报书是否切实可行的判断依据之一。例如，在描述技术情况时，对"已有"与"将有"的技术用相关技术领域的数据说明，则是重中之重。虽然产品的技术归类众多，但是也有基本的原则，例如产品的属性、功效、使用环境要求、外形等，都可成为技术指标。

4. 资金使用安排合理

其中包括配套资金、确定申请扶持金额、经费用途等。

5. 图文并茂，表述简洁清晰

图形、表格等的综合运用是申报书的"点睛之笔"，有助于提升申报书的研究品位与价值。特别是对于一些需要从多角度进行分析的问题，如竞争状况、产品市场分析等，可适当避开单纯以文字表述的不足与弊端，设计对应的图形或表格，将原本错综复杂、结构重重的问题一下子变得简洁明了、可圈可点。常用的图形与表格很多，有综合图、柱形图、射线图、金字塔图表等。

案例共享

河北省某大宗尾矿材料高效开发利用项目申报书

一、项目概况

（一）项目建设背景

党的十六届三中全会、四中全会和2005年中央经济工作会议都提出了大力发展循环经济的号召。这意味着，"循环经济"已经融入中国主流经济概念中，成为我国经济发展的"关键词"。特别是随着经济快速增长和人口不断增加，土地、能源、矿产等资源不足的矛盾会越来越突出，生态建设和环境保护的形势日益严峻。面对这种情况，按照科学发展观的要求，大力发展循环经济，加快建立资源节约型社会，就显得尤为迫切。

2015年3月5日，在第十二届全国人民代表大会第三次会议上，国务院总理李克强所做的《2015年国务院政府工作报告》中提出，积极发展循环经济，大力推进工业废物和生活垃圾资源化利用。我国节能环保市场潜力巨大，要把节能环保产业打造成新兴的支柱产业。

……

（二）项目建设目的

本项目是利用采矿尾矿制造"八位一体"环保新型建筑材料的一期项目，项目地堆积成山的铁矿尾矿和采矿废石等废弃物，将对当地环境和大量的土地造成污染和危害。本项目以铁矿尾矿和采矿废石等矿渣作为主要原材料生产机制砂石和干混砂浆，充分发挥废旧物资再利用作用，既降低了生产成本，又改善了环境，同时避免过分占用大量土地。这对项目地产业园高起点发展循环经济具有重大意义，对保证省重大项目的顺利建成、实现清洁生产奠定了坚实的基础。

（三）项目建设意义

砂石是混凝土主要原材料之一，也是制约着预拌混凝土生产供应商降低成本的主要瓶颈。随着基础建设的发展，预拌混凝土产量也快速增长，同时由于当前砂石资源日益匮乏，天然级配方良好的河沙几近枯竭，天然砂供需矛盾日益突出。用生产石头的下脚料制作人工机制砂石，符合节能降耗的要求；若能正确使用，对混凝土不仅无不良影响，反而会改善拌和物的施工性能。因此，机制砂石的生产、发展和推广使用，已成为建材发展的必然趋势。

预拌砂浆是指由水泥、砂以及所需的外加剂和掺和料，在生产企业经按比例计量、拌制后，通过专用设备运送到工地使用的拌和物。尽管预拌砂浆发展时间并不长，但是在实际生产和施工中，预拌砂浆因为节省材料、包装可多次利用、节能效果明显等优势，对循环经济有非常重要的推进作用。

循环经济活动中，要求用尽可能少的原料和能源来完成既定的生产目标，能在源头上减少资源和能源的消耗，大大改善环境污染状况。预拌砂浆采用专业化工厂生产，以计算机控制成分配比，大大减少了对水泥、石子、黄沙等材料的浪费。与传统的现场搅拌相比较，每使用1吨预拌砂浆可节约黄沙50千克，节约水泥43千克，节约石灰34千克。所以，生产和使用预拌砂浆，不但可以节约能源，而且可以减少成品砂浆的损失和二氧化碳的排放。

生产1吨预拌砂浆相比现场搅拌砂浆节约资源量对比

节能减排指标	利用粉煤灰	节约水泥	节约石灰	节约细砂	节约标煤	减少二氧化碳排放
数量（千克）	85	43	34	50	9	90

（四）项目建设主要目标

略。

（五）项目申请专项资金的理由和政策依据

1. 申请理由

根据《2015年产业振兴和技术改造专项重点方向》中对项目条件的要求，本项目符合申请条件。

项目符合性分析

要求条件	本项目符合情况
1. 项目必须符合专项资金支持的具体方向和参数要求	本项目属于大宗尾矿材料高效开发利用示范方向
2. 项目必须已按有关规定核准或备案	已备案
3. 项目固定资产投资不低于4000万元	总投资13869.00万元，其中固定资产投资12962.85万元
……	……

2. 政策依据

项目相关政策列表

发布时间	发布部门	政策名称	政策内容
2005.7.2	国务院	关于加快发展循环经济的若干意见	资源消耗环节要加强对冶金、有色、电力、煤炭、石化、化工、建材（筑）、轻工、纺织、农业等重点行业能源、原材料、水等资源消耗管理，努力降低消耗，提高资源利用率
…	…	…	…
2014.12.1	河北省住房和城乡建设厅	关于做好建筑工程预拌砂浆使用管理工作的通知	通知要求各设区市、定州市、辛集市认真落实"禁现"政策规定，预拌砂浆使用应按照主城区向外辐射的原则逐步推开，2015年底实现城市规划区内全覆盖

3. 产业政策符合性

本项目属于《产业结构调整指导目录》（2013年修正本）中鼓励类，"三十八、环境保护与资源节约综合利用，27.尾矿、废渣等资源综合利用项目"，为国家鼓励发展项目。

二、承办企业的基本情况

（一）企业概况

略。

（二）企业财务指标分析

略。

（三）企业股本结构及主要股东情况

略。

（四）项目主要人员

略。

（五）项目基础设施建设情况

本项目主要建设内容包括生产车间、原料堆棚、成品仓库、办公楼、宿舍食堂、其他辅助用房及配套道路、绿化等。

主要建（构）筑物一览表

序号	名称	建筑面积（m²）	层数	用地面积（m²）	结构形式	备注
1	办公楼	6000	5	1200	框架结构	
2	宿舍食堂	1800	3	600	砌体结构	
…	…	…	…	…	…	…
	合计	24800		14600		

三、产品市场需求及建设规模

（一）机制砂石市场前景分析

砂石是开采和消耗自然资源最大的产品，产销量居世界第一，其刚性需求至今没有其他产品可以替代。哪里有基础建设，哪里就要用到砂石，砂石行业为我国基本建设做出了重要贡献。随着现代混凝土和高速铁路等重点建设工程对砂石的技术要求越来越高，能满足其要求的天然砂石数量越来越少，甚至没有。为了补充砂石市场的刚性需求，机制砂石成了建设用砂的首选。机制砂石是高质量建设工程重要的基础原材料。发展机制砂是建设市场形势发展的需要。

据专家推算，我国砂石年产销量在100亿吨以上，其中机制砂石总产量近60亿吨，占砂石产用量的一半以上。加之一些地区为减少天然资源的用量和依赖，积极开发、综合利用工业废弃物，为此机制砂石行业在满足建设工程用砂石需要的同时得到了快速发展。下图列出了2010—2014年我国水泥产量，根据混凝土中水泥与砂石的比例1∶5的比重关系计算，估算出砂石产量。

2010—2014 砂石产量增长图

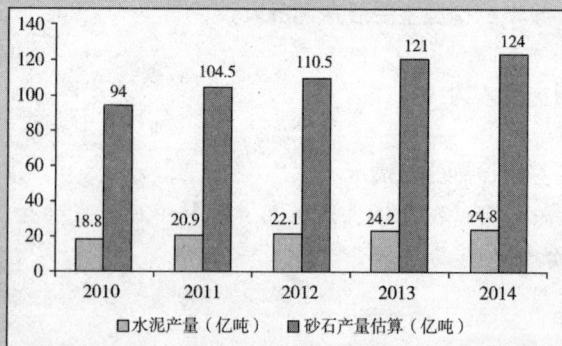

水泥产量（亿吨）：2010: 18.8, 2011: 20.9, 2012: 22.1, 2013: 24.2, 2014: 24.8
砂石产量估算（亿吨）：2010: 94, 2011: 104.5, 2012: 110.5, 2013: 121, 2014: 124

（二）干混砂浆市场前景分析

1. 干混砂浆发展概述

干混砂浆在国外已有近50年的研发和使用历史。20世纪中叶，欧洲一些国家如德国、芬兰已将干混砂浆作为主要的建筑原料应用到建设工程中。20世纪20年代，处于二战后恢复期的德国，建设如火如荼，德国本土就有两百多家工厂具备年产10万吨干混砂浆的能力，干混砂浆使用非常普及，基本实现全覆盖。干混砂浆在欧美国家得到广泛使用后，在全球快速普及，在亚洲，新加坡、日本、韩国是较早使用干混砂浆的国家，在建筑施工中基本上近半数抹灰砂浆都是用干混砂浆。

我国干混砂浆尚属新兴产业，被称作新型建筑涂料。近年来，我国干混砂浆行业取得了长足的进步，2013年全国25个省、自治区、直辖市使用干混砂浆产量已达3392.21万吨，尤其是天津、南京、济南、成都、武汉等地，干混砂浆得到了快速发展，未来行业有不少于2000亿的市场规模，目前的产值仅占市场前景的6%。随着一系列规范标准和政策制度的出台，干混砂浆未来完全有可能彻底取代传统砂浆。

......

（三）技术发展分析

1. 砂石生产技术分析

砂石生产并非高科技产业，但却是用量巨大的产品。生产符合要求的合格砂石，首先必须了解用户的需要；砂石的生产者必须具备混凝土的基本知识，了解和清楚砂石在混凝土中的作用与影响，方能根据用户需要而生产，同时必须能教育顾客、指导顾客正确的选用；不同的岩石具有不同的物理及化学性质，砂石生产者还须具备一定的矿物学知识，以便正确选择料源和制造技术。

......

（四）本项目产品方案及先进性分析

略。

四、项目建设方案

（一）项目建设内容

略。

（二）技术方案

1. 商品砼骨料生产工艺

本项目所述商品砼骨料是以采矿废石为原料，石料通过电磁喂料机均匀落在分选筛上筛分，含土杂质经皮带机输送至弃土仓内，筛分含尘气体经袋式收尘器收集。合格料经皮带送至原料仓内，大块料经皮带输送至破碎机破碎，破碎后再次筛分，合格料送至原料仓内，大块料再次进入破碎机破碎，形成循环，破碎机、筛分机产生的粉尘由袋式除尘器收集。原料仓中料由仓下送料皮带运输至整形制砂机，石料在整形制砂机中进行冲击破碎和整形。破碎后的砂石料由出料皮带运送至提升机，通过提升机将砂石料运送到制砂楼的顶端。砂石料通过溜槽进入缓冲仓内，再由喂料皮带将砂石料送到扩散送料机上，砂石料被扩散成薄薄的一层后均匀地落至空气筛的预分级工作箱中，进行石粉含量的控制，多余的石粉经过除尘管道进入粉仓。砂石料由预分级工作箱落入到振动筛上进行筛分，将不同粒径的物料进行分类：大于 26.5mm 粒径的石子直接通过溜槽返回到一楼的送料皮带上；粒径介于 15—26.5mm 的石子通过筛网下方的出料皮带送至石子成品仓内；粒径介于 5—15mm 的石子一部分通过出料皮带送至石子成品仓内，还有一部分通过溜槽进入级配调整机中进行级配调整；粒径介于 0—5mm 的砂直接落入下方的出料大料斗中，再由下面的送料皮带将砂送至拌湿机，拌湿机将砂和水均匀拌和，合格的机制砂由出料口下方的出料皮带送至砂仓内。进入级配调整机的石子，经过级配调整后，由出料口直接进入整形制砂机中进行整形，完成一个级配循环。

......

（三）项目工艺流程先进性、合理性及成熟性分析

本项目采用国内领先厂家的成套生产线，设备自动化程度高，产出产品指标优于国家标准，设备成熟稳定。

1. 破碎生产线

破碎生产线自动化程度高，排料粒度大小可调，破碎率高、节能、产量大，生产出的石子粒度均匀、粒形好，适合公路桥梁等各种大中小工程项目建设。

......

（四）项目设备方案

整个工艺流程决定了生产设备类别，粗、细骨料主要的加工设备有pzg500 破碎生产线、zgl250 高品质骨料生产线，干混砂浆设备主要有干混砂浆搅拌站和循环水泵。

......

（五）重点设备论证

略。

五、项目建设进度

（一）项目进度安排

本项目周期共计为 22 个月，从 2014 年 3 月至 2015 年 12 月。各个阶

段实施内容如下：

项目阶段目标和时间节点安排一览表

序号	进度	事项
1	2014 年 1—3 月	征地拆迁
2	2014 年 3—8 月	场地平整
…	…	…

（二）项目进展情况

略。

六、项目建设条件落实情况

略。

七、资金筹措及投资估算

（一）项目建设投资测算

根据测算，本项目总投资金额为 13869.00 万元，其中，建筑工程费投资金额共计为 3847.40 万元，占比 27.74%；设备购置投入资金 4963.10 万元，占比 35.79%；安装工程费 248.16 万元，占比 1.79%；工程建设其他费用 2638.28 万元，占比 19.02%；预备费投入 601.71 万元，占比 4.34%；建设期利息 664.20 万元，占比 4.79%；流动资金投入 906.15 万元，占比 6.53%。

项目总投资测算一览表 （单位：万元）

序号	项目	合计	占总投资比例
1	固定资产投资	12962.85	93.47
1.1	建设投资	12298.85	88.68
1.1.1	工程费用	9058.66	65.32
1.1.1.1	建筑工程费	3847.40	27.74
1.1.1.2	设备购置费	4963.10	35.79
1.1.1.3	安装工程费	248.16	1.79
1.1.2	工程建设其他费用	2638.28	19.02
1.1.3	预备费用	601.71	4.34
1.1.3.1	基本预备费用	601.71	4.34
1.1.3.2	涨价预备费用	0.00	0.00
1.2	建设期利息	664.20	4.79

（续表）

序号	项目	合计	占总投资比例
2	流动资金	906.15	6.53
3	总计	13869.00	100.00

（二）项目资金使用计划

略。

（三）项目资金筹措方案

略。

八、财务经济效益测算

（一）测算依据

略。

（二）营业收入测算

本项目建成后，将形成良性的资金链循环。根据项目进度设置，预估到运营期第三年完全完成。项目完全运营后，预计新增总营业收入达9270.00万元。

经估算，正常年份新增营业税金及附加总计为66.29万元，增值税为1104.78万元。

（1）城市维护建设税＝（增值税＋消费税＋营业税）×1%＝11.05万元；

（2）教育费附加＋地方教育费附加＝（增值税＋消费税＋营业税）×（3%＋2%）＝55.24万元；

（3）增值税＝销项税额－进项税额＝1104.78万元。

正常年份收入、税金及附加情况如下表：

项目营业收入测算一览表　　　　　　（单位：万元）

序号	项目	合计	运营期				
			T+1	T+2	T+3	T+4	T+5—10
1	营业收入	86211.00	4635.00	7416.00	9270.00	9270.00	9270.00
1.1	细骨料（0—5mm）	5580.00	300.00	480.00	600.00	600.00	600.00
1.1	数量（万吨）	111.60	6.00	9.60	12.00	12.00	12.00
	均价（元/吨）		50.00	50.00	50.00	50.00	50.00

（续表）

序号	项目	合计	运营期				
			T+1	T+2	T+3	T+4	T+5—10
1.2	粗骨料 （5—15mm）	4017.60	216.00	345.60	432.00	432.00	432.00
	数量（万吨）		5.40	8.64	10.80	10.80	10.80
	均价（元/吨）		40.00	40.00	40.00	40.00	40.00
1.3	粗骨料 （15—26.5mm）	16070.40	864.00	1382.40	1728.00	1728.00	1728.00
	数量（万吨）		21.60	34.56	43.20	43.20	43.20
	均价（元/吨）		40.00	40.00	40.00	40.00	40.00
1.4	干混砂浆		3255.00	5208.00	6510.00	6510.00	6510.00
	数量（万吨）		15.00	24.00	30.00	30.00	30.00
	均价（元/吨）		217.00	217.00	217.00	217.00	217.00
2	营业税金及附加	616.29	33.02	52.98	66.29	66.29	66.29

（三）成本费用测算

略。

（四）财务指标评价

1. 投资利润率

项目达产后，投资利润率=测算期年均利润总额/总投资×100%=20.64%

2. 盈亏平衡点bep

=固定成本/（单位产品销售价格－单位产品变动成本－单位产品营业税金及附件）=42.79%（以达产第一年的数据测算）

即生产负荷达42.79%时盈亏平衡，项目抗风险能力较强。

……

（五）项目还款能力分析

1. 流动比率

流动比率是用来衡量企业流动资产在短期债务到期以前，可以变为现金用于偿还负债的能力。

流动比率=流动资产合计/流动负债合计×100%

本项目流动比率：运营期第一年为2.26，第二年为2.49，第三年为3.36，第四年为 6.81，第五年为 10.20。

……

（六）社会效益

该项目的顺利实施不仅可以给我公司带来经济效益，同时，也能产生巨大的社会效益：该项目建设符合国家产业政策和地方经济发展规划，符合市场经济发展的要求，符合公司的发展需要，符合经济、社会、环保生态效益三统一的方针，具有较好的基础条件，并且可带动其他相关产业的快速发展。项目的建设直接和间接增加了就业率，促进稳定社会，为创建和谐社会做出贡献，为地方的经济发展增加后劲，对地方经济的发展和社会的安定具有重要的现实意义。

……

分　析

该项目申报书结构完整，资料收集比较全面，表达条理清晰，能够重点围绕技术创新点展开描述，引用的数据翔实、可靠，资金使用安排合理，同时表格、图形的使用恰当。

五、项目申报的其他资料

项目申报的成功与否，除了项目本身外，与资料准备的是否完善、充分、得体，具有密切的关系。项目申报的资料除项目申请书外，还包括：

1. 项目立项及批复文件

（1）项目立项采用核准或备案方式。根据国家投资体制改革的决定，一般列入《政府核准的投资项目目录》的项目实行核准制；企业不使用政府性资金投资建设目录以外的项目（除国家法律法规和国务院专门规定禁止投资的项目外），均实行备案管理。备案制的具体实施办法由省级人民政府自行制定。

（2）项目立项的批复机关。

①科研与科技攻关：由科技主管部门批复；

②基本建设项目：由经信委批复；

③技术改造项目：由经信委批复。

以上批复机关的选择根据申报项目的不同要求，可选择不同的级别，一般而言，在哪一级申请支持则选择该级别的主管机关立项。

（3）项目立项批复文件的有效期。

①技术改造项目：项目批复的文件有效期为一年；

②基本建设项目：项目批复的文件有效期为两年。

2. 土地证

一般，基本建设项目应取得国有土地使用证；技改项目应具备土地使用证或相应的证明文件。

3. 项目环评文件

（1）技改或基建项目必须按要求提供环评文件或报告。此项一般应由具备资质的环评中介机构做出环评报告，然后报环保局审批并组织验收。

（2）环评验收与批复权限。总的来说，根据项目投资额大小，按以下权限审批：投资额＜1000 万元，由区、县环保局审批；1000 万元≤投资额＜5000 万元，由市环保局审批；投资额≥5000 万元，由省环保局审批（此外，根据不同行业的要求，限额以上项目还将由国家环保总局审批）。

4. 消防申报与验收批复

技改与基建项目在实施前均要进行消防申报，完成后还要进行消防验收并由消防部门下发消防合格的批复文件。一般情况下，新建项目由市消防支队审验；改（扩）建项目实行属地化管理的原则。

5. "三同时"验收批复文件

技改或基建项目均要在项目实施前按"三同时"（即按照建设项目安全设施与主体工程同时设计、同时施工、同时投入生产和使用）要求申报，项目完成时"三同时"进行验收并下达合格批文。此项由省、市、区（县）的安全生产监督管理局负责。

6. 贷款资料

凡申报贷款贴息的项目均应具备银行贷款合同、贷款凭证、付息清单等。贷款一般应为项目或固定资产贷款。

7. 企业相关资料

总体上，企业应准备企业简介、法人简介，近两年的财务报表（有的要求提供经审计的财务报表）、银行信用等级证明、纳税证明、营业执照、组织机构代码证、项目查新报告、专利证书、科技成果证书、建设施工合同以及与项目有关的其他资质证明、荣誉证书等资料复印件。

沟通小贴士

项目评估主要内容

（1）技术材料的完整性和可靠性；

（2）项目的科学性、先进性，强调创新，突出特色；

（3）技术路线、工艺流程的可行性；

（4）实施方案的可操作性；

（5）项目负责人技术水平及项目组人员结构的合理性；

（6）研究经费安排的合理性及承担单位财务状况分析；

（7）验收指标的准确性；

（8）投入与产出的可比性，产业化的可能性；

（9）知识产权状况评议。

第二节　产品说明

以往人们把技术人员定位于只要埋头钻研技术，能做出合格产品就行。现代社会对技术人员的要求越来越高，技术人员不仅要会操作，更要会表达。一方面，技术人员需能够和企业其他部门的人员交流沟通产品的设计思路，以便后期产品宣传、产品说明书的制作等更加能突出重点、有针对性。另一方面，技术人员需能够在客户服务时和客户交流沟通，向客户清晰说明产品的性能、指标等。

知识点击

一、给新产品写说明书

（一）产品说明书的含义

产品说明书，简称说明书。它是以说明为主要表达方式，向消费者介绍产品的性能规格、构造用途、使用和保养方法以及维修等事项的文书，是一种指导消费的文书。

资源链接

产品说明书的作用

随着社会与科技的发展，新产品、新技术不断涌现，产品说明书使用的频率越来越高。无论是科学尖端产品还是生活消费品，无不借助于产品说明书来向人们展示它的本质和风采。产品说明书可以帮助用户了解产品特性，确保用户正确安全使用产品。如果某项新品问世后没有说明书，或说明得不清楚、不准确，用户就无法了解和使用。即使产品的性能、技术再先进，也不能进行推广、使用。产品说明书写作成功与否，将直接影响产品的生产与效益。它伴随着产品广泛进入生产、科研、贸易、生活各个领域，具有指导消费、扩大销售和便利用户使用的作用。

（二）产品说明书的特点

1. 客观性

产品说明书的内容必须真实、客观、准确地反映产品的实际情况，其内容要符合产品的真实原貌。对有关知识、原理的介绍要恪守科学性，不能夸大其辞，应遵守商业道德，向用户负责，维护消费者的合法权益。特别是药品说明，稍有不科学之处，就可能产生严重的后果。此外，还应该说清楚使用该产品应注意的事项或可能产生的副作用，使产品更有效地发挥使用价值。

2. 实用性

产品说明书主要是以说明为主要表达方式，客观、真实、详细地向顾客介绍产品特点、性能、用途、使用维修方法等，帮助顾客正确认识、使用该产品，为顾客提供方便。

3. 说明性

用户要按产品说明书去使用产品，因而对产品的性能、用途、特点和内容应逐条予以说明，做到条理清楚，次序分明。产品说明书常常按照产品结构的空间顺序和使用产品时的操作顺序进行说明，也可按照消费者认识商品的递进程序进行说明。一般很少用议论和叙述等表达方式。

资源链接

说明书表述错误引发卡式炉爆炸

1995 年 3 月，北京某餐厅发生一起卡式炉爆炸事故。据调查，是因为煤气罐使用不当引发了此次事故。该燃气罐的英文说明书提及"Never refill gas into empty can"（空罐绝不能再次充气），而其中文说明书却翻译为"若本罐使用无损坏，可再次充气"。事主按照中文说明书的意思，对燃气罐进行了再次充气，所充进的非专用燃气导致了涮羊肉的燃气卡式炉爆炸，在场的一位 17 岁花季少女贾国宇脸部被严重烧伤。1997 年 3 月 15 日，海淀区人民法院在查清事实的基础上，依法判决卡式炉的生产者、经营者赔偿原告 27 万余元，其中精神损失费为 10 万元。事主贾国宇是中国索要精神赔偿的第一人。

（三）产品说明书的种类

按照内容和用途的不同，可分为：民用产品说明书、专业产品说明书、技术说明书等。

按照表达形式的不同，可分为：文字式说明书、图表式说明书和音像式说明书等。

按照传播方式的不同，可分为：包装式说明书（即直接写在产品的外包装上）、内装式说明书（将产品说明书专门印制，甚至装订成册，装在包装箱内）。

案例共享

案例1　　　　　　　　　　　　某品牌家具说明书

目　录

产品概述：

1. 型号名称：＿＿＿＿＿＿＿＿

2. 适用范围：

适用于卧室、客厅、餐厅、书房、办公室、会议室、酒店等。

3. 品种、规格：

□电视柜　□陈列柜　□书柜　□书桌　□书椅　□音响组合柜　□酒柜　□床头柜　□梳妆柜　□鞋柜　□衣柜　□餐桌　□餐椅　□沙发　□茶几　□床　□其他＿＿＿＿＿＿＿

4. 执行标准编号：QB/T 2530–2001；GB/18584–2001；QB/T 2880–1996。

5. 使用环境条件：在常温、常湿下置于室内。

6. 生产日期：见外包装。

主要材料：

1. 基　材：□中纤板　□刨花板　□胶合板　□金属材料　□玻

璃 □美国进口红橡木 □俄罗斯水曲柳 □马来西亚橡胶木指接
板 □榆木 □进口新西兰松 □其他_____

2. 表面装饰材料：□三聚氢胺浸胶纸 □皮革 □布艺

3. 辅助材料：□PVC封边 □其他

4. 五金：进口知名品牌五金。

5. 油漆：国际品牌油漆，环保标准超出 GB 18581-2001《室内装饰装修材料 溶剂型木器涂料中有害物质限量》标准。

6. 胶黏剂：进口环保高温热熔胶，执行标准编号：GB 18583-2001《室内装饰装修材料 胶黏剂中有害物质限量》。

序号	有害物质分类	限量值（mg/kg）
1	可溶性铅	≤ 1.5
2	可溶性镉	≤ 90
3	可溶性铅	≤ 75
4	可溶性铬	≤ 60
5	可溶性汞	≤ 60

7. 有害物质控制指标：爱格板材，甲醛释放量不大于 0.3mg/L。

8. 纯实木系列产品，因当前世界家具生产技术存在一些无法解决的问题，如色差、木质纹理大小差异、棕眼及抛光时花纹处留下凹凸不平等现象，望广大用户周知；开裂、变形是实木家具的特性，正常使用再加上合理保养的情况下是可以避免的，如避免太阳光长时间直射、避免风吹雨打、避开冷暖气风口，定期清洁打蜡等。

开始检查、安装及调试：

（一）开始检查

1. 开箱前，检查包装箱外观有无破损，包装箱的标志、产品编号、名称是否与您所选购的产品相同。

2. 开箱时，用刀轻轻从纸箱分裂处划开，小心不要划伤部件，如产品有石材、玻璃等易碎品，开箱时要小心，以免翻倒造成断裂、破碎。

3. 开箱后，取出《产品使用说明书》详细阅读后小心取出箱内的产品。

4. 检查产品编号、名称、数量、颜色是否相符、产品外观有无损伤或其他质量问题。

（二）安装及调试

1. 选定安装位置，对地面用软质材料进行防护。

2. 对应安装孔位，将各部件安装紧密牢固。在安装过程中要小心正确操作，尽量避免损伤产品。

3. 安装好的家具要进行下列项目检查。

（1）家具组合位置是否正确和紧固，整体产品是否牢固平稳。

（2）产品外观、形状、颜色是否符合要求。

（3）家具中的活动部件（如门、抽屉、导轨、门铰等）活动是否顺畅，活动范围是否符合要求。

（4）有射灯的柜类，检查电路是否正常，通电后灯是否亮。

（5）安装好的产品不得在地面上硬拖硬拉，以免划伤地板和损伤产品。

产品使用注意事项：

1. 要注意摆放位置。不要靠近火源或潮湿的墙壁，应放在空气通畅、比较干燥的地方，以防止材料霉变、脱胶。避免阳光直射，防止材料变形、开裂，油漆爆裂、鼓泡、褪色。

2. 要平稳放置家具。沉重物件应放置于家具底部，避免将柜门、抽屉同时打开或拉出，防止家具因重心不稳造成翻倒。

3. 衣柜顶部不宜放置重物，以免顶板下垂影响柜门开关。

4. 家具内存放的物件，不得超过门的关闭位置，以防门面凸出变形。

5. 移动家具时，应搬出柜内物件，把门、抽屉封死，以免家具倾斜部件滑落伤人。

6. 带电器的产品切勿用湿手操作以防触电。

7. 教育孩子不要贴近家具锐角、金属部件、活动部件（如门、抽屉、门铰）位置玩耍，避免不慎受伤；严禁儿童站在带有脚轮的家具上。

8. 避免远距离整体搬运，小家具需搬动时切忌硬拖猛推，要抬家具底部，以免榫头松动、断裂，以及五金件连接位置松动；有活动部件的家具，固定死活动部件后才能移动，大件家具的搬移，要请专业公司帮助。

故障分析排除：

序号	故障现象	原因分析	排除方法
1	门缝隙偏差，开关不顺	地面不平	找准位置，用硬纸片垫好或调解好
2	柜门板下坠、碰到底板	固定门铰的螺丝松脱	调整门板，并锁紧螺丝
3	油漆表面轻度刮伤	使用过程刮伤	使用修色笔给划痕处上色
4	封边带翘起或脱层	热胀冷缩，胶未粘牢	采用电烫斗加热，旋转于封边脱落处2—3分钟，即可黏合

（续表）

序号	故障现象	原因分析	排除方法
5	射灯不亮	电路不通或灯坏	检查线路或换灯泡
6	抽屉开启不灵活	载荷过重，导轨缺少润滑油或导轨松劲	减轻重量，导轨适当加润滑油，调整导轨和拧紧固定导轨的螺丝
7	拆装产品结构松动	拆装螺丝未拧紧	拧紧拆装螺丝

家具保养：

（一）木质保养

1. 经常用软布顺着木头的纹理为家具去尘。去尘之前，在软布上沾点清洁剂，不要用干布擦抹，以免擦花。

2. 木质家具在较干燥的环境下使用时，需采用人工加湿。如定期用软布蘸水擦拭家具。

3. 尽量避免让家具表面接触到腐蚀性液体、酒精、指甲油、亮漆去除剂等。

4. 桌面上忌放硬性有尖锐边的物品，避免过热、过冷的物品直接放在家具表面或靠近玻璃。

5. 不要将塑胶类制品长期直接放置在台面上，防止表面保护膜与塑胶起化学作用。

6. 忌用水冲洗或用湿布擦人造板的家具，切忌放在碱水中浸泡，防止人造板散胶、膨胀、漆面损坏或脱胶。

7. 定期清洁五金配件，针对滑动或移动部位加适量润滑油。

（二）金属保养

1. 以柔软的干布擦拭。不要使用强效的清洁剂或磨砂类清洁剂。

2. 尽量使用杯垫来保护您的家具。金属类家具都有保护膜，但是如果此保护膜被刮花或长期在湿水气或盐水的侵蚀下，还是有可能会生锈。

3. 您可使用家具专用细绒布擦拭或轻轻打上一层薄油，使您的金属家具保持油亮。

（三）玻璃保养

1. 忌用尖锐物、硬物撞击玻璃，以防玻璃面刮花或破损。

2. 日常清洁用湿毛巾或报纸擦拭即可，如遇污迹可用肥皂水和洗洁精清洁，忌用酸碱性较强的清洁剂清洁，如盐酸等。

3. 热胀冷缩容易使玻璃变形，故盛装热开水和热汤的碗碟不能直接放在玻璃面上，要加上台垫隔热，否则会由于玻璃热胀冷缩造成破裂。

（四）真皮保养

1.不可将家具放在阳光下暴晒，它将导致皮革干裂和褪色。

2.对新购置的皮沙发，首先用清水洗湿毛巾，拧干后抹去沙发表面的尘埃及污垢，再用护理剂轻擦沙发表面一至两遍（不要使用含蜡制的护理品），这样在真皮表面形成一层保护膜，使日后的污垢不易深入真皮毛孔，便于以后的清洁。

3.每周一次用干净毛巾沾水后拧干，重复几次进行轻拭。

4.要避免利器划伤皮革，避免油喷、圆珠笔、油墨等弄脏沙发。如发现沙发上有污渍等，应立即用皮革清洁剂清洁，如没有皮革清洁剂，可以用干净的白毛巾沾少许酒精轻抹污点，正式使用前可在不显眼的角落试用一下。之后再用干一点的湿毛巾抹干，最好用保护剂护理。不可用水擦洗。

5.日常护理用拧干的湿毛巾抹拭即可，2—3个月用皮革清洁剂对沙发进行清洁，或用家用真空吸尘器吸除沙发表面灰尘等。

6.如在皮革上打翻饮料，应立即用干净布或海绵将之吸干。

7.如有发现任何洞孔、破烂烧损现象，不要擅自修补，请联系专业服务人员。

（五）合成皮革保养（仿皮）

1.家具放置要避开高温地方。过高的温度会使合成皮革外观发生变化，相互粘连。因此，家具不宜放在火炉近处，也不宜放置在暖气边上，且不要让太阳光直射。

2.家具不要放在温度过低的房间。温度过低或长时间让冷风直吹，会使合成皮革受冻、龟裂、硬化。

3.家具不要放在湿度大的房间。湿度过大会使合成皮革的水解作用发生和发展，造成表面皮膜的损坏，缩短使用寿命。因此，像卫生间、浴室、厨房等房间不宜配置合成皮革面家具。

（六）布艺保养

1.避免阳光直射，尤其是尽量避免室内阳光对布艺家具整体或局部长时间暴晒，避免高温热源。

2.每周至少吸尘一次，尤其注意去除织物结构间的积尘，使磨损均匀分布，避免身带汗渍、水渍及泥尘坐在家具上，以保证家具的使用寿命。

3.如沾有污渍，可用干净抹布沾水擦拭去，为免留下印迹，最好从污渍外围抹起；丝绒家具不可沾水，应使用干洗剂。所有布套及衬套都应用干洗方式清洗，不可水洗，禁止漂白。

搬运及储存：

搬运时，应有外包装对家具进行保护，并且面要朝上，同时将柜门板、柜桶、层板、玻璃等活动部件取出，轻搬轻放。

产品要拆开搬运时，各部件应用软质材料保护，以防损害部件。

石面、玻璃等易碎品，需轻搬轻放，并按纸箱箭头所示方向搬运和放置。

长期不使用和存储时，应有防护包装材料，存放在室内通风干燥的地方。

售后服务：

如你发现××家具产品的任何缺陷或对我们的产品有任何建议，请填写好"产品质量反馈卡"，并及时与我们特许经销商联系，也可直接与我们联系，我们将竭诚为您服务。

本公司的产品在合适的环境中和正确使用的情况下，免费保修一年。

超过保修期，因用户运输、使用、保养不当等造成损坏，实行有偿服务。

本公司的样品及特价处理品不在保修范围之内。

不可抗拒因素（如地震、洪水、火灾、战争等）而造成产品的损坏，不在本公司责任之内。

案例2

某品牌洗衣机说明书（节选）

案例 3

某品牌汽车使用说明书（节选）

你会使用遥控钥匙吗？

应用场合
我想帮后排的客人解锁车门怎么办？怎么打开后备厢？怎么锁车？遥控钥匙按着没反应了？……

操作提示
完全搞懂遥控钥匙的小秘密，就能解决这一切。自己换钥匙电池省时又省力。

遥控钥匙按键都有什么基本功能？

你会使用雨刷器吗？

应用场合
怎么调节雨刷的速度？速度很快的雨刷是不是非常干扰视线？你的汽车雨刷是不是智能的？

操作提示
学会正确使用雨刷器的不同速度挡，不仅可以更安全地开车，也能避免雨刷加速老化。

如何开启和关闭雨刷器？

（四）产品说明书的结构

产品说明书通常由标题、正文和尾部三部分组成。

1. 标题

产品说明书的标题一般包括产品名称、产品品牌、型号和文件名称等要素，常用的有以下几种方式：

（1）以产品名称为标题，如"洗衣机"。

（2）由产品名称和文种名称构成的标题，如"电视机说明书"。

（3）由产品品牌、型号、产品名称和文件名称构成的标题，如"新星牌MS800空调说明书"。

2. 正文

正文是产品说明书的主体部分，需对产品进行详细说明。说明书中融合了产品的专业技术和产品服务对象的工艺或试验技术，并受到国家质量法规、安全卫生法规、广告法规和编制规范的约束和指导。一般分为性质说明和指导说明，通常要说明产品的性能、用途和使用方法。有的还要说明产品的原理、型号、特点和保管、排障、维修及有关的注意事项和保养办法。

一般包括以下内容：

（1）产品的设计目的、用途、适用范围、使用对象。

（2）产品结构原理、性能特点、材料工艺。

（3）规范指标和技术参数。

（4）产品工作原理和使用方法。

（5）产品使用注意事项，如有效期、储藏条件，药品的禁忌症等。

（6）产品保养及维修。

（7）产品附属设备及工具。

（8）产品保修期及保养方法。

（9）应该让消费者了解掌握的产品介绍或使用的内容。

3. 尾部

产品说明书的尾部一般包括生产单位名称、地址、电话、邮编、网址等。有些说明书比较长，需要加上封面、目录、封底等，一起装订成册。

互动活动 分析下则说明书的内容：

烟台张裕葡萄酿酒公司玫瑰香红葡萄酒说明书

"玫瑰香红葡萄酒"选用优良红葡萄，以科学酿造方法，经长期陈酿而成，是中国历史悠久的荣誉产品之一，曾多次获得金质奖章，并连续被评为国家优质名酒。

此酒具有玫瑰香葡萄的果香和浓郁的酒香，色如红宝石般透明，营养丰富，有润胃、提神、补气、益血等功效。

（五）产品说明书的写作要求

随着科学技术的进步，产品更新换代很快，新的功能、配置不断推出，有些产品说明书跟不上时代和形势的变化。为了维护消费者的合法权益，让产品说明书真正发挥作用，我们应掌握产品说明书的一些写作要求和技巧，以便写出较为规范的产品说明书。

1. 突出重点、防止疏漏

要针对用户的需要，抓住产品的特点，要突出如何使用、注意事项等重要内容，同时要找出产品的独到之处，抓住产品"不同凡响"的实用价值，将其说准、说深、说透。

2. 把握分寸、实事求是

写前要对其产品进行实际调查了解，查阅资料，掌握专门知识，具体数据要经过核实，在此基础上，以对用户负责的精神，写出准确的符合客观实际的产品说明书。说明书要全面说明事物，不仅要介绍产品优点，还应该将产品的不足以及因操作不当可能产生的问题告诉消费者。这样做，不但不会影响消费者的购买欲望，反而会增加消费者对产品的信任度。

3.语言要准确简明、通俗易懂

准确，即运用概念、判断要准确，不可含混不清；简明，即简洁明晰，没有多余的字句，不拖泥带水；生动，即要用富有生气与活力的语言来推介产品，可适当借助广告的写法，把产品明书写得富有吸引力，通俗易懂。

互动活动 请找出以下说明书的问题：

某村村民买了一种名为"保灵果2号"的农药。农药说明书上清楚标着"连续使用2次，间隔期为20天"。他看后，当天便对果园的柿树连续喷洒了2次农药，准备20天后再喷洒2次。七八天后，他家二百棵柿树的叶子、果实全部掉落！咨询过农业专家后，他才知道，他喷洒农药用量多了1倍，这种农药正确的使用方法为"连续使用2次，每次间隔期为20天"！

答 案

农药说明书的表达不准确。

资源链接

日本的产品说明书

不管是谁，拿到一件新产品时，首先要看的就是说明书。世界各国的产品说明书不仅语言文字不同，表述方法也不尽相同，从一个侧面反映出各国不同的文化背景。

日本说明书更注重消费者的立场；美国的说明书专业用语较少，内容十分简单明了；意大利的说明书很少使用"不能如何如何"的句式，据说这会使消费者产生被命令的感觉，从而对商品产生反感；匈牙利人则觉得商品是容易用坏的，而用坏了后自己是完全有能力修好的，因此匈牙利的说明书读起来像制造手册。

在各国的说明书中，日本的说明书普遍受到好评。其在保持了日本人一贯的严谨细致的作风的同时，也站在消费者立场上充分考虑通俗易懂的表达方式，并为此付出了各种努力。

虽然说明书的编纂是一种企业行为，但在日本也受到政府的管理。比如，财团法人日本家电制造协会是一个半官半民性质的行业团体，具有对下属企业进行管理和指导的职责。在其制定的《确保家电制品安全的表示方法总则》中首先强调"制造者必须充分考虑到消费者是不具备专业知识的人"。于是，先对表现形式进行规定，比如，字号要大于10号，以方便人们阅读；字体要用标准印刷体。接下来，对表现方法也做了具体要求，比如，句式一定要用单句，避免复合句；不用敬语和自谦语；一小节一个意思，一小节40字之内；多用主动语态，少用被动语态；将专业用语减少到最低限度；不用代名词等。

用简单明了的图形来解释产品使用方法

最能体现日本说明书特色的是其大篇幅的图画，不仅形象地解释产品的功能和使用方法，而且图画中带有很强的感情倾向，使消费者带着浓厚的兴趣进行安装和使用。不久前记者买了个接收卫星节目的天线，说明书的图画中不仅有哪个零件和哪个零件安在一起的示意，就连转动天线方位调整最佳角度的说明中，也画了个手扶天线的小人。调试角度是一个很需要耐心的活，有了这样一个图，就不会产生烦躁情绪。整个安装工作虽然花了一个多小时，但主要看图辅助看文章，不知不觉中就安好了。

好的说明书可以代替服务热线

随着法律的完善和产品功能的增加，现在的说明书动不动就是一大厚本，让人看了后面就忘了前面。在对家电厂商服务热线的一次统计中发现，半数以上的咨询是关于产品性能和使用方法等问题。而这些都清楚地写在说明书中，但消费者并没读到或没读懂。与其培训一批专业人员守在热线旁边，不如借鉴一下日本的做法，一开始就在说明书上下些功夫，厂家省钱，消费者高兴，何乐而不为呢？

（摘自《环球时报》2003年06月18日第12版，有改动）

案例共享

甲硝唑片说明书

［药品名称］

通用名称：甲硝唑片

英文名称：Metronidazole Tablets

汉语拼音：Jiaxiaozuo Pian

［成分］

本品主要成分为：甲硝唑，其化学名称为：2-甲基-5-硝基咪唑-1-乙醇。

其化学结构式为：

分子式：C6H9N3O3

分子量：171.16

[性状]

本品为白色或类白色片。

[适应征]

用于治疗肠道和肠外阿米巴病（如阿米巴肝脓肿、胸膜阿米巴病等）。还可用于治疗阴道滴虫病、小袋虫病和皮肤利什曼病、麦地那龙线虫感染等。目前还广泛用于厌氧菌感染的治疗。

[规格]

0.2g。

[用法用量]

1. 成人常用量

（1）肠道阿米巴病，一次 0.4—0.6g，一日 3 次，疗程 7 日；肠道外阿米巴病，一次 0.6—0.8g，一日 3 次，疗程 20 日。

（2）贾第虫病，一次 0.4g，一日 3 次，疗程 5—10 日。

（3）麦地那龙线虫病，一次 0.2g，每日 3 次，疗程 7 日。

（4）小袋虫病，一次 0.2g，一日 2 次，疗程 5 日。

（5）皮肤利什曼病，一次 0.2g，一日 4 次，疗程 10 日。间隔 10 日后重复一疗程。

（6）滴虫病，一次 0.2g，一日 4 次，疗程 7 日；可同时用栓剂，每晚 0.5g，置入阴道内，连用 7—10 日。

（7）厌氧菌感染，口服每日 0.6—1.2g，分 3 次服，7—10 日为一疗程。

2. 小儿常用量

（1）阿米巴病，每日按体重 35—50mg/kg，分 3 次口服，10 日为一疗程。

（2）贾第虫病，每日按体重 15—25mg/kg，分 3 次口服，连服 10 日；治疗麦地那龙线虫病、小袋虫病、滴虫病的剂量同贾第虫病。

（3）厌氧菌感染，口服每日按体重 20—50mg/kg。

[不良反应]

15%—30% 病例出现不良反应，以消化道反应最为常见，包括恶心、呕吐、食欲不振、腹部绞痛，一般不影响治疗；神经系统症状有头痛、眩晕，偶有感觉异常、肢体麻木、共济失调、多发性神经炎等，大剂量可致抽搐。少数病例发生荨麻疹、潮红、瘙痒、膀胱炎、排尿困难、口中金属味及白细胞减少等，均属可逆性，停药后自行恢复。

［禁忌］

有活动性中枢神经系统疾患和血液病者禁用。

［注意事项］

（1）对诊断的干扰：本品的代谢产物可使尿液呈深红色。

（2）原有肝脏疾患者剂量应减少。出现运动失调或其他中枢神经系统症状时应停药。重复一个疗程之前，应做白细胞计数。厌氧菌感染合并肾功能衰竭者，给药间隔时间应由 8 小时延长至 12 小时。

（3）本品可抑制酒精代谢，用药期间应戒酒，饮酒后可能出现腹痛、呕吐、头痛等症状。

［孕妇及哺乳期妇女用药］

孕妇及哺乳期妇女禁用。

［儿童用药］

未进行该项实验且无可靠参考文献。

［老年用药］

未进行该项实验且无可靠参考文献。

［药物相互作用］

本品能增强华法林等抗凝药物的作用。与土霉素合用可干扰甲硝唑清除阴道滴虫的作用。

［药物过量］

大剂量可致抽搐。

［药理毒理］

药理作用

本品为硝基咪唑衍生物，可抑制阿米巴原虫的氧化还原反应，使原虫氮链发生断裂。体外试验证明，药物浓度为 1—2 mg/L 时，溶组织阿米巴于 6—20 小时即可发生形态改变，24 小时内全部被杀灭，浓度为 0.2 mg/L 时，72 小时内可杀死溶组织阿米巴。本品有强大的杀灭滴虫的作用，其机理未明。

甲硝唑对厌氧微生物有杀灭作用，它在人体中还原时生成的代谢物也具有抗厌氧菌作用，抑制细菌的脱氧核糖核酸的合成，从而干扰细菌的生长、繁殖，最终致细菌死亡。

毒理研究

对某些动物有致癌作用。

［药代动力学］

口服或直肠给药后能迅速而完全吸收，蛋白结合率 <5%，吸收后广泛分布于各组织和体液中，且能通过血脑屏障，药物有效浓度能够出现在唾

液、胎盘、胆汁、乳汁、羊水、精液、尿液、脓液和脑脊液中。有报道，药物在胎盘、乳汁、胆汁的浓度与血药浓度相似。健康人脑脊液中血药浓度为同期血药浓度的43%。少数脑脓肿患者，每日服用1.2—1.8g后，脓液的药浓度（34—45mg/L）高于同期的血药浓度（11—35mg/L）。耳内感染后其脓液内的药物浓度在8.5mg/L以上。口服后1—2小时血药浓度达高峰，有效浓度能维持12小时。口服0.25g、0.4g、0.5g、2g后的血药浓度分别为6mg/L、9mg/L、12mg/L、40mg/L。本品经肾排出60%—80%，约20%的原形药从尿中排出，其余以代谢产物（25%为葡萄糖醛酸结合物，14%为其他代谢结合物）形式由尿排出，10%随粪便排出，14%从皮肤排泄。

［贮藏］
遮光，密封保存。
［包装］
口服固体药用高密度聚乙烯瓶装，每瓶100片。
［有效期］
暂定24个月。
［执行标准］
《中国药典》2005年版二部。
［批准文号］
国药准字H41020125
［生产企业］
××集团股份有限公司

公司地址：略　　　　　　　　邮编：略
生产地址：略　　　　　　　　邮编：略
电话：略　　网址：略　　传真：略

分　析

这是一份药品说明书。说明事项内容完备、条理清晰、语言准确，很好地体现了产品说明书的客观性、实用性和说明性的特点，是较为典型规范的产品说明书。

好汉剃须刀使用说明书

本说明适用于各类充电式剃须刀。

充电：接入AC220V电源，充电指示灯亮、充电12—16小时。注意：充电时间不要过长，以免影响电池寿命。

剃须：将开关键上推至（on）开启位置，即可剃须。为求最佳之剃须效果，请将皮肤拉紧，使胡子成直立状，然后以逆着胡子生长的方向缓慢移动。

修剪刀：如有修剪刀功能的剃须刀，请在剃须前，先将修剪刀推出，修短胡须后再用网刀剃净。

清洁：剃须刀要经常清洁。清洁前应先关上开关。旋下网刀，用毛刷将胡须屑刷净。清洁后轻轻放回刀头架。清洁时应轻拿轻放，避免损坏任何部件。

保修条例：保修服务只限于一般正常使用下有效，一切人为损坏，例如接入不适当电源，使用不适当配件，不依说明书使用；因运输及其他意外而造成之损坏；非经本公司认可的维修和改造，错误使用或疏忽而造成损坏；不适当之安装等，保修服务立即失效。此保修服务并不包括运输及维修人员上门服务费。

保修期外享受终身维修，维修仅收配件成本费。

剃须刀中内、外刃属消耗品不在保修范围内。

保修期：正常使用六个月。

注意事项：充电时间12—16小时。换刀网刀头时一定要选用原厂配件。

分　析

这是一篇剃须刀产品的说明书，本则例文以对产品使用的具体说明为主，重点从剃须刀的充电、剃须和清洁三个方面进行介绍，语言清晰、浅显、简洁，重点突出，有较强的指导作用。其他如修剪刀、保修条例、注意事项等也交代得简洁明了，便于消费者理解和记忆。

二、给客户讲解产品知识

产品介绍是沟通产品和顾客、用户之间的桥梁。它的作用主要是向社会公众说明产品各方面的知识，增进人们对它的认识，同时也兼有推销产品的作用。作为技术人员，要学会给客户进行产品介绍，懂得如何为客户讲解产品知识，这也是客户服务的重要部分。企业做好客户服务工作的目的就是为了赢得更多的回头客，激发更多的客户用口碑进行传递，吸引更多的客户到企业进行消费。

（一）FABE 讲解模式的含义

FABE 模式是由美国奥克拉荷马大学企业管理博士、我国台湾中兴大学商学院院长郭昆漠总结出来的。FABE 讲解模式也是非常典型的利益推销法，具有具体、有高度、可操作性强的特点。它通过四个关键环节，极为巧妙地处理好了顾客关心的问题，从而顺利地实现产品的销售。

F 代表特征（Features），主要是产品的特质、特性等最基本功能，以及它是如何用来满足我们的各种需要的。特性，无疑是自身品牌所独有的。

A 代表由这特征所产生的功能（Advantages），即（F）所列的商品特性究竟发挥了什么功能？是要向顾客证明购买的理由，比如同类产品相比较，列出比较优势。

B 代表这一优点能带给顾客的利益（Benefits），即（A）商品的优势带给顾客的好处。一切以顾客利益为中心，通过强调顾客得到的利益、好处激发顾客的购买欲望。

E 代表证据（Evidence），包括技术报告、顾客来信、报刊文章、照片、示范等。证据具有足够的客观性、权威性、可靠性和可见证性。

（二）FBAE 讲解模式的过程

FBAE 讲解模式最佳的表述方式是"因为（特点）……从而有（功能）……对您而言（好处）……您看（证据）……"

1. 特点（Feature）："因为……"

特点，是描述商品的款式、技术参数、配置；

特点，是有形的，这意味着它可以被看到、尝到、摸到和闻到；

特点，回答了"它是什么？"

2. 功能（Advantage）："从而有……"

功能，是解释了特点如何能被利用；

功能，是无形的，这意味着它不能被看到、尝到、摸到和闻到；

功能，回答了"它能做到什么……"

3. 好处（Benefit）："对您而言……"

好处，是将功能翻译成一个或几个购买动机，即告诉顾客将如何满足他们的需求；

好处，是无形的：自豪感、自尊感、显示欲等；

好处，回答了"它能为顾客带来什么好处？"

4. 证据（Evidence）："您看……"

证据，是向顾客证实你所讲的好处；

证据，是有形的，可见、可信；

证据，回答了"怎么证明你讲的好处？"

案例共享

以冰箱的省电作为卖点，按照 FABE 讲解模式可以介绍为：

（特点）你好，这款冰箱最大的特点是省电，它每天的用电才 0.35 度，也就是说3天才用1度电。

（优势）以前的冰箱每天用电都在1度以上，质量差一点的可能每天耗电达到2度。现在的冰箱耗电设计一般是1度左右。你一比较就可以知道一天可以为你省多少钱。

（利益）假如0.8元一度电，一天可以省0.5元，一个月省15元。

（证据）这款冰箱为什么那么省电呢？

（利用说明书）你看，它的输入功率是70瓦，仅相当于一个电灯的功率。这款冰箱用了最好的压缩机、最好的制冷剂、最优化的省电设计，所以它的输入功率小，也就是省电。

（利用销售记录）这款冰箱销量非常好，你可以看看我们的销售记录。假如合适的话，我就帮你试一台机。

沟通小贴士

产品说明书领域存在的问题

1. 部分说明书应列内容不全，或是内容过于简单，说而不明。

2. 一些产品尤其是高科技产品的说明书上所列的配置、功能与产品实际有出入。

3. 擅自扩大适用范围。

4. 虚假宣传，夸大功效。

5. 项目名称五花八门，不规范、不准确。

6. 说明书中项目内容存在"兼并"现象。

7. 缺少警示性内容，安全警示内容模糊、不够具体。

8. 用语不通俗，语句不通顺。

9. 字体不规范，不用简化字而用繁体字。

10. 使用技术用语和外文太多，中英文混排、混用，很多消费者看不懂。

11. 个别说明书内容陈旧，已超过使用期限仍在超期服役。

12. 有些产品说明书或字号太小，老年人看起来特别吃力；或印刷字迹模糊，使人不易看清；或印制纸张质量较差，打开包装时极易出现缺损现象。

综合训练

一、项目申报书写作

假设你所在的公司为扩大宣传，即将邀请部分客户考察公司，请你据此写

145

一份项目申报书。

二、产品说明书写作

选择一种日常用品，写一篇产品说明书。

三、阅读下列文字，指出这段说明的主要毛病。

液化气炉安全使用说明

液化气炉漏气时怎么办？也许有人会问：为什么好端端的液化气炉会漏气呢？这是产品质量问题嘛！你讲得对，是产品质量问题。尽管本厂产品均经过严格检测，质量合格才准出厂，但是由于种种原因，在用户使用时仍难免偶有漏气现象。为了进一步提高产品质量，本厂也想了一些办法，但并未达到百分百不漏气。竭诚希望各地用户多提宝贵意见，使本厂产品质量达到新的水平，以满足人民生活的需要。

四、以电脑的运行速度快为卖点，运用 FBAE 讲解模式如何进行产品介绍？

第五章
管理类职业沟通技巧

情景导入

案例1

经理与下属

小王刚办完一个业务回到公司，就被李经理叫到了办公室。

"小王，今天业务办得顺利吗？"

"非常顺利，李经理。"小王兴奋地说，"我花了很多时间向客户解释我们公司产品的性能，让他们了解到我们的产品是最适合他们使用的，并且在别的公司再也拿不到这么合理的价钱了，因此很顺利地就把公司的机器推销出去一百台。"

"不错！"李经理赞许说，"但是，你完全了解了客户的情况了吗，会不会出现反复的情况呢？你知道我们公司的业绩是和推销出的产品数量挂钩的，如果他们再把货退回来，对于我们的士气打击会很大，你对于那家公司的情况真的完全调查清楚了吗？"

"调查清楚了呀，"小王兴奋的表情消失了，取而代之的是失望的表情，"我是先在网上了解到他们需要供货的消息，又向朋友了解了他们公司的情况，然后才打电话到他们公司去联系的，而且我是得到了你的批准才出去的呀！"

"别激动嘛，小王，"李经理讪讪地说，"我只是出于对你的关心才多问几句的。"

"关心？"小王不满道，"你是对我不放心才对吧！"

结果，两人闹了个不欢而散。

案例2

第41届世界博览会于2010年5月1日至10月31日在中国上海成功举办。

世界博览会（World Exhibition of Exposition，简称World Expo）又称国际博览会，简称世博会，是一种由主办国政府组织或政府委托有关部门举办的，有多个国家或国际组织参加，以展现人类在社会、经济、文化和科技领域取得的成就的国际性大型展示会。特点是举办时间长、展出规模大、参展国家多、影响深远。它鼓励人类发挥创造性和主动参与性，更鼓励人类把科学性和情感结合起来，将种种有助于人类发展的新文化、新观念、新技术展现在世人面前。因此，世博会被誉为世界经济、科技、文化的"奥林匹克"盛会。

按照国际展览局的最新规定，世界博览会按性质、规模、展期分为两种：一种是注册类（以前称综合性）世博会，展期通常为6个月，每5年举办一次；另一类是认可类（以前称专业性）世博会，展期通常为3个月，在两届注册类世博会之间举办一次。注册类世界博览会不同于一般的贸易促销和经济招商的展览会，而是全球最高级别的博览会。2010年上海世博会属于注册类世博会。

世博会是一个全球性的盛会，无论是从空间、还是从内容等角度来讲，涉及的范围都非常广泛。由于不受国体限制，更不受地域影响，也没有民族、宗教、文化经济水平等因素限制，参展国可来自世界的各个角落，这就给主办国创造了足不出户便可宣传自己、广交朋友的机会。同时，参展国送展的内容包罗万象，丰富多彩，并且都是本国最具特色、最新、最先进的，东道主花较少的钱就能看到和学到很多的东西。另外，举办城市将以此为契机，市政建设再上一个台阶。届时，四海兄弟、五洲朋友和六方宾客云集，其中蕴藏了大小商机无数，举办国的第三产业又再度辉煌。例如，德国汉诺威2000年世博会在153天的展期里就吸引了全世界1800万人去参观，创造的就业机会达3万多个。

2010 年世博会在上海举办，展期长达 6 个月（5.1—10.31）。截至 10 月 31 日 21：00，参观人数已超过 730 万人次，可能打破了 6340 万人次的往届世博会历史最高纪录。当然，它更多的是宣传自己，推销自己，显示综合国力的机会。

现代社会的不少概念和活动方式都是从世博会开始，或从世博会中得到启发而形成的。如将许多商品汇集在一起交易的百货商店，组织观光游览的旅游活动，提供休闲娱乐的各类公园、游乐场、度假村、俱乐部，乃至各种洽谈会、供销会、订货交流会、研讨会、培训会、社团会等。而且，从政府机关，到企事业单位；从行业协会，到生产经营部门；从学术团体，到会员单位等，都会时常主办或承办一些大型的活动和会议。而举办大型的活动和会议，其程序是相当复杂多样、工作是非常繁杂细致的。要想办好这些活动与会议，就得熟知其程序及对各环节的要求，充分做好各项准备工作。这其中，撰写各种会议文书，是非常重要的一项工作。

学习目标

1. 了解管理沟通的含义、种类、特点和作用，形成良好的沟通意识。
2. 掌握如何与上下级沟通的技巧，学会进行上下级组织沟通。
3. 熟知会议承办者主要做的工作及主要使用的会议文书，掌握常用会议文书的写作格式与内容。
4. 能够有效地进行高效会议沟通。

第一节　管理沟通概述

知识点击

一、管理沟通的概念和意义

管理沟通是指在管理活动中，管理组织成员之间或相关管理组织之间，为了实现某一目标，借助任何信息传递的途径，将特定的信息传递给对方，双方达成对这个特定信息的相同理解的交流活动。

著名组织管理学家巴纳德认为："沟通是把一个组织中的成员联系在一起，以实现共同目标的手段。"沟通不良几乎是每个单位组织都存在的老毛病，单位组织的机构越是复杂，其沟通就越是困难。往往基层的许多建设性意见未及反馈至高层决策者，便已被层层扼杀，而高层所作决策的传达，常常也无法以原貌展现在所有人员面前。

管理沟通是单位组织的生命线。单位组织管理一般有四种职能：计划、组织、领导、控制，而贯穿在其中的一条主线即为沟通。沟通为实现其管理职能的主要方式、方法、手段和途径。没有沟通，就没有管理，没有沟通，管理只是一种设想和缺乏活力的机械行为。沟通是单位组织中的生命线。好像一个组织生命体中的血管一样，贯穿全身每一个部位、每一个环节，促进身体循环，提供补充各种各样的养分，形成生命的有机体。因而，管理沟通是单位组织管理的核心。

管理沟通是创造和提升一个单位组织的精神和文化主要方法。管理的最高境界就是在单位组织管理中创造出一种单位组织独有的精神和文化，使单位组织管理的外在需求转化为单位组织员工自在的观念和自觉的行为模式，认同单位组织核心的价值观念和目标及使命。而单位组织精神与文化的培育与塑造，其实质是一种思想、观点、情感和灵魂的沟通，是管理组织沟通的最高形式和内容。没有沟通，就没有对单位组织精神和单位组织文化的理解与共识，更不可能认同单位组织的共同使命。

管理沟通是完成单位组织管理根本目标的主要方式和工具。单位组织的日常管理工作离不开沟通。比如，一个单位组织管理工作中的业务管理、财务管理、人力资源管理，全部借助于管理沟通才得以顺利进行。业务管理的核心是在深入了解顾客和市场的基础上，向企业的目标市场和目标顾客群提供适合其综合需要的服务和产品，而与市场进行互动，就需要沟通。财务管理中财务数据的及时获得和整理、分析、汇总、分发、传送，更是企业管理层监督企业运行状态的权威依据，为典型的沟通行为。人力资源管理更是直接以一刻也离不开沟通的人为管理对象，只有良好的管理沟通才能打通人们的才智与心灵之门，激励人，挖掘人的潜能，更好地为企业创造价值。

管理沟通是管理创新的必要途径和肥沃土壤。许多新的管理理念、方法技巧的出台，无不是经过数次沟通、碰撞的结果，以提高单位组织管理沟通效率与绩效为目的，其根本目的是提高管理效能和效率。

管理沟通有助于领导层做出正确的决策。作为管理人员，在制定方针、政策时，视角总是有所偏移，考虑的问题也不够全面，甚至不能很好地结合实际，那么，管理者就需要广泛与员工沟通，多听员工提出的建议，从中获取大量的信息情报，以供领导者做出正确的决策。

管理沟通有助于员工正确地理解政策。员工在理解有关的制度或政策时，由于所选的角度不同，理解上存在偏差，恰当的沟通会使员工的理解趋于理性，会提升员工的判断能力，也就会提高员工的团队意识。

管理沟通有利于各部门、各岗位之间协调发展。单位组织内部的各个部门和各个岗位之间是相互依存、相互发展的，依存性越大，对协调的要求就越高，而协调就是通过沟通来实现的。管理人员没有和其他部门人员或下属人员之间恰当沟通，就不可能对工作目标、工作方式、工作要求、工作协作等达成共识，其他部门的工作人员就可能有意或无意地给你的工作设置障碍，你的下属工作人员就可能对分配给的任务和下达的工作要求有错误的理解，就不可能很好地完成工作任务，甚至还会带来效益方面的损失。

管理沟通有利于形成氛围良好、有战斗力的团队。领导者与下属工作人员建立良好的人际关系和组织氛围，有助于提高职工的士气。单位组织内部良好的人际关系离不开沟通，通过沟通，领导者能够及时地了解员工的需求而力所能及地满足员工的急需，能够适时地了解员工的工作态度、工作情况、工作业绩而做出有效的激励性评价。通过沟通，领导者与员工可以从思想上、感情上增强彼此的了解，可以消除误解、隔阂和猜忌，即使不能达到完全的理解，至少也可取得谅解，使单位形成和谐的组织氛围。所以说，沟通是良好工作氛围形成的重要基础。

总而言之，从某种意义上讲，现代单位组织的管理就是沟通，管理沟通的确就是现代单位组织管理的核心、实质和灵魂。

案例共享

曾国藩的奏折

清朝末期，曾国藩奉命与太平天国农民革命军打仗，开始时曾国藩的部队屡败。在给皇上写奏折汇报战事时，其中有句话写道"臣屡战屡败"，这时旁边的参谋大臣说："大帅，您可不能这么写，这么写是会被杀头的！"

曾国藩问道："那我该怎么写呢？"

参谋大臣说："只是改变一下顺序即可，'屡战屡败'改为'屡败屡战'。"

分 析

虽然奏折中的文字只是顺序不同，但是含义大不相同。"屡战屡败"是从曾国藩的角度看问题，"皇上，我又打输了，又浪费了很多国家资源，死了很多人，并对此表示歉意"；"屡败屡战"是从皇上的角度看问题，"皇上，这次我打了败仗，但是请放心，您交付的任务我会牢牢记在心里"，有一种不达目的誓不罢休的决心，这也正是皇上想听的话，皇上不仅了解了战事的胜败，而且清楚了最终的全局进展，知道了最终会达到目的。通过这个案例可以看出，沟通高手取决于编码能力，也就是说话的能力。

二、管理沟通的类型及特点

管理沟通从不同的角度可以划分为不同的种类。

（一）按照沟通方法划分

管理沟通可分为语言沟通（包括口头语言沟通和书面语言沟通）、非语言沟通。

1.语言沟通

语言沟通是指以人类的语言为载体而实现的沟通交流，主要包括口头语言沟通、书面语言沟通。口头语言沟通是指借助于口头语言进行的信息传递与交流。口头语言沟通的形式很多，如会谈、电话、会议、广播、对话等。书面语言沟通是指借助书面文字进行的信息传递与交流，包括备忘录、信件、书面总结、汇报、传真、E-mail、即时通信、各种文件、组织内部发行的期刊、布告栏以及其他任何传递书面文字或符号的手段。

语言本身就是力量，语言技巧是我们最强有力的工具。语言可以帮助你去获得他人的理解，并使与他人的沟通成为可能。

资源链接

口头语言沟通、书面语言沟通的优缺点

口头语言沟通的优点在于快速传递和快速反馈。在这种方式下，信息可以在最短时间里进行传送，并在最短时间内得到对方的回复。如果接收者对信息不确定，迅速的反馈可以使发送者及时核查其中不够明确的地方，因此它能使我们及早更正错误。

口头语言沟通的缺点是：当信息经过多人传送时，口头语言沟通的主要缺点便会暴露出来。在此过程中，卷入的人越多，信息失真的潜在可能性就越大。如果你曾在晚会上玩过"传话"的游戏，就会了解它的问题所在。每个人都以自己的方式解释信息，当信息到达终点时，它的内容常常与最初情况大相径庭。如果组织中的重要决策通过口头方式在权力金字塔中上下传送，则信息失真的可能性就相当大。

书面语言沟通的优点是有形而且可以核实。发送者与接受者双方都拥有沟通记录，沟通的信息可以无限期地保存下去。如果对信息的内容有所疑问，完全可以随时进行查询。对于复杂或长期的沟通来说，这一点尤为重要。比如，一个新产品的市场推广计划可能需要好几个月的大量工作，以书面形式记录下来，可以使计划的构思者在整个计划的发展过程中有一

个参考。书面语言沟通的最终收益来自其过程本身。当用书面语言方式而不是口头语言方式传递信息时，常常会迫使人们进行更周全的思考。因此，书面语言沟通显得更为严谨、逻辑性强，而且条理清楚。

书面语言沟通的缺点也很明显：首先是耗费时间。比如，同是1小时的测验，通过口试，你向教师传递的信息远比笔试多得多。事实上，花费1个小时写出的东西只需10—15分钟就能说完。所以，虽然书面语言沟通更为精确，但它也耗费了大量的时间。其次，书面语言沟通缺乏反馈。口头语言沟通能使接收者对于自己听到的东西做出迅速回应，而书面语言沟通则不具备这种内在的反馈机制。其结果是无法确保发出的信息能够被接收到，即使被接收到，也无法保证接收者按照发送者的本意对信息进行解释。后一点对于口头沟通来说也是个问题。除非在一些条件下，人们很容易让接收者概括自己所说的内容。精确的总结代表着反馈，即表明人们收到的和理解的信息是什么样的。

2. 非语言沟通

非语言沟通是相对于语言沟通而言的，是指通过身体动作、体态、语气语调、空间距离等方式交流信息、进行沟通的过程。

非语言沟通包含着非常丰富的内容，一次眼神的交互、一个会心的微笑、一个不经意的手势、一秒钟语言的停顿，都可能蕴含着十分重要的含义，对于沟通双方的交流有着非常关键的作用。由此可见，非语言沟通有着有别于语言沟通的突出特点。

资源链接

1957年，美国心理学家爱斯曼做了一个实验，他在美国、巴西、智利、阿根廷、日本等五个国家选择被试者。他拿一些分别表现喜悦、厌恶、惊异、悲惨、愤怒和惧怕等情绪的照片让这五国的被试者辨认。结果，绝大多数被试者"认同"趋于一致。实验证明，人的面部表情是内在的，有较一致的表达方式。因此，面部表情多被人们视为是一种"世界语"。

案例共享

我国新闻界的前辈徐铸成先生有次谈到他早年采访中的一段经历。

1928年阎锡山和冯玉祥曾经酝酿联合反蒋介石，可是当冯玉祥到达太原时，阎锡山却把他软禁起来，借此行动向蒋介石要钱要枪。后来冯玉祥的下属做了一番努力，才逐步扭转危局。那天徐铸成到冯玉祥驻太原的办事处采访，看到几个秘书正在打麻将，心里一动，估计冯玉祥已经脱身出走了，因为冯治军甚严，如果他在家的话下属是不敢打牌的。徐铸成赶紧跑到冯玉祥的总参议刘治洲家采访，见面就问："冯玉祥离开太原了？"对方大吃一惊，神色紧张地反问："啊？你怎么知道？"这个简短的对答，完全证实了徐铸成的判断。

徐铸成就这样通过一桌麻将和采访对象的神色语气，获得了冯玉祥脱身出走的重要信息。以后他又经过深入的访谈，摸清了冯玉祥与阎锡山将再度联合的政治动向，在当时这是一条极其重要的政治新闻。

案例共享

富亚涂料老总的表演

富亚涂料是地道的国货产品，具有一个独特的卖点：可挥发性有毒物质VOC含量是零。早在2000年时，富亚涂料的老总开了一个新闻发布会，让小猫小狗来喝富亚涂料，但受到动物保护者的反对，于是老总情急无奈，自己喝掉了涂料，之后身体没有任何变化。

这个事情经过媒体报道后，福亚涂料产品在社会上获得了很高的知名度，政府在建设鸟巢选择涂料商时，富亚涂料竞标成功。

通过这个案例可以看出，有时简单地说并不能让人信服，还需要很好地展示。

（二）按照沟通组织系统划分

管理沟通可分为正式沟通和非正式沟通。

1. 正式沟通

正式沟通是指依据组织系统内规章制度明文规定的原则进行的信息传递与交流，如合同、标书、意向书、报告以及演讲、新闻发布会。

正式沟通的效果好，比较严肃，约束力强，易于保密，可以使信息沟通保持权威性。重要的信息与文件传达、组织的决策一般都采取这种形式。但缺点是要依靠团队组织系统层层传递，所以很刻板，沟通很慢，此外也存在着信息失真或扭曲的可能。

2. 非正式沟通

非正式沟通是指通过正式组织途径以外，主要用于获取新信息、互动性较强的信息传递与交流，如电子邮件、打电话、讨论会、会谈等。

非正式沟通的沟通方便，内容广泛，方式灵活，沟通快，可以弥补正式沟通渠道的不足，传递正式沟通无法传递的信息，减轻正式沟通渠道的负荷量，促使正式沟通提高效率等。而且由于在这种沟通中比较容易把真实的思想、情绪、动机表露出来，能提供一些正式沟通中难以获得的信息。管理者要善于利用这种沟通方式。非正式沟通的缺点是沟通难以控制，传递的信息不确切，容易失真、被曲解，并且它可能会形成小集团、小圈子，会影响员工关系的稳定和团体的凝聚力。当然，如果能够对单位组织内部非正式的沟通渠道加以合理利用和引导，就可以帮助单位组织管理者获得许多无法从正式渠道取得的信息，在达成理解的同时解决潜在的问题，从而最大限度地提升单位组织内部的凝聚力，发挥整体效应。

（三）按照沟通方向划分

管理沟通可分为上行沟通、下行沟通和平行沟通。

1. 上行沟通

上行沟通是指下级工作人员与上级领导之间的沟通，也包括与上级的同级同事、上级的上级之间的沟通。在上级领导面前，下级工作人员所扮演的是替身的角色。因此，辅助上级领导就是下级工作人员最重要的工作之一，而有效辅助上级领导则需要与上级领导进行有效的沟通。

2. 下行沟通

下行沟通与上行沟通正好相反，是上级领导向下级工作人员传达意见、发号施令时的沟通交流，即通常所说的上情下达。向下沟通时，"上"应是主体。要想沟通顺畅，上级领导要降低自己的姿态，不要一副高高在上的样子，使下级工作人员产生畏惧，引起下级工作人员对沟通的反感。

3. 平行沟通

平行沟通，又称横向沟通，指的是与平级间进行的与完成工作有关的交流。

资源链接

平行沟通的优点

第一，它可以使办事程序、手续简化，节省时间，提高工作效率。

第二，它可以使单位组织各个部门之间相互了解，有助于培养整体观念和合作精神，克服本位主义倾向。

第三，它可以增加员工之间的互谅互让，培养员工之间的友谊，满足员工的社会需要，使员工提高工作兴趣，改善工作态度。但其缺点表现在，水平沟通头绪过多，信息量大，易于造成混乱。

（四）按照沟通是否进行反馈划分

管理沟通可分为单向沟通和双向沟通。

1. 单向沟通

单向沟通是指发送者和接收者这两者之间的地位不变（单向传递），一方只发送信息，另一方只接收信息。单向沟通的速度快，信息发送者的压力小。但是接收者没有反馈意见的机会，不能产生平等和参与感，不利于增加接受者的自信心和责任心，不利于建立双方的感情。

2. 双向沟通

双向沟通是指发送者和接收者两者之间的位置不断交换，发送者是以协商和讨论的姿态面对接收者，信息发出以后还需及时听取反馈意见，必要时双方可进行多次重复商谈，直到双方共同明确和满意为止，如交谈、协商等。双向沟通的优点是沟通信息准确性较高，接受者有反馈意见的机会，能产生平等感和参与感，增加自信心和责任心，有助于建立双方的感情。

案例共享

春秋战国时期，耕柱是一代宗师墨子的得意门生，不过，他老是挨墨子的责骂。有一次，墨子又责备了耕柱，耕柱觉得自己真是非常委屈，因为在许多门生之中，大家都公认耕柱是最优秀的人，但又偏偏常遭到墨子指责，让他没面子过不去。一天，耕柱愤愤不平地问墨子："老师，难道在这么多学生当中，我竟是如此的差劲，以至于要时常遭您老人家责骂吗？"墨子听后，毫不动肝火："假设我现在要上太行山，依你看，我应该要用良马来拉车，还是用老牛来拖车？"耕柱回答说："再笨的人也知道要用良马来拉车。"墨子又问："那么，为什么不用老牛呢？"耕柱回答说："理由非常简单，因为良马足以担负重任，值得驱遣。"墨子说："你答得一点也没有错，我之所以时常责骂你，也只因为你能够担负重任，值得我一再地教导与匡正你。"

原 文

子墨子怒耕柱子。耕柱子曰：我毋俞于人乎？子墨子曰：我将上大行，驾骥与羊（疑为"牛"之误），子将谁驱？耕柱子曰：将驱骥也。子墨子曰：何故驱骥也？耕柱子曰：骥足以责。子墨子曰：我亦以子为足以责。

（出自《墨子·耕柱第四十六》）

分 析

墨子与耕柱的故事让我们知道，员工应该主动地与管理者沟通，了解领导对自己的期望。管理者应该积极和下属沟通，不是挑毛病和布置任务，而是在双向沟通中消除误会。

第二节　上下级沟通

说对话才能做对事，无论是在单位组织内部的管理中，还是在与外部单位组织的商务谈判中，良好的沟通是前提。比如，在现代的企业中，经常发生制造部门、研发部门、营销部门、职能部门之间的冲突，这些冲突主要体现在工作时间、效益、人力、物力、财力、资源协助方面等，并不是不能解决，只是受制于公司的一些制度体系、绩效管理、资源因素、效率运行等。如果事先假设一些大家认同的、共同关注，然后从各个不同的角度提出方案，达成有效的沟通，这样公司内部的冲突就会大大降低，整个效率就会提升。

美国著名学府普林斯顿大学对一万份人事档案进行分析，发现："智慧""专业技术"和"经验"只占成功因素的25%，其余75%决定于良好的人际沟通。哈佛大学就业指导小组调查结果显示，在500名被解职的男女中，因人际沟通不良而导致工作不称职者占82%。

在单位组织内部沟通中，最常见的沟通方式主要有上行沟通、下行沟通和平行沟通，如部门经理与单位领导部门之间的沟通、部门经理与部门所属员工之间的沟通、部门经理与其他部门经理之间的沟通等。

知识点击

一、上行沟通

上行沟通是指下级工作人员与上级领导之间的沟通，也包括与上级领导的同级同事、上级的上级之间的沟通，其主要职能是反映情况、汇报工作、请求指示、提出意见或者建议、答复上级领导的询问。

一般来说，任何一个领导都比较看重两样东西：一是他的上级领导是否信任他；二是他的下属员工是否尊重他。作为一个领导，判断其下属员工是否尊重他的一个很重要的因素，就是下属员工是否经常向他请示与汇报工作。一个成功的管理者必然是一个善于请示与汇报的人，因为在请示与汇报的过程中，他能得到领导对他最及时的指导，能更快地成长；也因为在请示与汇报的过程中，他能够与主管领导建立起牢固的信任关系。因而，每一个工作人员都应该学会与领导沟通交流。当然，与领导沟通交流也是有技巧的。

（一）与领导沟通时所持原则

1. 自信，但不自傲

要赢得别人的信赖，首先要有自信。试想一下：当领导在与你谈话时，你都紧张地气短冒汗、话不成句，他会相信你有能力和客户卓有成效地沟通交流吗？当然，自信绝不等于自傲。如果你目空一切，即使你再有才，领导也只能忍痛割爱，因为他需要的是一个强有力的团队，而不是一个缺乏集体主义精神的英雄。

2. 尊重，但不卑下

领导能得到下属员工的普遍尊重，有助于提高他的权威，任何领导都比较看重这一点。因此，你应时刻注意维护领导的形象，不要在人前与领导争论，因为这样会导致领导难堪；不要在背后与他人议论领导，因为隔墙有耳；当更上一级领导与你沟通交流时，你应尽量客观地叙述事实，不要带有主观感情色彩地评价你的领导，因为更上一级领导为了确保你的领导的威信，肯定会维护你的领导而不是你。

但尊重不等于卑下。如果在领导面前唯唯诺诺，见风使舵，缺乏主见，必定让人生厌。要赢得别人尊重，你必须先尊重你自己，无论在何种情况下，都应该保持自己完整独立的人格。

3. 服从，但不盲从

没有服从就形不成统一的意志和力量，任何事情都不会有成就，因此你要服从你的领导。但是，服从不等于盲从，你一定要能够独立思考，做人要有主见，做事要讲原则、有底线。你对自己的领导的能力、水平、人格可以认同和赞赏，但不能迷信及个人崇拜；可以尊重、热爱自己的领导，并认真执行上司的正确意见和主张，但不能盲从，因为盲从往往会导致其脱离实际，生活在虚无缥缈中，最终会掉下无底深渊。

4. 决断，但不可擅权

在自己职权范围内的事务，要大胆负责、果断地处理。如果遇事没有主见、做事婆婆妈妈，必定会让上级领导对你的能力产生怀疑。但决断不等于擅权，事事不向领导请示汇报,也会让人感觉你是目无领导,从而引起领导对你的不满。

5. 亲近,但不亲密

在与领导相处中,既要坚持原则,又要讲究方法,把原则性与灵活性紧密而巧妙地结合起来。你应该在工作上对领导要支持、尊重和配合,主动承担责任;在生活上对领导要关心体贴,排忧解难。这样就会拉近与领导之间的心理距离,从而使彼此间的友谊更加深厚、合作更为紧密、工作更为顺利。但亲近绝不等于亲密,距离产生美。如果你因与领导的亲近而得意忘形,失去了对其应有的尊重,则必然埋下隐患。你必须记住:领导永远是领导,下属永远是下属,在任何公众场合都不可有无礼的语言和行为。

6. 多听,但并不等于失声

在领导与你谈话时,应多听、多想、多记而少说。但多听绝不等于失声,失声则会让人误以为你漠视领导的意见,你应适时地请教、表态。

(二)与各种性格的领导的沟通技巧

由于个人的素质和经历不同,不同的领导就会有不同的领导风格。仔细揣摩每一位领导的不同性格,在与他们交往的过程中区别对待,运用不同的沟通技巧,会获得更好的沟通效果。

1. 与控制型的领导沟通技巧

控制型领导的性格特征:工作态度强硬,好胜心强,要求绝对服从;做事果断,注重实际,不拘小节。

与这一类领导沟通交流时,说话重在简明扼要,直截了当,干脆利索,不拖泥带水,不拐弯抹角,无关紧要的话少说。

此外,这类领导很重视自己的权威性,不喜欢下属违抗自己的命令。所以应该更加尊重他们的权威,认真对待他们的命令,有不同的意见不要马上针锋相对地提出来,可另找恰当的时机与他沟通。在称赞他们时,也应该称赞他们的成就,而不是他们的个性或人品。

2. 与互动型的领导沟通技巧

互动型领导的性格特征:善于交际,凡事喜欢参与,喜欢与他人互动交流;貌似比较随和,但大都内心比较敏感,意志比较坚定;喜欢享受他人对他们的赞美。

与这一类领导沟通交流时,切记要公开赞美,而且赞美的话语一定要出自真心诚意,言之有物,否则虚情假意的赞美会被他们认为是阿谀奉承,从而影响他们对你个人能力的整体看法。

要亲近这一类人,应该和蔼友善,也不要忘记留意自己的肢体语言,因为他们对你的一举一动都会十分敏感。另外，他们还喜欢与下属当面沟通，喜欢下属能与自己开诚布公地谈问题，即使有针对他的意见，也希望能够摆在桌面上交谈。他们厌恶在私下里发泄不满情绪的下属。

3. 与理智型的领导沟通技巧

理智型领导的性格特征：说话做事讲究逻辑、讲究方法，按部就班，喜欢究根溯源，思考较理性，不喜欢感情用事，缺乏一定想象力，缺乏一定的灵活性；为人处世不受别人影响，自有一套标准。

与这一类领导沟通交流时，可以省掉话家常的时间，直接谈他们感兴趣而且实质性的东西。他们同样喜欢直截了当的方式，对他们提出的问题也最好直接作答。同时，在进行工作汇报时，多就一些关键性的细节加以详细说明。

（三）接受任务的技巧

下级工作人员在接受上级领导布置的任务时，应该注重方法和技巧。

1. 仔细聆听领导的命令

一项工作在确定了大致的方向和目标之后，领导通常会指定专人来负责该项工作。如果领导明确指示你去完成某项工作，那你一定要用最简洁有效的方式明白领导的意图和工作的重点。

第一，明白为什么做。下级工作人员在接受任务时，第一步要了解任务，确认需求，尽可能地与上级领导沟通清楚为什么做这件事情。因为不同的工作任务具有不同的标准，下级需要询问清楚。

第二，清楚做什么。在明白为什么做这项工作之后，第二步需要弄清楚做什么、起止时间、做到什么程度等。

第三，明确怎样做。在弄清楚工作做什么之后，最后一步需要明确怎样达成目标。

2. 确认理解认识无误

在领导布置完任务之后，立即将自己的记录进行整理，再次简明扼要地向领导复述一遍，看是否还有遗漏，或者自己没有领会清楚的地方，并请领导加以确认。

3. 充分思考，形成初步思路

领导在布置完任务之后，往往会关注下属对该问题的解决方案，他希望下属能够对该问题有一个大致的思路，以便在宏观上把握工作的进展。所以，作为下属，在接受任务之后，应该积极开动脑筋，对即将负责的工作有一个初步的认识，形成一个初步解决的方案，并及时汇报给领导，再根据领导的指示反复进行修改，形成成熟的方案。

4. 尽快拟订详细的工作计划

工作思路成熟之后，你应该尽快拟订一份工作计划，再次交给领导审批。在该工作计划中，你应该详细阐述你的行动方案与步骤，尤其是对你的工作时间进度要给出明确的时间表，以便于领导进行监控。

5. 在工作进行之中随时向领导汇报

现在，你已经按照计划开展工作了，那么你应该留意自己工作的进度是否和计划书一致，无论是提前还是延迟了工期，你都应该及时向你的领导汇报，让领导知道你现在在干什么，取得了什么成效，并及时听取领导的意见和建议。

6. 在工作完成后及时总结汇报

经过你的努力，终于完成了这项工作，你应该及时将此次工作进行总结，总结成绩、成功的经验和其中的不足之处，以便于在下一次的工作中改进提高。同时，向领导做出口头的或书面的汇报，至此一项工作任务才算基本结束。

（四）向领导请示与汇报工作的技巧

要做好充分的准备，选择合适的时机，确保资料准确，熟记各方面的数据资料，随时解答领导的疑问。

请示与汇报时，简单明快，要突出重点，毕竟领导的时间是有限的。

汇报工作要及时且有较强的针对性。在工作进行中，下级要及时向上级领导进行汇报反馈，让上级领导及时了解工作的进展情况，这是一个互动沟通的过程。在工作完成后，要学会及时总结汇报。通常，管理者的职责分为两个：带领团队和完成任务。作为下级，在和团队成员完成工作任务之后，要懂得沉淀经验，养成总结的习惯，并且可以将规律性的东西提炼给上级，可以将经验沉淀固化到整个团队中。

在向领导汇报工作时，既要简练地汇报全局性的工作，也要重点突出、详细汇报领导所关心的工作。领导的时间是有限的，不要事无巨细，统统汇报，汇报的内容要与领导原来的指示、计划和期望相对应，避免文不对题，浪费领导的时间。汇报时还要做到有理有据、充满理性与活力，任何一个领导都不喜欢看一个精神不饱满的下属。

请示工作时，应该多给选择题，少给问答题。请示工作最重要的是提出解决问题的方案，而不是简单地提出问题，让领导答复解决问题的方法。要记住，请示问题的实质是求得领导对你解决问题的方案的批准，而不是请求你的领导告诉你如何解决这个问题，否则事事要领导拿主意，要你这个下属还有什么意义呢？因而，我们去找领导汇报工作时要准备多套方案，并将它的利弊了然于胸，必要时向领导阐述明白，并提出自己的主张，然后争取领导批准你的主张，这才是最佳的请示与汇报。

例如，在工作执行过程中，如果遇到问题，不要直接带着问题去向上级领导请示该如何办，应该带着解决问题的思路、方法与上级沟通。这其中的关键是，上级向下级分配任务时，上级分配的是任务，要的是有价值的结果，即成果，那么在执行过程中，下级如果遇到难点，应该积极主动地想办法解决问题。

在《笑着离开普惠》一书中，作者提到上级对待下级的请示这样回复："我请你来，是想让你告诉我这个事情怎么办，不是让我天天教你这事怎么办！"这句话说出了职场中的道理：职业价值取决于能够解决什么样的问题和难题，也就是创造能力。

不要替领导拍板做决定，但可以婉转地表达出自己的倾向。

案例共享

小张入职某家公司后，由于工作认真、扎实、积极肯干，很得单位领导的赏识，常常委以重任。后来，单位换了新领导，新领导走马上任后，便将小张叫到办公室对他说道："小张，你经验丰富，能力又强，这里有个新项目，你负责去做一下。"

受到新领导的重用，小张工作更卖力了。几天后要去某城市谈判，小张一合计，一行好几个人，坐公交车不方便，人也受累，会影响谈判效果；打车吧，一辆坐不下，两辆费用又太高；还是包一辆面包车好，经济又实惠。

主意定了，小张去向领导请示汇报："领导，您看，我们今天要出去。"小张把几种方案的利弊分析了一番，接着说："所以呢，我决定包一辆车去！"汇报完后，小张发现领导的脸阴沉了下来。他生硬地说道："是吗？可是我认为这个方案不太好，你们还是买票坐长途车去吧！"小张愣住了，他万万没想到，一个如此合情合理的建议竟然被领导无情否决了，小张对此大惑不解。

分 析

小张凡事多向领导汇报的意识是很可贵的，错就错在措辞不当。小张的一句"我决定包一辆车！"犯了领导的大忌，在领导面前说"我决定如何如何"，是领导最忌讳的。

如果小张能这样说：领导，现在我们有三个选择，各有利弊。我个人认为包车比较可行，但我做不了主，您经验丰富，帮我做个决定行吗？老板听到这样的话，绝对会做个顺水人情，答应你的请求，这样岂不两全其美？

请示与汇报工作结束以后，要注意仔细聆听领导给予的评价，他的评价其实就是一种反馈，从中可以知道领导对哪些地方不很清楚，你可以补充介绍，或提供补充材料，以消除领导的疑虑，加深领导对你所汇报工作的全面了解。

（五）说服领导的技巧

对于领导的指示，要认真执行，但如果有与领导不同的意见时，怎样说服领导，让领导理解自己的主张、同意自己的看法呢？

1. 选择恰当的提议时机

刚上班时领导会因事情多而繁忙，到快下班时领导又会疲倦心烦，显然都不是提议的好时机。总之，记住一点，当领导心情不太好时，无论多么好的建议，都难以细心静听。

那么，什么时候会比较好呢？我们通常推荐在上午 10 点左右，此时领导可能刚刚处理完清晨的业务，有一种如释重负的感觉，同时正在进行本日的工作安排，你适时以委婉方式提出你的意见，会比较容易引起领导的思考和重视。还有一个较好的时间段是在午休结束后的半个小时里，此时领导经过短暂的休息，可能会有更好的体力和精力，比较容易听取别人的建议。总之，要选择领导时间充分、心情舒畅的时候提出改进方案。

2. 资料及数据都极具说服力

对改进工作的建议，如果只凭嘴讲，是没有太大说服力的。但如果事先收集整理好有关数据和资料，形成书面材料，借助视觉力量，就会加强说服力。

案例共享

A 主管：关于在 ×× 地区设立灌装分厂的方案，我们已经详细论证了它的可行性，3—5 年就可以收回成本，然后就可以盈利了。请董事长一定要考虑我们的方案。

B 主管：关于在 ×× 地区设立灌装分厂的方案，我们已经会同财务、销售、后勤部门详细论证了它的可行性。根据财务评估报告显示，该方案在投资后的第 28 个月财务净现金流由负值转为正值，这预示着该项投资将从第三年开始盈利。经测算，该方案的投资回收期是 4—6 年。社会经济评价报告显示，该方案还可以拉动与我们相关下游产业的发展。这有可能为我们将来的企业前向、后向一体化方案提供有益的借鉴。与该方案有关的可行性分析报告我已经带来了，请董事长审阅。

上述两位主管的报告中，显然 B 主管的更具说服力，所以领导感到比较满意。

> 记住：只有摆出新建议的利与弊，用各种数据、事实逐项证明，才能让领导不会认为你有头脑发热、主观臆断的嫌疑。

3. 设想领导质疑，事先准备答案

领导对于你的方案提出疑问，如果你事先毫无准备，吞吞吐吐，前言不搭后语，自相矛盾，当然不能说服领导。因此，应事先设想领导会提什么问题，自己该如何回答。

4. 说话简明扼要，重点突出

在与领导交谈时，一定要简单明了。对于领导最关心的问题要重点突出、言简意赅。如对于设立新厂的方案，领导最关心的还是投资的回收问题。他希望了解投资的数额、投资回收期、项目的盈利点、盈利的持续性等等问题。因此，你在说服领导时，就要重点突出，简明扼要地回答领导最关心的问题，而不要东拉西扯，分散领导的注意力。

5. 面带微笑，充满自信

我们已经知道，在与人交谈的时候，一个人的口头语言和肢体语言都能够传递信息。一个人若是对自己的计划和建议充满信心，那么他无论面对的是谁，都会表情自然；反之，如果他对自己的提议缺乏必要的信心，也会在言谈举止上有所流露。

试想一下，如果你的下属表情紧张、局促不安地对你说："经理，我们对这个项目有信心。"你会不会相信他？你肯定会说，我从他的肢体语言上读到了"不自信"这三个字，我不太敢相信他的建议是可信任的。同样道理，在你面对自己的领导时，要学会用你自信的微笑去感染领导，征服领导。

6. 尊敬领导，勿伤领导自尊

最后要注意一点，领导毕竟是领导，因此，无论你的可行性分析和项目计划有多么完美无缺，你也不能强迫领导接受它们。毕竟，领导统管全局，他需要考虑和协调的事情你并不完全明白，你应该在阐述完自己的意见之后礼貌地告辞，给领导一段思考和决策的时间。即使领导不愿采纳你的意见，你也应该感谢领导倾听你的意见和建议，能让领导感觉到你具有工作的积极性和主动性就已有收获了。

互动活动 假设你是某公司市场部的一名职员，大学毕业后就来到这个公司，已工作三年了。最近，你部门刚换了一名经理，只有初中学历，却很有闯劲。你对新经理在管理过程中的一些做法有不同意见，比如，新经理更多地采用经验式管理方法；在激励方面，过于注重过程导向，却忽视结果导向，缺乏目标激励。你曾经与经理谈起过自己的想法，建议采用目标管理思路，从结果导向对员工进行考核激励，但经理好像没有反应。对此你感到非常不满，一段时间来，你一直在考虑，希望与公司主管经营的副总经理作一次沟通交流。

根据管理沟通的一些启发，设计一个与你的上司的上司沟通的办法。

二、下行沟通

下行沟通是指组织或群体中从较高层次向较低层次传递信息的过程。它是组织的领导者把组织的目标，规章制度、工作程序向下传达的沟通方式。下行沟通顺畅，能使下级员工明确工作任务、目标，能调动员工的积极性、增强员工的责任感和组织归属感，还可以协调组织内部各部门之间的关系，加强各部门之间的有效协作。总之，能使整个集体和谐发展。下行沟通不顺畅，不仅上情不能下达、员工缺失奋斗目标，还会使下级员工与上级领导产生隔阂，进而会对领导不信任、有意见，时间长了，甚至会产生排斥、敌对的情绪，整个单位就会成为一盘散沙。因而，能否建立一个关系融洽、积极进取的团队，很大程度上取决于你是否善于与下属进行沟通，取决于你是否善于运用沟通技巧。

（一）与下属沟通时所持原则

一名优秀的领导者，一定要能跟下属进行有效的沟通。

1. 尊重下属

日本著名企业家松下幸之助说过，"企业最好的资产是人"。企业的管理者要想实现既定目标，就必须处理好这个"最好的资产"，只有充分地尊重每一名员工，才能将他们的积极性调动起来，能量释放出来。俗语说：尺有所短，寸有所长。每个下属都有长处和短处，要相信下属的能力，善于发现下属的长处，激发下属的潜力。为此，作为管理者，必须学会尊重下属。

2. 换位思考

俗话说，设身处地，将心比心，人同此心，心同此理。作为领导，在处理许多问题时，都要换位思考。比如，下属不服从管理时，可能并不是领导者没把道理讲清楚，有可能是领导者只站在自己的立场考虑问题，不能设身处地为对方着想。如果换个位置，领导者放下架子，站在下属的位置上思考，就能抓住问题的关键点，这样沟通就容易成功。在管理下属时，领导者越站在下属的立场想问题，与下属的沟通就越顺畅。

3. 倾听下属的声音

现代社会，企业单位吸引员工的最好方法就是用情动其心，用心留其人。作为单位领导及管理人员，应经常与下属沟通，且能与每名员工沟通，才能抓住员工之心，留住员工之人。

古希腊先哲苏格拉底说过：上天赐人以两耳两目，但只有一口，欲使其多闻多见而少言。学会倾听，问计于民，是一个重要的领导方法和工作方法。制定政策，作出决策，不仅要倾听领导意见，还要倾听专家意见，倾听老百姓意见。学会倾听是决策民主的一个十分重要的方面。兼听则明，偏信则暗，是一条古训。倾听，最难得的是，善于听取不同意见甚至反面意见。齐威王听取邹忌谏言，下令奖赏进谏者，以至"虽欲言，无可进者。燕、赵、韩、魏闻之，皆朝于齐"。唐太宗李世民得一犯颜直谏的魏徵，广开言路，虚心纳下，慎始敬终，开创贞观盛世。这些都说明兼听的重要。作为领导者一定要有容人容事的雅量。不容人，难以与人团结合作；不容言，极易决策偏失。倾听来自不同阶层、不同人群的利益诉求，真切地感知和把握人民群众的所思所想、喜怒哀乐，更广泛地察民情、知民意、听建言，才能耳聪目明，才能扬长补短，才能明得知失。

4. 多鼓励表扬，少指责批评

单位负责人在评价下属工作时，如果总是过多地指责和批评，久而久之，下属就会感觉自己的工作成果没有得到认可，人格上也没有受到应有的尊重，心里时常会有压抑之感，工作时就会信心不足，情绪低落。

例如，你是位领导，带领几个下属去参加产品推介会，计划一天的时间能与十家公司签订购销意向书。但是，整整一个上午，下属只与三家公司达成了购销意向，作为领导可能会有两种表达方式。其一，"真不错，上午时间短，但你们已签订了三份购销意向书，不简单！"这种语言是激励，下属听起来很舒服，其反应是，"下午我们一定努力，争取签订更多份购销意向书！"。其二，"真差劲，怎么只签订了三份购销意向书呀！你们是怎么搞的？"下属为了缓解领导对自己的压力，就会产生防御思维和想法，其反应是："我们还签订了三份购销意向书呢，要换了你还不如我们呢！"两种不同的做法和不同的语言，前者起到激励的作用，后者产生逆反心理，产生了不同的行为结果。

5. 关注下属的进步，关心下属的生活

优秀的领导者应当多关注下属的进步，多关心员工的生活，这样可以达成"三赢"：第一，越关心员工生活，员工就越关心领导；第二，越关注员工的进步，员工的业绩做得越好；第三，员工的业绩做得越好，对领导、员工和企业越有好处。

资源链接

惠普的两位创办人之一，比尔·休立特以通俗的语言，提出了自己的管理哲学，也就是后人眼中"惠普之道"的精髓："只要企业提供合适的环境，相信员工必然全力以赴"。为此，惠普公司非常注重发展独特的公司文化。比如，惠普公司坚持实行和保持一项持续的教育计划（惠普与斯坦福大学密切合作，实施优秀员工培训计划，并授予硕士或博士学位），公司努力创造一种环境和氛围，使人们有可能尽其所能，充分发挥潜力，并因取得成就而得到承认。再如，公司对其雇员非常关心，给员工赠送结婚和生日礼物，每年组织一次全体员工和家属参加的公司野餐。

6. 适当授权给下属

适当授权是指领导者将部分事情的决定权由高阶层移至低阶层。日本"经营之神"松下幸之助说过："对人信赖，权力激励人是培养优秀员工的很重要的条件。"古语云："明主好要，暗主好详。主好要则百事详，主好详则百事荒。"（《荀子·十一王霸》）其意思是：聪明的领导者善于抓住要点，而愚笨的领导者却喜欢事无巨细一手抓。领导者善于抓住要点，一切事情都可以落实到位；领导者喜欢事必躬亲，结果是一切事情都容易荒废。

一个单位管理的重点是控制，领导的重点是激励与授权。减少控制，增加激励与授权，即"少管理多领导"，这符合新世纪简约管理的大道与趋势。

资源链接

正确的授权做法

1. 择人授权

即根据下属的能力大小和其他个性特征等区别授权。例如，对于能力相对较强的人，宜授予重权；对于能力相对较弱的人，不宜授予重权，否则就可能出现失误。而对于外向型性格的人，可授权让他做解决人事关系及部门之间沟通协调的工作；对于内向型性格的人，可授权让他做分析和研究某些问题的工作。

2. 当众授权

当众授权有利于使人清楚领导者授权与谁、授权大小和授权范围等，从而避免被授权者在今后处理授权范围内的事时，出现程序混乱及其他部门和个人"不买账"的现象。

3. 授权有据

领导者应以手谕、备忘录、授权书、委托书等书面形式进行授权，以做到有据可证，尽量避免口头授权。

4. 授权稳定

授权后要保持一段时间的稳定，不要稍有偏差就将权力收回。如果授予一定权力后立即变更，会产生"三不利"：一是等于向其他人宣布了自己在授权上有失误；二是权力收回后，自己负责处理此事的效果如果更差，则更产生副作用；三是容易使下级产生老板放权却又不放心的感觉，觉得自己并不受老板信任，有一种被欺骗感。因此，在授权后一段时间，即使被授权者表现欠佳，也应通过适当指导或创造一些有利条件让人以功补过，不必马上收权力。

案例共享

懂得授权的女老板

2003 年的"三八"节，有个电视栏目采访了一位新新女性。这位女性为一家服装公司的女老板，32 岁，一般私企的老板一周工作七天，一天工作十几个小时以上，但她一周只工作两天，每天 8 小时。

采访时，女老板透露了自己的工作方式：每周星期一早上到公司，把上星期设计师设计的服装拿出来，让内部的模特走台，看看哪个服装好，哪个服装不好，决定选择的产品；第二天到企业开会，询问有没有什么事情需要协调的，如果没有就散会，接着当天剩下的时间会留在办公室，谁有事就可以去找她，下午五点半准时下班。

当主持人问到这样管企业会不会出问题时，女老板回答："我开始也担心出问题，后来我发现我把工作交给他们做，他们做得比我还好。"

分　析

在上面的案例中，女老板适当授权给下属，不但自己工作轻松，也能让下属充分施展才能，成功实现"双赢"。

（二）下达命令或布置任务的技巧

案例共享

领导下达的任务

在电视剧《杜拉拉升职记》中，杜拉拉的上级领导安排她完成两件工作：第一，撰写年度优秀员工评选文案；第二，为评选出的年度优秀员工准备礼物。

杜拉拉听后回答："没问题！"然后很顺利地写出了文案，并策划采用笔、本之类的文具系列作为获奖礼物，之后把文案报告和礼品策划拿给领导审查。出乎杜拉拉意料的是，上级领导对她的方案非常不满意，说道："这个评选文案很像感谢信，没有体现公司的企业文化，并且作为全球五百强企业，员工对于优秀员工评选具有很高的期望，这样的礼品和要求差距太远……"杜拉拉听后，只能不停地说："对不起！我没有问清楚。"

分 析

案例中，领导在给杜拉拉布置工作任务时，并没有对工作结果提出具体要求，也没有说明要求策划文案和礼品符合公司的企业文化，所以在沟通中领导具有一定的责任。

命令是领导者对下属特定行动的要求或禁止，命令的目的是要让下属照你的意图完成特定的行为或工作。确保政令畅通、做到令行禁止是每一个领导者都梦寐以求的事，要做到这一点，领导者下达命令时应该考虑下列两点：

1. 确保所传达的命令或布置的任务内容准确

下达命令的方式要因人而异，因事而异，不能千篇一律。下达命令太简单，下属会感到无所适从；太烦琐，下属会觉得你不信任他，从而影响他完成任务的积极性。如果对方对经验丰富，能够深刻地理解指令的内容及其意义，并且下达的任务是属于日常业务范围之内的，那么下达命令只需要阐述清楚目标、完成任务的期限就可以了。如果对方是新手，或者下达的任务是全新的任务，那么下达命令时就需要详细具体一点，因为内容不具体的命令，会使下属无所适从，要么不去做，要么靠自己的想象发挥来做，必然导致结果出现偏差。领导者发出的完整的命令要包含5W2H，即执行者（Who）、做什么（What）、怎么做（How）、时间（When）、地点（Where）、工作量（How many）、为什么（Why）方面的具体内容，这样下属才能明确地知道自己的工作目标是什么。

案例共享

吩咐下属复印文件

某领导吩咐一项任务给王秘书，以下有两种下命令的方法：

第一种，"王秘书，请你将这个调查报告复印两份，在下班之前送到总经理办公室交给总经理，请留意复印的质量，总经理要带给客户参考！"

第二种，"王秘书，麻烦您把这个报告复印两份，待会交给总经理。"

分 析

第一种下命令，任务下达地清晰明确，包含了复印两份、时间节点、需要注意复印的质量、总经理要带给客户参考等关键点。

第二种下命令，缺失了很多关键因素：在时间上，"待会"与"下班之前"的概念不一样；在复印质量上，没有明确的用途说明，如果复印件出现污秽，不仅影响公司的内部使用和阅读，还会达不到客户要求。根据这样的指示，如果下级没有很好地完成上级交代的任务，责任更多地归于上级领导。

互动活动

下面是不同风格的命令举例，你认为哪一种最好呢？

1. 小李，你过来一下，最近我们的成品质量不太好，你一定要在近期把品质提上去，你回去吧！

2. 小李，你过来一下，最近我们的成品质量不太好，成品出厂检验抽检合格率从99%下降到了95%，你一定要在近期把成品出厂检验抽检合格率提上去，你回去吧！

3. 小李，你过来一下，最近我们的成品质量不太好，成品出厂检验抽检合格率从99%下降到了95%，你一定要在近期把成品出厂检验抽检合格率重新提高到99%，你回去吧！

4. 小李，你过来一下，最近我们的成品质量不太好，成品出厂检验抽检合格率从99%下降到了95%，你一定要从今天开始，在2周的时间内把成品出厂检验抽检合格率重新提高到99%，为我们部门做出更大的成绩，证明你的能力，你回去吧！

5. 小李，你过来一下，你前段时间工作表现一直很好，但最近我们的成品质量不太好，成品出厂检验抽检合格率从99%下降到了95%，你一定要从今天开始，在2周的时间内把成品出厂检验抽检合格率重新提高到99%，为我们部门做出更大的成绩，通过质量控制抽检报表数据分析后发现主要原因是你的生产线新来的那2名外观检查员工有大量的误判，造成不良品流入到成品出厂检验环节，你要在今天花不少于1小时以上的时间对这2名员工进行重点培训，讲解外观常见问题、限度样板、标准及判别方法，同时在生产过程中加强对他们的巡查，随时指导，以提高他们的外观检出能力，以实现提高成品出厂检验抽检合格率到99%的目标。我相信你能做好这件事情，你回去吧！

2. 如何使下属积极地、愉快地接受命令或任务

领导者在下达命令或分配任务时，要学会让下属能够积极地、愉快地接受命令或任务。因为，能否积极地、愉快地接受命令或任务，直接影响到执行命令或任务的结果，甚至其执行的结果会产生很大的差异。下属能积极地、愉快地接受命令或任务，就会尽全力把工作做好；下属不能积极地、愉快地接受命令或任务，则不会尽全力把工作做好，甚至，只会应付做事。因而，领导者在下达命令或分配任务时，要学会让下属能够积极地、愉快地接受命令或任务，并要不断地激励、激发下属，这样下属的主观能动性才会发挥出来。

那么，如何才能让下属能够积极地、愉快地接受命令或任务呢？

（1）态度要和善，用语要有恰当。领导者在给下属下达命令或分配任务时，如是居高临下、态度生硬、话语无礼，只能会使下属因畏权而惧人，会与你离心离德，干工作时也就不会尽心尽力。如你这样说："小张，进来一下"，"小李，把文件送去复印一下"。这样说话会让下属有一种被呼来唤去的感觉，会感觉到不受尊重。高明的领导在与下属沟通交流时，态度和善、用语有礼貌，令人感到平易近人。比如，你这样说："小张，请你进来一下"，"小李，麻烦你把文件送去复印一下"。这样说话会使下属感觉到自己受尊重，就会很愉快地、尽心尽力地去完成你布置的任务。记住，一位受人尊敬的领导，首先应该是一位懂得尊重别人的领导。

案例共享

英国著名的维多利亚女王，与其丈夫相亲相爱，感情和谐。但是维多利亚女王乃是一国之王，成天忙于公务，出入于社交场合，而她的丈夫阿尔伯特却和她相反，对政治不太关心，对社交活动也没有多大的兴趣，因此两人有时也闹些别扭。有一天，维多利亚女王去参加社交活动，而阿尔伯特却没有去，已是夜深了，女王才回到寝宫，只见房门紧闭着。女王走上前去敲门。

> 房内，阿尔伯特问："谁？"
>
> 女王回答："我是女王。"
>
> 门没有开，女王再次敲门。
>
> 房内阿尔伯特问："谁呀？"
>
> 女王回答："维多利亚。"
>
> 门还是没开。女王徘徊了半晌，又上前敲门。
>
> 房内的阿尔伯特仍然是问："谁呀？"
>
> 女王温柔地回答："你的妻子。"
>
> 这时，门开了，丈夫阿尔伯特伸出热情的双手把女王拉了进去。

分　析

作为女王的丈夫阿尔伯特，一开始就知道敲门的是自己的妻子，但他两次询问其实是明知故问。为什么女王两次敲门都遭到了拒绝，叫不开门，而最后一次丈夫开了门并热情有加呢？这是由于她的语言没有随场合的变化而变化，女王的心理状态没有随着环境对象的变化而加以调整。

第一次女王敲门后回答："我是女王"，这样自称，应该在宫殿里才合适，而面对丈夫，显得态度高傲，咄咄逼人，因而门没有开。第二次敲门，女王的回答是"维多利亚"，应该承认第二次的回答要比第一次好，但是"维多利亚"这个称呼是中性的，几乎是个冷冰冰的代号，对任何人都可以这样自称，因而效果不好。

第三次敲门女王回答说：我是"你的妻子"，体现了作为"妻子"的角色意识，传达出妻子特有的温柔和感情色彩，满足了丈夫的自尊心，不仅敲开了门，也敲开了丈夫的心扉。

（2）要让下属明白所下达的命令或布置的任务的重要性。下达命令或布置任务之后，领导者要告诉下属做这项工作的重要性，如："小王，这次项目投标是否能成功，将决定我们公司今年在总公司的业绩排名，对公司来说至关重要。希望你能竭尽全力争取成功。"通过告诉下属这份工作的重要性，以激发下属的工作热情与积极性，让他觉得"我的领导很信任我，把这样重要的工作交给了我，我一定要努力才不负众望"。

案例共享

麦当劳的 CEO

众所周知，麦当劳是一家美国的企业，在2004年麦当劳公司启用了一个新的 CEO，但他是澳大利亚人。

这位 CEO 的职业经历具有传奇色彩，17 岁左右开始在麦当劳打工，具体工作是刷厕所，但他刚干了两个小时便不愿意再干了。他的直属经理就在午餐时与他交流："你知道吗，其实你做的工作是麦当劳里最重要的工作之一，因为麦当劳具有四大宗旨：品质、服务、物有所值和清洁。"

从此，这位小伙子认识到刷厕所的工作，虽不光鲜但却很重要，于是端正了工作态度，并充分发挥工作主观能动性，在四年时间里把分店中的所有岗位做了一遍。他 21 岁时成为年轻的分店经理，然后不到 10 年时间，便掌管了二十多家分店。20 年后，他在美国成为拥有两万多家全球连锁店的公司老板。在他就任的第一天他谈到，非常感谢他的第一任直属经理，让他明白了刷厕所的重要性。

分 析

由此可见，上级向下级分配任务时，有责任将工作的重要性解释给下属，这样能够促使下属出色地完成任务，成就下属的职业生涯。

（3）给下属一个相对宽松的环境，给下属更大的自主权。俗语说：用人不疑，疑人不用。一旦决定让下属负责某一项工作，就应该尽可能地给他更大的自主权，给他一个相对宽松的环境，让他可以根据工作的性质和要求，更好地发挥个人的创造力。例如："这次展示会交由你负责，关于展示主题、地点、时间、预算等请你做出一个详细的策划，下个星期你选一天，我们要听取你的计划。"还应该让下属取得必要的信息，例如："财务部门我已经协调好了，他们会提供一些必要的报表。"

（三）赞扬下属的技巧

1. 赞扬的作用

赞扬他人，是我们在日常沟通中常常碰到的情况。要建立良好的人际关系，恰当地赞美他人是必不可少的。美国一位著名社会活动家曾推出一条原则："给人一个好名声，让他们去达到它。"事实上，被赞扬的人宁愿做出惊人的努力，也不愿让你失望。

赞扬能使他人满足自我的需求。美国总统亚伯拉罕·林肯的处世名言是："人人都需要赞美，你我都不例外。"美国著名作家、幽默大师马克·吐温说过："一句赞美的话能当我十天的口粮。"心理学家马斯洛认为，荣誉和成就感是人的高层次的需求。

一个人具有某些长处或取得了某些成就，他还需要得到社会的承认。如果你能以诚挚的敬意和真心实意的赞扬满足一个人的自我，那么任何一个人都可能会变得更令人愉快、更通情达理、更乐于协作。因此，作为领导者，你应该努力去发现你能对下属加以赞扬的小事，寻找他们的优点，形成一种赞美的习惯。

赞扬下属是对下属的行为、举止及进行的工作给予正面的评价，赞扬是发自内心的肯定与欣赏。赞扬的目的是传达一种肯定的信息，激励下属。下属有了激励会更有自信，想要做得更好。

案例共享

《读者》上载有这样一个故事：我到山里的同学家去。午饭时，他的妻子端上几个小菜。同学很不好意思地说："家里也没什么，只有这些土特产，对付一下吧！"我客气地说："这就挺好，尤其是这盘花生米，看着就想吃！"同学的妻子看了我一眼，退下去了。多年后，我的同学一家也搬到了城里居住。每当我到他家吃饭时，总会有一盘花生米。一次，我调侃同学："在乡下吃这个，到城里了也不换换？"同学说："还不是你说好吃！我妻子做菜总没受过表扬，只有你夸过她！"我听了，心头为之一振：赞扬的力量如此强大啊！

2. 赞扬的技巧

赞扬下属作为一种沟通技巧，也不是随意说几句恭维话就可以奏效的。事实上，赞扬下属也有一些技巧及注意事项。

（1）赞扬的态度要真诚。赞扬下属必须真诚。每个人都珍视真心诚意，它是人际沟通中最重要的尺度。英国专门研究社会关系的卡斯利博士曾说过："大多数人选择朋友都是以对方是否出于真诚而决定的。"如果你在与下属交往时不是真心诚意，那么要与他建立良好的人际关系是不可能的。所以，在赞扬下属时，你必须确认你赞扬的人的确有此优点，并且要有充分的理由去赞扬他。

（2）赞扬的内容要具体。赞扬要依据具体的事实评价，除了用广泛的用语如"你很棒！""你表现得很好！""你不错！"外，最好要加上具体事实的评价。例如："你的调查报告中关于技术服务人员提升服务品质的建议，是一个能针对目前问题解决的好方法，谢谢你提出对公司这么有用的办法。""你处理这次客户投诉的态度非常好，自始至终婉转、诚恳，并针对问题解决，你的做法正是我们期望员工能做的标准典范。"

（3）注意赞扬的场合。在众人面前赞扬下属，对被赞扬的员工而言，当然受到的鼓励是最大的，这是一个赞扬下属的好方式；但是你采用这种方式时要特别的慎重，因为被赞扬的表现若不是能得到大家客观的认同，其他下属难免会有不满的情绪。因此，公开赞扬最好是能被大家认同及公正评价的事项。例如：业务竞赛的前三名、获得社会大众认同的义举、对公司做出重大的贡献、在公司服务 25 年的资深员工……这些值得公开赞扬的行为都是公平公开竞争下产生的，或是已被社会大众或公司全体员工认同的。

（4）适当运用间接赞扬的技巧。所谓间接赞扬，就是借第三者的话来赞扬对方，这样比直接赞扬对方的效果往往要好。比如，你见到你下属的业务员，对他说："前两天我和刘总经理谈起你，他很欣赏你接待客户的方法，你对客户的热心与细致值得大家学习。好好努力，别辜负他对你的期望。"无论事实是否真的如此，反正你的业务员是不会去调查是否属实的，但他对你的感激肯定会超乎你的想象。

间接赞扬的另一种方式就是在当事人不在场的时候赞扬，这种方式有时比当面赞扬所起的作用更大。一般来说，背后的赞扬都能传达到本人，这除了能起到激励作用外，更能让被赞扬者感到你对他的赞扬是诚挚的，因而更能加强赞扬的效果。所以，作为一名项目主管，你不要吝惜对下属的赞扬，尤其是在面对你的领导或者他的同事时，恰如其分地夸奖你的下属，他一旦间接知道了你的赞美，就会对你心存感激，在感情上也会与你更进一步，你们的沟通也就会更加卓有成效。

总之，赞扬是人们的一种心理需要，是对他人敬重的一种表现。恰当地赞扬别人，会给人以舒适感，同时也会改善与下属的人际关系。所以，在沟通中，我们必须掌握赞扬他人的技巧。

案例共享

不同的表扬方式

某企业营销部的小王做事非常干练，工作效率很高，上级第一天下达任务，第二天小王就做出了执行方案，而且可操作性很强，上级领导非常满意，于是决定好好表扬小王一番。

第一种表扬方式："小王，干得不错呀，我非常满意！小伙子年轻有为，好好干吧！"

第二种表扬方式："小王，昨天我交给你的方案，真没想到你一大早就交给我了，非常迅速。我看了一下，方案中对产品卖点和客户需求把握非常准确，并且操作性很强。这非常有利于我们营销工作的具体实施，也保证了营销工作的效果。从这事能看出来，你有很强的客户意识，工作效率非常高，而且创造力很强，你的这种工作精神特别值得大家学习。谢谢你！辛苦了！"

分　析

案例中，第一种表扬方式很像领导跟下属或者长官跟士兵说话，作为下属的小王肯定感觉第二种表扬方式更受用。

（四）批评下属的方法

俗话说：金无足赤，人无完人。在我们的沟通活动中，往往会发现下属的缺点和错误，当我们发现下属错误时，及时地加以指正和批评，是很有必要的。有人说赞扬如阳光，批评如雨露，二者缺一不可，这是很有哲理的。我们在与下属的沟通中，既需要真诚的赞美，也需要中肯的批评。

俗话有云：良药苦口，忠言逆耳。有人认为，批评就是"得罪人"的事。所以，有些管理者从不敢当面批评下属，因为他们不知道如何处理批评下属后彼此的人际关系，因而造成下属的不当行为，一直无法得到纠正。有些管理者当面批评下属后，不但没有达到改正下属错误的目的，反而使下属产生更多的不平和不满。事实上，之所以会产生这样的后果，恐怕还在于我们在批评他人的时候缺乏技巧的缘故。"批评下属"是教育下属的一种方法。因此，管理者批评下属时，要讲究一些技巧。

1. 以真诚的赞美做开头

俗话说：尺有所短，寸有所长。一个人犯了错误，并不等于他一无是处。所以，在批评下属时，如果只提他的短处而不提他的长处，他就会感到心理上的不平衡，感到委屈。比如一名员工平时工作颇有成效，偶尔出了一次质量事故，如果批评他的时候只指责他导致的事故，而不肯定他以前的成绩，他就会感到以前"白干了"，从而产生抗拒心理。另外，据心理学研究表明，被批评的人最主要的障碍就是担心挨批会伤害自己的面子，损害自己的利益，所以在批评他之前要打消他的这个顾虑，甚至让他觉得你认为他是"功大于过"，那么他就会主动放弃心理上的抵抗，对你的批评也就更容易接受。

2. 要尊重客观事实

批评他人通常是比较严肃的事情，所以在批评的时候一定要客观具体，应该就事论事，要记住，我们批评他人，并不是批评对方本人，而是批评他的错误的行为，千万不要把对下属错误行为的批评扩大到了对下属本人的批评上。比如说，你作为一名编辑去校对清样，结果发现版面上有一个标题字错了而校对人员却没有发现，这时你应该对他进行批评，你可以说："这个字你没有校出来。"你也可以说："你对工作太不负责任了，这么大的错误都没有校正出来。"很显然，后者是难以被对方接受的，因为你的话语让他很难堪，也许他只是一次无意的过失，你却上升到了责任心的高度去批评他，很可能把他推到你的对立面去，使你们的关系恶化，也很可能导致他在今后的工作中出更多的纰漏。

3. 批评时不要伤害下属的自尊心与自信心

不同的人由于经历、知识、性格等自身素质的不同，接受批评的能力和方式也会有很大的区别。在沟通中，我们应该根据不同的人采取不同的批评技巧。但是这些技巧有一个核心，就是不损对方的面子，不伤对方的自尊。批评下属是为了让下属更进步，若批评不当而伤害了下属的自尊心与自信心，则只会适得其反。因此，批评时要运用一些技巧。例如，"我以前也犯过这种错误……""每个人都有情绪低落的时候，重要的是如何缩短情绪低落的时间"。再如，"你以往的表现都优于一般人，希望你不要再犯这样的错误"。

4. 友好地结束批评

正面的批评下属，对方或多或少会感到有一定的压力。如果一次批评弄得不欢而散，对方一定会增加精神负担，产生消极情绪，甚至对抗情绪，这会为以后的沟通带来障碍。所以，每次的批评都应尽量在友好的气氛中结束，这样才能彻底解决问题。在交流结束时，你不应该以"今后不许再犯"这样的话作为警告，而应该对对方表示鼓励，提出充满感情的希望，比如说"我想你会做得更好"或者"我相信你"，并报以微笑。让下属把这次见面的回忆当成是你对他的鼓励而不是一次意外的打击。这样会帮他打消顾虑，增强改正错误、做好工作的信心。

5. 选择适当的场所

尽量不要当着众人面批评某一下属，批评下属时最好选在单独的场合。你的独立办公室、安静的会议室、午餐后的休息室，或者楼下的咖啡厅都是不错的选择。

每个人都会犯错，你要有宽广的胸襟包容下属的过失，本着爱护下属的心态，同时注意上面的几个要点。当下属需要批评时，不要犹豫，果敢地去做。正确、适时的批评，对下属、对部门都具有正面的、积极的效应。

第三节　会议沟通

如果你是一个普通职员，你一生中用来开会的时间，保守地估计也有9000小时；如果你是一个中层管理者，每周可能有35%的时间用于参加和主持各种会议；如果你是一个高层管理者，则可能超过50%；从财务数字来讲，大多数组织直接花在开会上的费用占人事办公费用的7%—15%……因此，会议是单位组织管理中的重要工作内容。

知识点击

一、会议沟通的概念与适用的场合

（一）会议沟通的概念

会议沟通是群体或组织以会议的形式，相互传递信息、交流意见的一种沟通交流形式，它是一种常见的群体活动。会议沟通，是一种成本较高的沟通方式，沟通的时间一般比较长，常用于解决较重大、较复杂的问题。

在我们的工作过程中，会议沟通可以说是一项最经常性的工作。

一项调查表明：大多数商务人士有三分之一的时间是用于开会，有三分之一的时间是用于旅途奔波。有感于繁重不堪的会议邀请，万科的总裁王石曾经说过一句很形象的话，他说："我如果不是在开会，就是在去往下一个会议的路上。"

虽然大家都很了解会议所带来的资源、人力、物力的较大耗费，但人们也不得不承认，会议是一种很有效的沟通手段，因为面对面的交流可以传递更多的信息，尤其是很多需要各部门协作的工作，就更是需要会议的纽带来协助运作。英特尔公司第三任总裁安迪·格罗夫说过：会议是管理工作得以贯彻实施的中介手段。

资源链接

会议沟通的作用

1.会议沟通能够集思广益

通过会议，不同的人、不同的想法能够汇聚一堂，相互碰撞，从而产生"金点子"。许多高水准的创意就是开会期间不同观念相互碰撞的产物。

2.会议沟通可以相互传递信息、交流意见，可以实现资源共享

通过会议，管理者可以向员工传达一些来自上级、本部门或其他部门的决定、决策等资讯；也利用开会汇集资源，以期相互帮助，共同进步。

3.会议沟通可以监督、检查员工的工作情况，协调上下级、部门、员工之间的矛盾

许多公司或部门的常规会议其主要目的是为了监督、检查员工对工作

任务的执行情况，了解员工的工作进度；同时，借助会议这种"集合"的、"面对面"的形式，来有效协调上下级、部门以及员工之间的矛盾。

4. 会议沟通可以激励士气

年初或年底的会议通常具有这一目的性，这种会议能够使单位上下团结一心，朝着一个方向共同努力。

（二）会议沟通适用的场合

需要统一思想或行动时，如项目建设思路的讨论、项目计划的讨论等。

需要当事人清楚、认可和接受时，如项目考核制度发布前的讨论、项目考勤制度发布前的讨论等。

传达重要信息时，如项目里程碑总结活动、项目总结活动等。

澄清一些谣传信息，而这些谣传信息将对团队产生较大影响时。

讨论复杂问题的解决方案时，如针对复杂的技术问题，讨论已收集到的解决方案等。

二、会议的种类

会议的种类繁多，从不同的角度划分，可以分作不同的种类。

1. 按会议规模划分

即按参加会议的人数的多少，可将会议分为小型会议、中型会议、大型会议及特大型会议。

小型会议：出席的人数少则几人，多则几十人，但是不超过 100 人；

中型会议：出席人数在 100—1000 人之间；

大型会议：出席人数在 1000—10000 人之间；

特大型会议：人数在 10000 人以上，例如，节日聚会、庆祝大会等。

2. 按会议的功能及用途分

有研讨会议、培训会议、社团会议、公益性/技术性论坛、订货交流会议等。

一般情况下，无论召开何种会议，会前、会中、会后都有许多要做的工作，而且，会议的规模越大，需要做的工作就越多，通常情况下，会议组织人员主要做的工作有：确定会议名称、议题；确定与会人员；确定会议的时间与地点；制定会议策划方案；撰写各种会议文书；做好会议的接待与组织工作；做好会议的善后工作，等等。尤其是会前的筹备工作，会前的筹备工作做得是否充分，直接关系到会议的成功与否。可以说，高质量的会议筹备工作，是会议质量的保证，是会议成功的前提。因此，会议组织人员必须以高度的责任心，运用会议组织技巧，做好会前、会中、会后的工作。

三、会议文书的书写技巧

会议文书是指召开会议时，在会前、会中和会后所使用的各种会议文件。比如，在会议召开之前，要制发会议通知，制定会议策划方案，确定会议议程；在会议召开期间，一般要用到开幕词、会议工作报告、会议提案、会议记录、会议纪要、会议简报、会议总结讲话、闭幕词等。参与会议组织的会务人员特别是文秘人员，必须掌握会议文书的写作规范与技巧。

（一）会议通知的书写

会议通知是把参加会议的有关事项告知与会者的会议文书。

会议通知具有如下几个方面的作用：一是可以传递有关会议的性质、内容、方式、时间、地点等基本的会议信息，以便与会者提前做好充分准备，按时赴会。二是可以借助于它来收集与会者提出的议题、对会议议程的意见、提交的论文或报告以及其他需要在会议上进行交流的文件，以便进一步完善议题与议程，审定或筛选论文、报告和其他交流性文件。三是有关人员可以用它来向会议组织者反馈与会者的有关信息，如姓名、职务、职称与人数等，为会议的接待服务工作做好准备。四是可用它来履行相关义务。在一些法定的会议中，正式成员具有出席会议的法定权利，向他们发出会议通知，是会务工作机构的法定义务，同时也是对与会者的尊重。

会议通知的写作格式与内容是：

1. 标题

一般有两种写作形式。

一种是由发文单位名称、事由及文种名词三部分内容组成，常用的形式是：××关于召开××会议的通知。如，《××市人民政府关于召开全市专业化生产代表会议的通知》。

一种是由发文事由及文种名词两部分内容组成，常用的形式是：关于召开××会议的通知。如，《关于召开全国高新技术产业开发区工作会议的通知》。

2. 主送单位

顶格写明接受会议通知的单位名称或个人姓名，除了公文性的会议通知外，一般的会议通知，在书写时可运用一些表示尊敬、礼貌的词语。如，"尊敬的××先生"。

3. 正文

一般由三部分内容组成，即开头部分、主体部分、结尾部分；也有的由两部分内容组成，即开头部分、主体部分。

开头部分：通常是先写召开会议的原因、目的或根据、意义，然后概述会议的主要内容，最后由一个过渡句（如"现将会议的有关事项通知如下"），过渡到下面的内容。

主体部分：这部分的内容一般采用条文的形式，写清楚有关会议的事项，主要包括会议的时间、地点、内容、参加会议的人员、对与会人员的要求、有关的说明等。

结尾部分：可以不写，也可以提出希望或要求。

4. 结语

一般用"特此通知"或"特此通知，望按时参会"等。

5. 附件

是指附属于正文的文字材料。附件不是每份会议通知都有，它是根据需要一般作为正文的补充说明或参考材料的。会议通知如有附件，应当在正文之后、发文单位之前，注明附件的名称和件数。

6. 落款

包括发文单位名称与发文日期，而且必须要在发文日期上加盖公章，以示有效。

案例共享

关于召开201×年全国××工作会议的通知

各省、自治区、直辖市××厅（局），新疆生产建设兵团××局，副省级城市××局，部机关各部门、各有关直属单位：

为落实科学发展观，贯彻落实201×年全国××工作会议精神，加快建设国家××创新体系，部署201×年全国××工作，我部决定召开201×年全国××工作会议。现将有关事项通知如下：

一、会议时间

201×年3月20日—21日（会期两天，19日全天报到，22日返程）。

二、会议地点

××市××宾馆（××区××路68号，电话：0××-×××××××××）。

三、参会人员

（一）各省、自治区、直辖市、新疆生产建设兵团、计划单列市××厅（局）主管领导、××处处长，其他副省级城市××局主管领导；

181

（二）部机关各部门负责人、部各有关直属单位负责人、中国××学学会负责人。

四、会议内容

传达全国××工作会议精神，总结201×年全国××科技工作，交流各地工作经验，部署201×年全国××科技工作，颁发201×年度国家××科技奖。

五、其他注意事项

1.与会代表往返交通费用自理。考虑到宾馆接待能力限制，请各单位不要超员与会。

2.请与会代表将会议回执于201×年3月12日前反馈我部××司。

3.联系人及电话：

××部××司

××：（010）×××××××××，135×××××××

传真：（010）×××××××××

××市××局

××：（0××）×××××××××，133×××××××

传真：（0××）×××××××

附件：201×年全国××工作会议回执

×××××××

201×年2月25日（印）

分 析

例文的写作格式由标题、主送单位、正文、附件、署名（印章）、成文日期构成。标题由事由和文种组成。正文部分有开头、主体、结尾三部分内容，开头部分交代了召开会议的原因、会议的名称，引起下文；主体部分用条文的形式，详细地说明了会议的有关事项；结尾部分提出了要求，说明了联系方法。全文结构条理清晰，脉络清楚，表述精确，是一篇较典范的会议通知。

（二）会议议程的书写

把一次会议的各项议题按照一定的原则和顺序编排起来并以文书的形式确定下来，就是会议议程。

会议议程的写作格式与内容是：

1.标题

由会议全称加上"议程"二字组成。

2. 稿本或题注

议程如需提交大会审议表决，应在标题后面或者下方居中用圆括号注明"草案"二字。议程如已获大会通过，则去掉"草案"二字，在标题下方注明该议程通过的日期、会议名称，并用圆括号括入。无需大h会通过的议程可注明会议的起讫日期，如：（2015 年 3 月 5 日—3 月 8 日）。

3. 正文

会议议程的正文要概括地说明会议每项议题性活动的顺序，多使用无主句，用序号标注，句末一般不用标点，如："一、听取和审议国务院总理李克强关于政府工作的报告。"

4. 落款

由会议组织机构确定的议程应当标明制定机构的名称，如"秘书处"。由会议通过的议程不用标写落款。

5. 制定日期

无需大会通过的议程要标明制定的具体日期。

案例共享

××公司第××次职工代表大会会议议程

会议时间：20××年××月××日 9：00—17：00

会议地点：××宾馆会议室

主持人：×××

参加人员：公司全体职工代表

会议主题：××公司第××次职工代表大会

会议议程：

一、上午（9：00—12：00）

（一）9：00—9：05　宣布会议开始。

1. 报告到会人数：应到×名，因故未到×名，实到×名，符合法定人数，可以开会。

2. 介绍大会主席团成员：

3. 宣布会议开始：全体起立，奏《国歌》。

（二）9：05—9：10　公司董事长×××同志致大会开幕词。

（三）9：10—9：30　工会主席×××同志作《工会工作报告》。

（四）9：30—9：50　主管财务副总经理×××同志作《财务工作报告》。

（五）9：50—10：20　总经理 ××× 向大会作《工作报告》。

（六）10：20—10：40　休息。

（七）10：40—11：10　董事长 ××× 向大会作《工作报告》。

（八）11：10—12：00　工会副主席 ××× 同志作提案说明及向大会提交审议的方案、制度。

1.上次会议提案落实情况。

2.本次会议提案征集处理情况。

3.提交大会审议的方案、制度。

（九）12：00：宣布休会

二、下午（14：00—17：00）

（一）14：00—16：00　分组讨论。

1.审议工会主席 ××× 同志的工作报告；

2.审议主管财务副总经理 ××× 同志的工作报告；

3.审议总经理 ××× 的工作报告；

4.审议董事长 ××× 的工作报告；

5.审议工会副主席 ××× 同志所作提案说明及向大会提交审议的方案、制度。

（二）16：00—16：30　主席团成员听取各代表团（组）讨论情况汇报。

（三）16：30—16：55　公司领导就代表所提意见进行反馈，并组织代表进行表决。

1.表决通过工会主席 ××× 同志的工作报告；

2.表决通过主管财务副总经理 ××× 同志的工作报告；

3.表决通过总经理 ××× 的工作报告；

4.表决通过董事长 ××× 的工作报告；

5.表决通过工会副主席 ××× 同志所作提案说明及向大会提交审议的方案、制度。

（四）16：55—17：00　公司总经理 ××× 同志致大会闭幕词。

（五）17：00　宣布会议结束，全体起立，奏《国际歌》。

（三）开幕词的书写

开幕词是在大中型会议开始的时候，由组织召开会议的单位的主要领导人向大会全体代表所作的讲话，旨在阐明会议的指导思想、宗旨、重要意义，向与会者提出会议的中心任务和要求，对会议的成功表示祝愿。开幕词是大会正式召开的标志，它对会议有着重要的指导作用，具有宣告性、提示性和指导性。

开幕词的语言要注意简洁明快，热情亲切，坚定有力，鼓舞人心。开幕词一般由标题、署名、日期、称呼语、正文等几部分组成。

1. 标题

开幕词的标题，有四种写法：

第一种，由大会名称加文种组成，如邓小平所致的《中国共产党第十二次全国代表大会开幕词》。

第二种，由致词人姓名、大会名称、文种组成，如《×××同志在××××大会上的开幕词》。

第三种，由正、副两个标题组成，主标题揭示会议的宗旨、中心内容，副标题与前两种标题的构成形式相同，如《我们的文学应站在世界的前列——中国作家协会第四次代表大会开幕词》。

2. 署名和日期

署名，即署上致开幕词的领导人的姓名，放在标题下面居中位置。开幕词的时间一般写在标题下面的正中位置，加括号。

3. 称谓

称谓是对与会者的统称。常见的有"同志们""各位代表""各位嘉宾""女士们、先生们"等。如果是国际会议，要按照国际惯例来排列顺序，较常见的是："各位嘉宾，女士们，先生们"。称呼的选用要涵盖全体人员，不能遗漏。称呼语后要加冒号。

4. 正文

正文可分为开头、主体、结尾三部分。

（1）开头部分。开头部分的内容包括以下几项：

第一，宣布大会开幕。比如："××××大会现在开幕"。

第二，介绍大会的规模及出席会议的有关单位、领导和代表。比如："参加这次大会的代表有×××人，他们分别来自……"

第三，对大会表示祝贺，对来宾表示欢迎。比如："我代表×××对大会表示衷心的祝贺！对与会的各位代表和来宾表示热烈的欢迎！"

开头部分应单列为一个自然段，与主体部分区分开来。如：

《在中国国际××展览会开幕式上的讲话》的开头部分写道："由新加坡××有限公司主办，中国××协会与我分会所属的上海市国家贸易信息和展览公司承办的'中国国际××展览会'，今天在这里开幕了。我谨代表中国××协会上海市分会、××商会上海市分会表示热烈的祝贺！向前来上海参展的厂商表示热烈的欢迎！"

（2）主体部分。主体部分是开幕词的核心部分，主要包括以下几个方面的内容：

第一，阐明会议召开的重要意义。具体涉及：这次会议是在什么形势下召开的，会议将要讨论解决什么问题，这个问题的现实价值如何，有什么迫切性，会议最终将会达到什么目的，等等。

第二，阐明会议的指导思想，提出会议的任务，概括会议的议程和安排。

如："我们这次代表大会的主要议程有三项：（一）审议第十一届中央委员会的报告，确定党为全面开创社会主义现代化建设新局面而奋斗的纲领；（二）审议和通过新的《中国共产党章程》；（三）按照新的党章的规定，选举新的中央委员会、中央顾问委员会和中央纪律检查委员会。"

第三，向与会者提出希望和要求。

如："我们一定要兢兢业业地做好自己的工作，加强同全国各族人民的团结，加强同全世界人民的团结，为把我国建设成为现代化的、高度文明、高度民主的社会主义国家，为反对霸权主义，维护世界和平，推进人类进步事业，而努力奋斗。"

（3）结尾部分。开幕词一般用祝颂语结束全文。

如："最后，祝大会取得圆满成功。祝各位在北京愉快。谢谢！"

案例共享

××市工会第××次代表大会开幕词

各位代表、同志们：

××市工会第××次代表大会，在市委和省总工会的亲切关怀和社会各界的大力支持下，经过全市各级工会组织的紧张工作和共同努力，圆满地完成了各项准备工作，现在隆重地开幕了！

中共××市委、××省总工会对召开这次大会十分重视。今天，省总工会、市委、市人大、市政府、市政协的领导亲临大会开幕式。军分区、市妇联等有关部门的负责同志和农民代表也到会祝贺。这充分体现了党和政府对全市工人阶级和工会组织的亲切关怀，体现了社会各界对我们工作的热情支持。在这里，请允许我以大会的名义，向今天到会的各位领导和长期以来关心、支持工会工作的有关部门以及社会各界的同志们、朋友们表示热烈的欢迎和衷心的感谢！

这次代表大会是我市工运史上一次重要的会议，是全市广大职工群众政治生活中的一件大事。大会的胜利召开，必将翻开我市工运史上崭新的一页，必将对我市工人运动和工会工作产生积极而深远的影响。同时，对于进一步凝聚全市广大职工的智慧和力量，充分发挥工人阶级的主力军作用，加快我市经济发展，提前实现全面建设小康社会目标，具有重要的历史意义和现实意义。

这次代表大会的主要任务是：以邓小平理论和"三个代表"重要思想为指导，全面落实科学发展观，认真回顾总结市工会××大以来我市工运事业和工会工作的基本情况和经验，确定和部署今后五年全市工会工作的总体要求和主要任务，选举产生新一届市总领导机构，进一步团结和动员全市广大职工为建设富强××、和谐××建功立业。大会的主要议程是：审议通过××市总工会第××届委员会工作报告；审议通过××市总工会第××届委员会财务工作报告；审议通过××市总工会第××届经费审查委员会工作报告；选举产生××市总工会第××届委员会和经费审查委员会。

出席这次大会的有正式代表350名，特邀代表31名，列席代表93名。代表们来自全市工业、建筑、交通、邮电、财贸、教育、科研、文卫、机关等各条战线，代表着全市20万工会会员。代表中有热爱工会工作、辛勤为职工群众服务的工会干部和工会积极分子；有在改革和建设中做出优异成绩的先进模范人物和一线职工；有热情关心和支持工会工作的党、政领导干部；有为现代化建设做出积极贡献的知识分子、科技人员、个体劳动者；还有离退休的老工会工作者和农民工代表。这充分体现了我们这次大会既具有广泛的代表性，又具有坚实的群众基础。大家欢聚一堂，共商工运大事，同谋××发展，标志着我市工人阶级的坚强团结，显示了我市职工奋发进取的精神风貌。在此，我代表市总工会向出席会议的代表，并通过你们，向奋战在全市各条战线上的广大职工和各级工会干部表示亲切的问候和崇高的敬意！

各位代表、同志们，开好这次代表大会，圆满完成大会的各项任务，既是市委和省总工会的殷切希望，也是我市广大职工和工会工作者的热切期盼。我们要充分认识肩负的重任，以高度的政治责任感和历史使命感，认真履行代表职责，同心同德，不辱使命。我相信，在全体代表的共同努力下，这次大会一定能够开成一个充分展示××工人阶级精神风貌的大会，一个团结奋进、求真务实的大会。

最后，再次感谢各位领导、各位来宾对工会工作的关心、重视和支持！衷心祝愿领导和同志们身体健康、工作顺利！

预祝大会圆满成功！

（本文来自文秘114网：http://www.wenmi114.com。经过编者整理修改）

分　析

这篇开幕词，由标题、称呼语、正文构成。正文开头部分（第1、2

自然段）介绍了大会召开的背景、出席大会的人员，并对与会人士表示欢迎和感谢；主体部分（第3、4、5、6自然段）指出了召开本次会议的重要意义，阐明了会议的主要任务，分析说明了参会代表的情况，向与会者提出了希望和要求；结尾部分（第7、8自然段），对各界人士的关心和支持表示衷心的感谢，并表达了对会议的良好祝愿。内容简洁明了，语言通俗易懂，具有宣告性和指导性。

（四）会议记录的书写

会议记录是开会时记录者当场把会议的基本情况和会上的报告内容、讨论的问题、与会者的发言、形成的决议等内容如实地记录下来的书面材料

会议记录是对会议整个情况的真实记载。它的作用在于正确地反映会议情况，作为整理会议文件、汇报会议精神、总结经验、研究工作等存查备考的一种历史资料。

1. 会议记录的作用

（1）依据作用。会议记录是记载会议基本情况的文字材料，是日后工作中可供查考的凭证。

（2）素材作用。会议进行过程中连续编发的会议简报，以及会议后期制作的会议纪要，都要以会议记录为重要素材。

（3）备忘作用。会议记录可以作为会议情况和会议内容的原始凭证。

2. 会议记录的写作格式与内容

（1）标题。会议记录的标题由会议名称和文体名称组成，如：《××××会议记录》。

（2）会议组织概况。一般应包括以下几个方面：

①会议时间。要写明具体的时间，包括年、月、日，上午、下午或晚上，×时×分至×时×分。

②开会地点。这部分内容要写得具体，如："市政府××会议室""市委××礼堂""本市×××区×××路××现场"等。

③主持人。写明会议主持人的职务，姓名要写全称。如"市长×××""校党委书记×××""局长×××""公司总经理×××"。

④出席人。根据会议的性质、规模和重要程度的不同，出席人一项的详略也会有所不同。有时可以只显示身份和人数，如"本局各处室负责同志21人""本校各教研部门负责人""全体与会代表"等。如果出席人身份复杂，既有上级领导，又有本单位各部门的主要领导，还有各种有关人员，最好将主要人员的

职务、姓名一一列出，其他有关人员则分类列出。

⑤列席人。包括列席人的身份、姓名，可参照出席人的记录方法。

⑥旁听人。旁听人可以起到见证作用。所以，对此应作出记录。

⑦缺席人。如有重要人物缺席，应作出记录。

⑧记录人。包括记录人的姓名和部门，如：××（××办公室秘书）。

（3）会议内容。这部分内容随着会议的进展一步步完成，没有具体的固定模式。一般包含有以下方面：

①会议的宗旨、目的、议题。要求完整地记录会议议题的名称。

②会议的议程。会议记录要清楚地反映出会议议程的真实顺序。

③会议报告内容和讲话内容。对会议报告人或讲话人的职务、姓名与内容应作出清楚的记录。

④会议讨论和发言内容。记录讨论的议题，发言人的姓名及发言的内容。

⑤会议的表决情况。包括表决事项的名称、表决的方式（如口头表决、举手表决、无记名书面表决等）、表决的结果（同意、反对、弃权票数等）。如有多轮投票，都要记录在案。

⑥会议形成的决定和决议。包括对议题的通过、缓议、撤销、否决。如果是通过或否决某个文件，要写明该文件的标题；如决定、决议事先已经有了草案，应记录该草案的标题。

⑦会议的遗留问题。根据不同的要求和需要，会议记录分详写和略写两种。简略的会议记录又叫摘要记录，它不是有言必录，而是只记发言要点、结论和会议上讨论的问题，以及通过的决定、决议等主要内容。详细的会议记录则会记下所有发言者的讲话内容、讨论过程，以及大会对有关问题的议决，特别是对领导人讲话和重要决议，要尽量记原话。

（4）结尾。可将会议主持人宣布的散会及时间一项记下来，最后，由会议主持人和记录人对会议记录内容进行认真校核后，分别签上姓名，以示对此负责。

案例共享

××市教育局党组扩大会议记录

地点：教育局会议室。

时间：19××年6月8日

出席人员：×××书记、××副主任、×××纪检组长、×××工会主席、×××普教科科长、××职教室主任。

缺席人员：×××成教科科长

主持人：×××书记

记录人：×××办公室副主任

会议内容：听取到兄弟地市考察"三加一"教育情况汇报，研究制定我市实施"三加一"教育的意见。

一、××副主任汇报考察情况

1.参观考察的基本情况。

2.兄弟地市"三加一"教育的形式及做法。

3.几点建议。

二、讨论

略。

三、决议

1.起草"关于在中学毕业生中实行职业技术教育的意见"，由职教与成教负责。

2."三加一"教育的场地可放在市成人教育中心，由成教科负责这项工作。

3.要体现灵活多样的原则，适合各县市的具体情况。

分 析

这篇会议记录结构完整，格式正确，详略适当。写会议组织情况，会议名称、时间、地点、与会人员（出席、列席、主持、记录人）一应俱全；写会议内容，分条列项；写汇报外出考察情况，只用小标题加以概括；讨论情况用一个"略"字省去；对决议事项则作了详细记录。

（五）闭幕词的书写

闭幕词是指大中型会议结束的时候，由有关领导向全体与会人员所发表的带有总结性的讲话。闭幕词的目的旨在总结会议召开的情况，评价会议的成果、意义以及影响，号召与会人员发扬会议的精神，做出更大的成绩。因而，闭幕词具有总结性、评估性和号召性的特点。

闭幕词在写作时，行文要热情洋溢，简洁有力，语言要高度综合、概括，富有鼓动性和号召力，能够起到激发斗志、增强信念的作用。其写作格式和内容，一般由标题、署名、日期、称呼语、正文等几部分组成。

闭幕词正文，一般包括开头、主体和结尾三个部分。

1.开头部分

一般要用简洁的语言，说明大会在什么情况下，经过全体代表的努力，已经胜利完成使命，今天就要闭幕了。在这一部分中，要肯定这次大会的成绩和收获，概括地对会议作一简短的评价，并简述大会议程和有关报告人所讲述的重点，使与会者进一步加深印象。要写得精练贴切，不宜过多。

2. 主体部分

这是闭幕词的核心部分，通常包括以下三个方面内容：

（1）简要回顾会议的进程的情况，概述会议的情况以及会议通过的主要事项和基本精神；

（2）恰当地评价会议的收获、意义以及会议的深远影响，对与会者的努力给予充分的肯定；

（3）向与会人员提出贯彻会议精神、做好会后工作的要求和希望。

3. 结尾部分

结尾部分，一般要郑重宣布会议胜利闭幕，向与会人员表示祝愿，还可以向保障大会顺利进行的有关单位以及人员表示衷心的感谢。比如，"现在，我宣布，××××大会闭幕"及"祝愿大家在今后的工作中取得更大的成绩"。

案例共享

××市工会第××次代表大会闭幕词

各位代表、同志们：

××市工会第××次代表大会，在市委和省总工会的正确领导下，在市人大、市政府、市政协的重视关怀和社会各界的大力支持下，经过全体代表的共同努力，圆满完成了大会各项议程，今天就要胜利闭幕了。

这次代表大会认真贯彻胡锦涛总书记关于共同建设、共同享有和谐社会的重要思想和省委工会工作会议精神，始终在热烈、民主、团结、和谐的气氛中进行，准备充分、组织严密、主题鲜明，开得圆满成功。这次代表大会，不仅寄托了全市广大职工和工会工作者的殷切期望，也得到了省总工会、市委的高度重视和社会各界的广泛关注。会议期间，市委副书记×××和省总工会副主席×××亲临会议并做了重要讲话，对今后的工会工作提出了明确要求；×××军分区和市妇联的领导同志代表驻××部队和社会团体，发表了热情洋溢的祝词，体现了社会各界对工会工作的关心支持；与会代表履行职责、献计献策，提出了很好的工作建议。这些不仅为我们今后的工作指明了努力方向，而且为我们更好地开展工作提供了巨大动力。在此，我代表大会主席团向长期以来关心支持工会工作的各级领导表示崇高的敬意，向出席大会的各位代表、各位来宾及社会各界表示衷心的感谢！

会议期间，与会代表认真讨论，审议并通过了市总工会××届委员会工作报告、财务工作报告及经费审查委员会工作报告，并做出了相应的决议。大会在认真总结××届委员会以来工会工作的主要成绩和成功经验、客观分析所面临的新形势和新任务的基础上，制定了今后五年全市工会工作的总体思路，提出了努力打造有为工会、法治工会、温馨工会、活力工会，团结动员全市职工为建设富强××、和谐××建功立业的奋斗目标，并制定了有针对性的措施，为今后全市工会工作的开展指明了方向，提供了保障。与会代表经过充分酝酿和民主选举，产生了市总工会第××届委员会和经费审查委员会。在这里我代表新当选的"两委"班子，对代表们的信任表示衷心的感谢。我们决心在市委的正确领导下，在全市广大职工、工会工作者的大力支持下，同心同德，开拓创新，充分发挥集体领导和民主决策的作用，为实现大会提出的目标任务而努力奋斗，决不辜负市委、市政府的期望，决不辜负代表们的信任，决不辜负全市广大职工的重托。

各位代表、同志们，蓝图已经绘就，目标已经明确，关键在于落实。全市各级工会组织要集中精力、全力以赴，广泛、深入、全面地学习宣传贯彻这次大会精神，特别是市委和省总工会领导的重要讲话精神，团结带领广大职工，以饱满的热情，以百倍的干劲，与时俱进，开拓进取，继往开来，勇争一流，为全面落实大会提出的各项工作任务，为全面实现××经济社会又好又快发展而努力奋斗，用优异的成绩谱写××工运史的新的篇章。

现在我宣布，××市工会第四次代表大会胜利闭幕！

（本文来自文秘114网：http://www.wenmi114.com。经过编者整理修改）

分　析

这篇闭幕词，由标题、称呼语和正文等部分组成。正文开头部分用简洁的语言说明大会在什么情况下圆满完成了各项预定任务；主体部分先简要回顾了会议的基本情况，接着总括会议取得的成果和作用，然后向与会者提出了贯彻落实会议精神、做好会后工作的要求和希望；结尾部分郑重宣布大会胜利闭幕。全文结构清晰明了，内容具有总结性和评价性，语言通俗易懂。

（六）会议纪要的书写

会议纪要是记载、传达会议情况和议定事项时使用的公文。

会议纪要是根据会议的宗旨，按照会议记录、会议文件材料、会议的内容和会议的活动情况综合加工整理而成的反映会议基本情况和主要精神的纪实性公文。它的作用是"上呈下达"会议精神，交流情况，指导工作。它用于党政机关、社会团体、企事业单位召开的工作会议、座谈会、研讨会等重要会议。

1. 会议纪要的特点

（1）纪实性。会议纪要必须是会议宗旨、基本精神和所议定事项的概要纪实，不能随意增减和更改内容，任何不真实的材料都不得写进会议纪要。

（2）概括性。会议纪要的依据是会议材料和会议记录，但它又不同于会议记录，它不能事无巨细，有闻必录。纪要必须对会议进行归纳整理，择取其要，提炼出精华，概括出主要精神，归纳出主要事项，以极为简洁精炼的文字表述出会议的内容和结论，这才是"纪要"。

（3）指导性。会议纪要有两项功能，一项是"记载"，一项是"传达"，并且通过"记载"去"传达"，它所记载、传达的会议情况和议定事项，集中反映了会议的精神实质，对有关机关和单位具有指导的作用。

（4）约束性。会议的议定事项是主持单位和与会人员共同意志的体现，是会议成果的结晶，具有法定性和权威性。它一经下发，便要求与会单位和有关人员遵守、执行，因而它对与会单位或下属单位具有一定的约束力。

2. 会议纪要的种类

（1）办公会议纪要。又称日常行政工作会议纪要。这是由党政机关、社会团体、企事业单位召开的办公会议所形成的纪要，主要用来反映办公会议所研究问题、部署工作、做出的决定等有关情况，其作用是为单位工作的开展提供指导和依据。

（2）专项会议纪要。这是由各种专题性会议所形成的纪要，比如，各种各样的交流会、座谈会、研讨会的会议纪要。这类会议纪要常常通过所记载、传达的会议情况和议定事项，反映会议的内容，让有关单位和人员了解会议的精神，以便互相学习、取长补短，更好地开展工作。

3. 会议纪要的写作格式和内容

会议纪要是行政公文的一个种类，它的处理程序、写作要求、写作格式和内容等要符合行政公文的处理和写作的规范。但由于会议纪要又具有在一定范围之内告知的特点，因而，会议纪要的写作比一般的行政公文的写作要自由灵活一些，一般由四部分内容组成。

（1）标题。会议纪要的标题一般有两种形式，一种是单一式的，由会议名称和文种构成，如《全国城市爱国卫生现场经验交流会纪要》《关于改革××

局管理体制的会议纪要》。也有的是由发文机关、会议名称和文种构成，《××公司生产销售会议纪要》。另一种是复合式的，即由正、副标题构成，正标题概括会议主要内容，副标题一般由会议名称和文种组成。如《党员文艺家要加强党的观念——首都部分文艺工作者座谈会纪要》。

（2）受文单位。顶格写明会议纪要的致送单位或部门，如致送的范围较广泛，这部分内容也可以不写。

（3）正文。会议纪要的正文一般由以下部分组成：

①开头部分。一般是先以简要的文字概述会议的名称、时间、会期、会址、主持人、参加人员、会议形式、主要议程和议题，以及会议主要的成果等；再用"现将这次会议研究的几个问题纪要如下"或"现将会议主要精神纪要如下"等语句过渡到下文。

②主体部分。这部分是会议纪要的核心内容所在，主要记载会议的基本情况和会议结果。写作时要根据会议的原始材料，经分析、概括、加工、整理，注意紧紧围绕中心议题，写出会议研究的问题、讨论的意见等，要重点把会议的基本精神，特别是会议形成的决定、决议，准确地表达清楚。对于会议上有争议的问题和不同意见，也必须如实予以反映。

在具体写法上，不同类型的会议纪要，写法也有不同。这一部分常见的写法有：

第一种，综合记述式。即开门见山地把会议概况、议题、主要讨论意见、决议事项简明扼要地叙述出来。

第二种，归纳分类式。即把诸多问题分类整理，按其内容联系和逻辑关系等归纳成几个方面，突出会议的中心和目的。

第三种，发言摘要式。即按与会人员发言的内容依次摘要整理，如实地反映出会议讨论情况、不同的观点和发言人的主要意见。

③结尾部分。会议纪要的结尾部分，一般是提出希望、发出号召，要求贯彻执行会议精神。有的则没有这部分，主体内容写完，全文即告结束。

（4）尾部。包括署名（或用印）和成文日期两项内容。

以公文的形式制发的会议纪要，在文尾必须标注成文日期，并且要加盖公章。如果是以其他形式制发的会议纪要，可以在文尾署名和标注成文日期；也可以在标题之下加括号注明成文日期。

案例共享

关于协调解决××大街××号首层房屋使用权问题的会议纪要

××年2月2日上午，市政府办公厅×××主任主持召开会议，协调解决××大街××号首层房屋使用权问题。参加会议的有省政府办公厅交际处、××宾馆、市商委、市国土房管局、二商局、市××供应公司等有关部门的负责同志。

会议认为，××大街××号首层房屋使用权的问题，是在过去计划经济和行政决定下形成的历史遗留问题。前几年曾多次协调，虽有进展，但未有结果。最近，按照省、市领导同志"向前看""了却这笔历史旧账"的批示精神，在办公厅的协调下，双方本着尊重历史，面对现实，互谅互让的原则，合情合理地提出解决这宗矛盾的方案。

经过协商、讨论，双方达成了一致的认识。会议决定如下事项：

一、市××供应公司应将××大街××号房屋的使用权交给××宾馆。

二、考虑到市××供应公司在××号经营了三十多年，已投入了不少资金，退出后，办公地方暂时难以解决，决定给予其商品损耗费、固定资产投资和搬迁费等一次性补偿费用共95万元。其中省政府办公厅和×××宾馆负责80万元；考虑到省政府领导曾多次过问此事和省、市关系，另15万元由××市政府支持补助。

三、省政府办公厅和×××宾馆的补偿款于×××年2月7日前划拨给市××供应公司。市政府的补助款于3月5日左右划拨，市××供应公司应于2月15日开始搬迁，2月20日前搬迁完毕并移交钥匙。

四、市××供应公司原搭建的楼阁按房管部门规定不能拆迁。空调器和电话等2月20日前搬迁不了的，由×××宾馆协助做好善后工作。

会议强调，双方在房屋使用权移交中要各自做好本单位干部群众的工作，团结协作，增进友谊，保证移交工作顺利进行。

××市政府办公厅

×××年×月×日

分析

这篇会议纪要，采取了综合记述式写法。开头以简要的文字概述会议的时间、主持人、参加人员、会议的形式和议题等会议概况；之后，综述了会议讨论后形成的意见、达成的共识，以及做出的决定。全文条理清晰，行文规范。

（七）会议简报的书写

1. 简报的含义与特点

简报是党政机关、社会团体、企事业单位内部用于汇报工作、反映情况、交流经验、传递信息的一种书面材料的载体。

简报有很多种名称，可以叫"××简报"，也可以叫"××动态""××简讯""情况反映""××交流""××工作""内部参考"等。

简报具有"真""精""新"的特点。

所谓"真"，是指内容要客观真实。简报中所使用的材料必须真实、可靠，不能随意夸大或缩小；对事物的分析解释，必须坚持实事求是的科学态度，符合实际；表明的观点要正确；语言的表述要准确、规范，要避免用词、用语不当，语义混乱。

所谓"精"，是指内容要精练。简报的篇章通常都比较短小，因此，其内容必须简练。除综合性的简报外，一般简报均为一事一报，字数以千字左右为宜，最多不超过2000字，过长就不是"简报"了。如果可报道的内容确实很多，可以分几期编发。内容力求简明，行文追求平实，不需作艺术描述、理论阐述，只将"什么情况""怎么回事"写明即可。

所谓"新"，是指内容要新鲜，有新意。简报要提出新情况、新问题和新经验。善于捕捉工作、社会生活中的"新现象""新事物"，使简报具有更强的指导性和交流性。同时，简报具有新闻性的特点，追求时效性，简报要写得快、编得快、印得快、发得快，以便及时向有关人员提供情况，使他们不失时机地处理问题，制定政策。

2. 简报的作用与种类

简报具有上情下达、下情上报、促进单位之间交流的作用，它的使用范围广泛，内容复杂，种类繁多，形式也是多种多样的。但是，简报不是一种文章的体裁，而是一种刊登文章内容的信息载体。一份简报，可能只登一篇文章，也可能登几篇文章。这些文章，可能是简报编发者撰写的汇报工作、反映情况、交流经验、传递信息的文章，可能是转载的他人撰写的工作报告、专题经验总结、发言稿、调查报告、会议纪要等文章。

简报的种类繁多，按照不同的分类标准，可以划分为很多不同类型。按时间划分，简报可分为定期简报和不定期简报；按发送范围分，有供领导阅读的内部简报，也有发送较多、阅读范围较广的普发性简报；按内容划分，简报可以分为工作简报、生产简报、工作简报、会议简报、信访简报、科技简报、教学简报等等。下面主要介绍四种类型的简报：

（1）情况简报。情况简报也叫工作简报，是反映本部门、本系统各方面工作情况和问题的简报。它报导的内容主要是本部门、本系统管辖范围内发生的重大问题、事件及其处理情况，工作中的重要情况，发展过程中出现的新人、新事、新气象、新动态，工作中的新经验、新办法等，以便发现典型、推广经验，或及时发现问题以引起有关方面的注意，及时解决问题。这种简报一般是不间断地编发，或定期或不定期，以指导、推动本部门、本系统的工作。

（2）动态简报。动态简报的特点是迅速及时、简明扼要地反映新近发生的事件、情况。这种简报内容新，反应快，动态性、时效性强。动态简报一般有两种：工作动态简报和思想动态简报。工作动态简报主要反映本系统、本部门内部工作的正反两方面的新情况和新动态；思想动态简报主要反映公众对政府重大方针、政策的反映和认识，社会上某种思潮或思想倾向，各行各业各阶层的思想状况等。

（3）会议简报。会议简报主要是及时报道某种会议的概况，会上交流的情况、经验，探讨、研究的问题，反映会议形成的决议和基本精神。会议简报不能只反映会议的一般进程，或者罗列一些议程，而要突出要点，为上级领导和有关部门提供新鲜内容和信息。会议简报一般以报道会议内容为主，既可以综合报道会议各个阶段的情况，也可以摘登大会发言或小组讨论发言。在编发发言摘要时，要力求准确、全面、如实地反映出发言者的基本观点和思想倾向，并且尽可能送交发言人或大会秘书处有关负责人审阅后再编发。

（4）转发式简报

转发式简报主要用于转发他人撰写的工作报告、专题经验总结、发言稿、调查报告、会议纪要等文章。这类简报，编发者主要是要写好导语。

3. 简报的格式

简报的格式，一般由报头、报体、报尾三部分组成。

（1）报头部分。报头部分包括简报名称、期数、编号、密级、编发单位和印发的日期等。报头设计要求美观大方，约占首页的三分之一。报头部分与报体部分之间用红色横线分隔开。

①简报名称。用红色大号字在报头正中部位写明简报的名称，如"财经简报""金融动态""会议交流"等。

②期号。在简报名称下面居中写明本期简报的期数，并用括号括起来，一般按年度依次排列期号，有的还可以标出累计的总期号。如："2009 年第 8 期（总第 18 期）。"

③编发单位或部门。在期号之下，间隔横线之上的左侧，顶格写明编发单

位或部门的名称。

④编发日期。在期号之下，间隔横线之上的右侧，写明编发的日期。

⑤密级与份号。如果需要保密，应在首页报头左上角标明密级或"内部刊物"字样。确有必要，还可在首页报头右上角印上份号。

（2）报体部分。报体部分主要是刊登简报文章内容。

（3）报尾部分。报尾在简报末页的下方，也用横隔线与报体部分隔开。它有两个基本内容：

①发送范围，写在报尾的左方，用"报、送、发"分别注明。报，指简报呈报的上级单位。送，指简报送往的同级单位或不相隶属的单位。发，指简报发放的下级单位。

②印发的份数，写在报尾的右下方，以便于管理、查对。（图示）

内部材料 注意保存 （密级）	（编号：　　　）

工作简报

2009 年第 26 期（总第 26 期）

××××办公室	2009 年 ×× 月 ×× 日

按语：…………

目录

×××××××

×××××××

标题

（简报正文）××××××××××××××××××××××××××××

××××××××××××××××××××××××××××××……

……

报：

送：

发：

共印 ×× 份

4. 简报文章的写作格式与内容

简报是一种信息的载体，它所刊登的文章种类是丰富多样的，既可能是简报编发者撰写的汇报工作、反映情况、交流经验、传递信息的报道性文章，也可能是转载的他人撰写的工作报告、专题经验总结、发言稿、调查报告、会议纪要等文章。因而，简报文章的写作方法是多种多样的。从简报编发者的角度来说，简报文章的写作方法是：

（1）报道式简报的结构和写法。

①标题。报道式简报的标题要求概括、醒目、简短、富有吸引力。一般有单行式标题和双标题两种写法。

第一，单行标题。就是用一句话作为标题，或高度概括简报的内容，或直接揭示简报的主题。如：《中国共产党××××大学第一次代表大会即将召开》。

第二，双标题。由正标题和副标题构成，正标题揭示简报的主题，副标题起补充说明的作用。如：《高校扩招要谨慎———第 × 届高校论坛侧记》。

②正文。简报的正文一般由导语、主体、结语三部分组成。

第一，导语。导语是简报正文的开头部分，通常是用极简洁明确的一句或一段话，总提全文中心或主要事实，让读者先有一个总的概念。一般要交代清楚谁（某人或某单位）、在什么时间、干了什么（事件）、结果怎样等内容。简报文章如果只有一段文字，那么第一句话就是导语；如果由几个部分或几段组成，那么第一段就是导语。

简报文章导语的写法灵活多样，常为人们使用的有概述式、提问式和描写式，不管采用哪种写法，导语都有必须开篇入题、交代清楚、概括简练。比如，报道式会议简报的开头，一般是用叙述的方式概括介绍会议活动的概况或主要信息，包括会议名称、时间、地点、主持人、与会单位和主要与会者、会议的气氛、召开会议的背景等。

第二，主体。主体部分是简报正文内容的中心部分。它紧承导语，用典型而有说服力的材料把开头总提的内容或观点具体化，起着阐述说明的作用。它通常可以反映当前情况，可以肯定已有成绩，可以介绍具体做法，可以提出存在问题，也可以上述几项兼而有之。报道式会议简报正文的主体部分，主要是介绍会议的过程、小组讨论情况、代表发言概要、主要精神、主要成果等。

简报正文主体部分的写作，可以按事情发生、发展、结局的自然顺序来表述；可以用观点统帅典型材料，点面结合，进行概括反映；还可以将材料进行归纳分类，按材料间的逻辑关系排列组合而阐述内容。

不论采用何种方式，简报正文主体部分的写作都应该做到：紧扣题目，紧承导语来写，主体要跟导语相一致。主体结构安排与内容相适应，形神统一。选用的典型材料要确凿具体，有代表性。

第三，结语。结语是简报正文的结尾部分。在一般情况下，简报导语已概述了事实的结果，文末不必再作重复，主体写完，自然结束，所以多数简报没有专门的结语；也有一些简报在结语部分用一句话或一段话概括主题，对正文的内容作一小结，以加深印象；或集中总结成绩，以强调效果；或指出发展趋势，以引人关注；或发出普遍号召，以推动工作；或补叙未尽事宜，以"画龙点睛"。

简报一般不具名，必要时可以在正文右下方加括号注明撰稿人姓名或供稿单位，日期已印在简报报头上的也不另写。

（2）转发式简报的写法。简报也可以用于转载他人撰写的工作报告、专题经验总结、发言稿、调查报告、会议纪要等文章。这一类的简报，编发者主要是写好按语。

按语又称编者按，是简报编发者针对简报的某些内容所写的说明性或评论性的文字，目的是为了引起读者的注意和重视。转发式的简报一般都要加上编者按语，其他重要的简报也可以加编者按语。简报的按语常常是根据领导的意见起草的，但按语不是指示、命令，没有指令性公文的作用。按语的特点是把简报的内容和现实工作联系起来，表明领导的意见，帮助人们加深认识，正确把握工作的方向，对下级的工作起到督促、指导的作用。刊印时，按语的字体字号要与正文有明显区别。

按语一般写在标题之前，并在这段文字的开头之处写上"编者按"或"按语"等字样；有的在正文的重点、要点和精彩之处用括号插入按语，起到画龙点睛的作用；还有的在正文之后加上按语，又称编后按。

简报的按语一般有三种：

第一种是说明性按语，它常常是对简报的转发原因和目的、主要内容、作用和现实意义等做一些说明。这类按语一般文字很短，有时就一句话。

第二种是提示性按语，它主要是提示所转载文章内容的重点和要点，以引起读者的注意和重视，并帮助读者抓住重点、正确理解文章内容。

第三种是评述性按语，它主要是对所转载文章的内容和观点，发表意见、表明态度，以提高读者的认识。

案例共享

×××市第十三届人民代表大会第四次会议简报

第8期

大会秘书处　　　　　　　　　　　　××××年××月××日

旁听人代会　公民建言献策
互动式平台　促进官民互信

为广泛听取人民群众意见建议，加大公民有序政治参与力度，接受人民群众的监督，促进和推动我市经济社会好发展、快发展、大发展，本次人代会继续邀请广大市民旁听大会。参加此次旁听大会的公民共有18名，其中有高级知识分子、机关干部、社区工作人员、企业技术人员、个体业主、退休工人、残疾人员和在校大学生。

1月20日上午，18名旁听公民在×××国际会议中心环球剧场参加了大会开幕式，旁听了政府、人大、"两院"的工作报告。中午，举行了旁听人员座谈会，市人大常委会常务副主任王铁强、市人大常委会秘书长×××和市人大常委会机关相关部门人员参加了座谈会。座谈会气氛非常热烈，很多旁听公民都有备而来，积极踊跃发言，畅谈参会的感受，对我市的发展建设和群众关心的热点问题提出了许多意见建议。

旁听公民×××、×××说，我们已经多次旁听人代会，虽然人代会上旁听公民没有选举权和被选举权，没有表决权，但通过旁听大会，可以更多地了解我市经济社会发展重大决策，并且人代会对旁听公民的意见建议非常重视，有许多好的意见建议被采纳或吸收到《政府工作报告》中加以细化和落实，感到非常高兴。同时，对市民翘首以盼的热费补贴问题提出了一些建议：一是在热费补贴范围上，有单位的仍然由单位负责，无单位的由社区负责，市财政统一将热费补贴到人。二是在热费补贴标准上，按我市人均住房面积（公务员可按级别）×热费包烧基数补贴。三是在热费补贴时间上，希望政府尽快出台相关政策。

旁听公民×××、×××说，市政府提出了"五城联创"的建设目标，即开展全国文明城市、环保模范城市、卫生城市、生态园林城市及基础设施达标城市创建工作，对于改善我市居民生活环境，提升×××城市竞争力具有重要意义。为此，建议一是继续推进城市卫生管理体制改革，引进市场竞争机制，提高工作质量和效率。二是加大资金投入力度，建立健全资金投入增长机制，保证创建卫生城的资金需求。三是对城市垃圾进行分类处理，减少环境污染，增加经济效益。四是加大宣传力度，使市民增强卫生环保意识，人人动手保护环境，共同参与创建卫生城市。

旁听公民×××说，目前，农村随着人口的增加，土地越来越少，农民要想致富，就得发展其他经济，他准备自投资金50万元，带领村里农民养殖改良品种黄牛，办一个养殖合作社，提高村里农民收入，请政府给予相关帮助和支持。

旁听公民×××说，为进一步保障交通安全，建议在×××区北十四道街到南十四道街之间建一座过街天桥，让市民出行既方便又安全。

旁听公民×××说，我市老城区和繁华区域人口密度大，房价高，而新城区人口入住率低，房屋空置率高，建议政府针对新城区落户居民出台一定优惠政策。旁听公民×××说，市政府出台了许多针对老年人的优惠政策，如七十岁以上老年人乘公交车免费的政策，深受广大群众拥护，可是这个政策已出台半年时间，我市公交联运车还没有执行这一政策，经常会有老年人乘联运车与司机争执的事情发生，建议市政府相关部门及时予以解决。此外，建议市政府对七十岁以上老年人乘公交车免费的政策进行适当调整，在每天上下班高峰时段，实施七十岁以上老年人乘公交车不免费的政策，以此减轻公交车运输负担。

旁听公民×××说，我是×××府厨艺第四代传人，×××府饮食文化应属于非物质文化遗产范畴，请政府予以认定，采取行之有效措施进行抢救性保护，使这个独具×××特色的饮食文化品牌得到发扬光大。

听了旁听公民的发言后，市人大常委会常务副主任×××代表大会主席团对大家关注×××市的建设发展，关心支持人大工作表示感谢。他说，邀请公民旁听人代会是自1999年12月×××市第十一届人大常委会第十四次会议通过《×××市公民旁听市人民代表大会及其常务委员会会议试行办法》以来一贯坚持的做法，它有利于基层民主政权建设，有利于引导公民有序地政治参与，有利于让广大公民更直接地了解全市改革发展重大问题的决策过程。他还说，大家谈的问题很实际，也很实在，体现了对我市发展建设的关心和对群众疾苦的关注，既有涉及实现市政府提出的"五城联创"建设目标的宏观问题，又有关于市民关注的热费补贴、增加农民收入、调整落户政策、交通运输服务建设、非物质文化遗产保护等方面的具体问题。对此，大会秘书处一定认真对待，梳理后交有关方面办理，给大家一个满意答复。另外，他还希望大家回去后做好会议盛况和会议精神的宣传，让更多群众了解人大、政府的决策，为全面实现市委、市政府提出的"北跃、南拓、中兴、强县"发展战略多做贡献。

（本文来自：中国哈尔滨 www.harbin.gov.cn。日期：2010.1.21）

分 析

　　这是一篇会议简报，标题醒目、简短、富有吸引力，既概括了文章的内容，又揭示了文章的主题。正文的开头部分用简洁的语言说明了召开旁听大会的原因目的，以及参加此次旁听大会的人员构成。主体部分先是逐一表述了旁听公民的发言，之后又记载了市人大常委会常务副主任×××总结式的发言，全文到此自然收束，没有单独的结尾。

综合训练

　　一、某公司为了奖励市场部的员工，制订了一项海南旅游计划，名额限定为 10 人。可 13 名员工都想去，部门经理需要再向上级领导申请 3 个名额。如果你是部门经理，你会如何与上级领导沟通呢？

　　二、假设你是某公司一个部门的经理，将在一个公司工作较忙的时候去开会，在去开会之前，你要向领导请示，向其他部门经理拜托一下，并要和下属交代一些事情。那么，在不同对象面前，你将会怎样来沟通交流？

　　三、阅读下面会议文书案例，分析说明其结构与写作的方法，领会其写作要领。

案例 1

××××年春季运动会开幕式致辞

亲爱的老师们、同学们：

　　大家好！今天，春意盎然，阳光明媚，××××学校××××年春季运动会开幕了！在此，我代表学校对本次运动会的召开表示热烈的祝贺！对精心筹备本届运动会的体育组老师表示诚挚的谢意，向全体裁判员、运动员致以亲切的问候、崇高的敬意！

　　体育是我国学校教育的重要组成部分，是全面推进素质教育的重要内容之一。加强学校体育工作，对于强健学生体魄，培养学生的抗挫折能力、顽强的意志、良好的合作意识、集体主义精神、爱国主义精神等方面都起到重要的促进作用，对学生未来人生的影响意义重大。在校园里，体育运动不仅是一门课程，更重要的是体育运动提升了师生们的健康意识，提高了师生们的意志品质，增强了师生们的团队精神，已经成为学校文化的重要组成部分。

　　一学期一次的运动会是全校的体育盛事，是广大师生展示风采、促进交流的舞台，它加强了校园精神文明建设，提升了校园文化品位。本次运动会既是对学校体育水平、体育工作、师生精神风貌的一次集中检阅，也是对学校素质教育、体育活动的一次展示，更是对运动员的身体素质、竞技水平、心理承受力等综合素质的考验，同时又是各参赛班级的集体意识、竞争意识、顽强拼搏精神的综合体现。

希望全体运动员能以高昂的斗志和顽强的精神，积极参赛，赛出风格、赛出成绩，为班级争光；希望全体师生充分享受体育运动带给我们的快乐！比赛时要严守纪律，遵守规则和赛程规定，同时注意过程安全。希望全体裁判员老师，严格按规程操作，做到公平、公正，以我们细致的工作为运动会做好服务，维护赛场纪律，保证赛场安全，让赛场成为师生情感互通的一个场所，让赛场成为别样的和谐的教室。

老师们、同学们，让我们牢固树立终身锻炼的体育健康理念，开展阳光体育活动，走进阳光，走进操场，走进自然，实现"每天锻炼一小时，健康工作五十年，幸福生活一辈子"的美好愿望，让"更高、更快、更强"的奥林匹克精神，奏响我们生命的最强音。同时，让我们借助这样一个体育盛会，祝愿我们共同的家园——××××学校的各项事业取得更大的成绩，再创新的辉煌！

最后，预祝我校本届运动会圆满成功！祝运动员们取得优异的成绩！

谢谢大家！

（来自公务员在线：http://www.gwy101.com。经过编者整理修改）

案例2

在××××年春季运动会闭幕式上的讲话

各位领导、老师，全体同学：

××××学校××××年春季田径运动会，在学校的正确领导下，经过运动会组委会的精心筹备，在广大师生员工的精诚配合下，圆满地完成了各项比赛任务，取得了预期的效果，现在就要闭幕了。

本届校运会，充分展示了"阳光体育"的主题。在短短的3天时间里，比赛进程井然有序，紧凑而热烈，效率是很高的，成绩是喜人的。本次运动会一共有1389名运动员参加了30个比赛项目的紧张角逐，有12人次刷新学校田径运动会的纪录，有99人次分别获得第一、二、三名，涌现了7个优胜班集体、2个体育道德风尚先进班级，××同学获得校长提名体育精神文明奖。在此，让我们以热烈的掌声对他们表示最诚挚的祝贺！全体工作人员的恪尽职守，运动员的杰出表现和骄人的比赛成绩，让我们看到了成功教育理念下，全体师生的成功表现，也让我们看到了我校体育事业的希望和推动学校工作全面发展的美好的未来。

今天，我校××××年春季田径运动会的所有活动已经画上了一个完满的句号。在本届校运会中，全体裁判员始终严格要求自己，认真负责，坚持标准，以身作则，以公平、公正、公开的工作作风，保证了本届校运会的圆满完成。广大教师和学生在活动中积极参与、主动服务，做了大量的工作，也涌现出了许多值得肯定、赞扬的事迹和精神：××年级的九百多名同学，利用运动会间隙，圆满完成了植树造林的浇水任务；××年级××班的×××同学在接力比赛中，即使鞋掉了也坚持跑了下来；××年级××班的同学主动打扫公共区域卫生，并在会场设立环保箱；××年级的1、2、3、6班，××年级的4、6、2、9班，在本次运动会中的宣传工作做得尤其突出；××年级的7、8班，××年级的1、2班，学生组织非常得力；全体师生在恶劣的狂风尘土的环境中，没有一个人抱怨，没有一个人随意离场，反而表现出了高昂的激情、顽强的斗志，他们享受运动带来的快乐和抒发取得好成绩的欢娱令人感动。这些事例反映出我们全体师生团结协作、顾全大局的集体主义精神，非常可贵。我希望这种精神能够在今后的教学工作与学校其他各项活动中得到大力发扬。

同学们，本届运动会将大力推动我校体育事业和学校整体工作的全面发展。在今后的工作中，我们要继续发展我校体育的优势，发扬"更高、更快、更强"的奥林匹克精神，秉承"师生成功，学校发展，社会满意"的办学理念，互相学习，奋力拼搏，强化绩效意识，创造××××学校的美好明天。

最后，请允许我以组委会的名义，向参加这次大会的全体运动员和广大师生，向为这次运动会辛勤工作的老师和同学们表示崇高的敬意和衷心的感谢！

现在，我宣布，××××学校××××年春季田径运动会胜利闭幕！

（本文来自公务员在线：http://www.gwy101.com。经过编者整理修改）

四、某职业学院学生会准备召开第16届第二次学代会，听取学生会过去一学年的工作报告，讨论下一学年的工作计划，选举部分学生会成员，请代拟一份会议通知，有关会议名称、时间、地点、出席对象、内容等各项要素自拟。

五、就你所参加的一次较大型的会议，写一篇会议纪要。

第六章
医护类职业沟通技巧

情景导入

如果你到医院看病，排队等了一两个小时，和医生见面不到 10 分钟就被打发了，你会怎么想？如果你的家人动手术，按潜规则你要给医生送上红包，医生接了你会骂，医生不接你会不会更加不安？

每个人都会生病，总会有人住院、做手术。医生开大处方赚钱、出现医疗事故后篡改病历等，负面报道让我们越来越不相信医生。

于是，有人在家人做手术时用摄像机拍下全过程，以备和医院打官司；有人拿到处方后反复掂量，这些药该不该拿，有没有用？

另一方面，医生的不安全感也日益增强。面对情绪激动的病人和家属，他们轻的会挨骂，严重的会挨打，手术失败甚至还要应对官司。年轻的医生会被告知，面对病人你要小心，保护好自己非常重要。

于是，护士戴钢盔、医院请警察当保安的事情出现了。

在医患关系紧张的今天，彼此沟通、相互信任应该是构建和谐医患关系的第一步。其中，由于占有绝对的主导地位，医生是沟通的主导者，他们的态度又直接影响着沟通效果。面对患者，医生的语言在一定程度上胜过药物。

在北京二龙路医院档案室，保存着一份患者的特殊遗嘱。河北省香河中学的离休教师王殿文身患直肠癌后，住进北京二龙路医院。在手术前他立下这样的遗嘱："（治疗）好了皆大欢喜，医护人员和我们一样欢喜。万一出了最坏的结果，那时我就应该在这里寿终正寝。我的儿女们，我的所有的亲人们都不准在医院无理取闹，只管迅速办理后事就是。二龙路医院是个好医院，它有一支很好的医护队伍，它的医德医风有很好的口碑。望家切记。至盼至嘱！"

二龙路医院的医生之所以能够感动患者，就是因为在医患沟通上做得到位。

王殿文得知自己患了癌症后，非常悲观。术前，王殿文的住院医生与他进行了两次谈话，先是告诉他手术费用和各种可能，又告诉他二龙路医院是个二甲医院，条件不如三甲的好，要是愿意转院，比如转肿瘤医院，他们可以帮他联系，如果他愿意外请专家，他点大夫名或医院名，他们帮他联系。

王殿文说："我一不转院，二不外请专家，我信任你们。"随后，才有了这份特殊的遗嘱。

当然也有很多沟通不好引发问题的例子。著名心血管病专家、健康教育专家洪昭光曾讲过一个"医生三句话说死病人"的真实例子：第一句："你的病呀，来晚了。"病人一听就急了，赶紧求他想想办法，大夫接着说："你这个病呀，没治了。"病人又求他。大夫的第三句话是："你早干吗去了？"结果，病人彻底绝望，上午 11 时 30 分离开诊室，下午 4 时嘴唇发紫，晚上 8 时进急诊室，第二天凌晨 2 时去世了。

原新疆医科大学一附院副院长阿达来提·阿合买提江说："现在所有的医科大学都没有设立人文学科，使很多医生在与患者沟通上存在困难，其实由于医疗事故引起的医患纠纷只占 20%，80% 是因为沟通不够造成的。医患之间相互理解，才能构建和谐医患关系。"

医疗是一门医患合作的科学，医患之间相互猜疑，保障群众健康只能是奢谈。古语说："医者不可不仁慈，不仁慈则招非。病者不可猜鄙，猜鄙则招祸。"可以说，医患之间特殊的关系产生了医生的特殊义务，即用自己的知识和能力帮助病人，关怀病人。

当我们因排队 1 小时、看病 5 分钟而愤懑时，你可以换位想想，医生从早到晚要看多少病人？当大夫苦恼于患者的不理解时，也应该想想，哪一个人到医院看病是为了和医生打架？

解决医患矛盾，有体制问题、供需问题，但重要的还是人的问题，每个人都向沟通前方迈出一小步，就是向问题的解决迈出一大步。

学习目标

1. 了解现代医患沟通的新特点和价值，
2. 理解医患沟通的基本原则，

3. 了解护士与患者语言沟通的性质和作用，

4. 掌握护理语言及其沟通技巧，

5. 学习在与患者沟通中体现人文关怀。

第一节　医患沟通概述

知识点击

一、医患沟通的内涵

英文中，医患沟通的表述是：Doctor–Patient communication，Physician–Patient Communication，Patient–centered care，learner–centered（以病人为中心），其中第一种使用较多，但均无定义性的解释。就英文词义而言，是指在医生和患者之间进行的信息交流和沟通。

在我国，"医患"有广义和狭义的理解，"医"狭义上指医疗机构中的医务人员；广义上包括各类医务工作者、医学教育工作者、卫生管理人员及医疗卫生机构。"患"，狭义上指患者和家属、亲友及相关单位或利益人；广义是指除"医"以外的社会人群。我们通常提到的"医患沟通"是狭义的医患沟通，就是在医疗卫生和保健工作中，医患双方围绕伤病、诊疗、健康及相关因素等主题，以医方为主导，通过各种有特征的全方位信息的多途径交流，科学地指引诊疗患者的伤病，使医患双方达成共识并建立信任合作关系，达到维护人类健康、促进医学发展和社会进步的目的广义的医患沟通是指各类医务工作者、医学教育工作者、卫生管理人员及医疗卫生机构，主要围绕医疗卫生和健康服务的法律法规、政策制度、道德规范、医疗技术与服务标准、医学人才培养等方面，以非诊疗服务的各种方式与社会各界进行的沟通交流，如新的医疗卫生政策的制定、医疗技术与服务标准的修订、健康教育等医患沟通是临床沟通的核心部分。医患之间的沟通是一种特殊的人际沟通，有其特定的内容、形式和目的，所应遵循的关系规则与普通人际沟通不完全相同，其沟通效果在很大程度上受职业情感和专业知识技能的影响。在医疗活动中，医患双方围绕患者的健康问题，进行不断深化的信息交流，所交流的信息既有同疾病诊治直接有关的内容，又包括医患双方的思想、情感、愿望和要求等方面的表达。因此，医患沟通的本质为治疗性沟通，医务人员的沟通任务不仅仅是告知病人有关的疾病和治疗信息，还要通过评估病人的心理状态、表达理解与同情、提供帮助和支持等，创造一种治疗性的有效的医患关系。

在临床工作中，良好的医患沟通可以建立一个互信的、开放的良好医患关系，为有效的医疗活动提供根本保证。通过有效的医患沟通收集病人的有关资料，了解病人的情绪和态度，提供给病人必要的医学知识和教育，与病人共同讨论，商谈与治疗相关的问题，与病人合作制定一个目标明确、行之有效的治疗计划，并通过共同努力达到预期的目标，从而实现治疗活动的最佳效果。遗憾的是，长期以来临床实践中都强调以"治愈"身体的疾病为主要目的，高、精、尖的临床医疗技术的发展和应用，使得大多数人都遗忘或疏忽了医学诞生之时就确定的"关怀、安慰"责任。因此，强调医患交流与沟通，是希望在疾病诊治的过程中，医生能更多关注与患者健康息息相关的愿望以及社会心理需求，从而实现医学防治疾病、减轻痛苦、促进康复，提高人的生命质量和健康素质的目的，展示医学科学的价值，真正维护医疗活动中的技术责任、对患者的健康与生命和社会责任的一致性，保障医疗活动中医患双方个性得到发展，构建和谐的医患关系。

二、医患沟通是构建和谐医患关系必要条件

医患沟通是对医学理解的一种信息传递过程，是为患者的健康需要而进行的，使医患双方能充分、有效地表达对医疗活动的理解、意愿和要求。医患沟通是双向性的，医患沟通中的互动、互补和互谅是和谐医患沟通的前提条件。良好的医患沟通不仅能让患者更好地配合医疗活动，还能使医生更全面地了解病患者的整个病史，做出准确的疾病诊断和及时性的治疗，从而使病人得到更满意的服务，达到病患者健康需求的目的。所以说，良好的医患沟通，不仅有助于医务人员调整自己或患者的医学观念，也有助于医患双方相互正确理解对方，协调关系，保证医疗活动的顺利进行，同时也是医学目的的需要，是医学人文精神的需要，是医学发展的需要；更重要的是，成为提高医疗服务质量、防范医疗纠纷的保证和基础。

资源链接

一个调查表明，在医疗机构中出现的由于医患沟通不够而造成的医疗矛盾占多数，由此造成的医疗纠纷逐年上升，据中国消费者协会统计的数字表明，近三年间，全国各地的医疗投诉案件每年递增300%以上。一个人成功的因素75%靠沟通，25%靠天才和能力，沟通能力成为每个人成功的必要

条件！所以，只有当你掌握了医患沟通技巧，才能是一名合格的医生、护士，才能是一位让病人满意的医生、护士，才能是一位有成就感的医生、护士。

和谐医患沟通技巧应从以下几个方面出发：

（一）仪表、言谈、行为规范

医生在工作期间应该用一定的行为规范来约束自己，如：着装得体，衣服洁净，佩戴胸牌，女士饰物简单，不宜浓妆，严禁穿拖鞋等不雅之行为；面对自己每天的工作应抱着热忱的态度，而不应萎靡不振，给病人不信任的感觉；医生的诊室应该保持整洁、干净，桌上的各类文书、纸张摆放有序，反之则会给病人留下此医生办事条理不清、很凌乱的印象；在跟病人交谈时应吐词清晰，语调亲切，用语文明，倾听认真，谈吐高雅，热情耐心等；在诊室就座应端庄大方，站立仪态高雅，行走稳健轻盈；病人来时有迎声，走时有送声，应该站立迎送，多使用礼貌用语如"您好""请坐，请稍候！""请问您感觉哪儿不舒服？""我将为您做一下身体检查，请您配合一下！""谢谢您的合作""祝您早日康复！"等等。在日常工作中应做到接诊每一位病人时主动问候，微笑服务，爱心相助，应用规范的仪表、言谈、行为来沟通。只有这样才充分诠释了医院图标中四个心形的意义："热心、爱心、真心、关心。"

（二）第一印象原则

每个人在别人心目中总会有最初的第一印象，决定性的七秒钟就是最初接触的那一刻，可以让认识你的人马上做出反应。病人来医院一般是带着期盼的心理，或多或少都存在着焦虑和不安的情绪，此时来到医生面前最希望看到的是：医生礼貌而适度的热情迎接，自然轻松的真诚神情，而最忌医生对病人全身打量、表情淡漠或藐视的神情，此时应该多一些真诚的发自内心的关心和问候，表露出对病人关注的神情，给病人一种真正被重视的感觉，只有这样才能让病人在最初与你接触的一瞬间对你产生信任感与好感。我们应该时刻想着：病人也是充满感情的，对于初诊的病人尤其应该注意这一点。当你知道这位病人的姓名后，你应该轻念他（她）的名字，因为对人来说，他（她）的名字是最甜蜜、最重要的声音。记住对方的名字并叫出来，等于给对方一个很巧妙的赞美。也许这个病人下次来医院复诊时，他就会很自然地找到你。因此，如果你要别人喜欢你，请记住这条规则："牢记他人的名字。"

（三）积极的聆听

曾经听很多病人这样抱怨过上医院看病难：排队要三小时，看病也就两三分钟，医生会给你开一堆的化验单，看完化验就下诊断、让你吃药，可能看都不看你一眼，听都不会听你说完，最后出了医院什么都不明白，我想这样的事情大家应该不会感到陌生，普通的医疗就是这样一种现状，可能医生还会说："这是患者的挑剔，我们每天要看那么多的病人，哪有时间听他们唠叨呀？"确实，医生有太多的临床工作，相比之下病人的交流和沟通显得那么的渺小和不重要，可是我们能否认沟通在临床中的作用吗？不能，病人首先也是人，是活生生的有感觉、有情绪、有心理反应的人，我们能简单地将病和人一分为二吗？尽量让对方说话吧，他对自己的问题了解得比你多。只有当你认真、耐心地聆听完病人的诉说后，你才能更准确地判断疾病的发展过程，才能做出更明确的诊断，积极耐心聆听病人的诉说，对于病人心理上来说也是一种释放和安慰。所以，我们在日常工作中除了是一名医生外，也应该是一名耐心的聆听者，在聆听中正确引导病人去讲出与疾病相关的重要的内容。

（四）微笑是最好的语言

英国诗人雪莱曾经说："微笑是仁爱的象征、快乐的源泉、亲近别人的媒介，有了微笑，人类的感情就沟通了。"微笑是人际交往中的"润滑剂"，是人们相互沟通、相互理解、建立感情的重要手段，在医疗服务和医患沟通中是否需要微笑？答案是明确的，医患关系是一种人际关系，而且是需要更多的关怀、更多温馨的人际关系。

资源链接

世界上什么样的微笑最甜美呢？答案是婴儿般的微笑。日本的推销之神原一平在建立起他的销售王国之前不过是个穿左口袋西装的农民之子，他从虚心听取别人的批评，不断改正自己的缺点和不足开始，每日对镜训练自己婴儿般的微笑，逐渐得到别人的信任，最终而成为推销之神。

那么，在与病人接触之中如何把握好自己的微笑呢？一些医务人员在患者及其家人面前会有亲切、温馨、又可爱的微笑。总结他们的经验，可以归纳出医患沟通中医者不同的微笑，对于首诊病人，医者会有表示热情的——轻轻地、和蔼的微笑（与毫无表情的冷漠面孔截然不同），对于受到疾病折磨而痛苦不堪的患者，医者会因为有充满同情关爱的心态而流露出温馨的微笑——淡淡的、浅浅的、真诚的微笑。在对疾病进行诊断治疗时，医者会因意识到肩负着崇高的社会职责，掌握着医疗护理的技术而展现出自信的、坚定的微笑，从而鼓励患者在疾病痛苦面前坚强起来，并与医者积极配合，而对在医疗过程中，病人主动配合治疗和护理，患者身体迅速康复时，医者赞许鼓励的微笑，无疑是一剂更有效的"良药"。医药并不是万能的，医疗风险客观存在，当医疗服务中医者出现了某些失误、某种"回天乏术"的无奈时，除了在语言中向患者及其家属做出必要的说明、解释，坦诚自己的内疚和无奈之外，不要忘记表示歉意、请求宽容与谅解的微笑，这可以获得相互理解。

可见，医疗服务中的微笑完全源于医者健康积极的心态，源于医者认真负责的社会责任和价值追求。美国成人教育学家戴尔卡耐基曾说过这样一句话："笑容能照亮所有看到它的人，像穿过乌云的太阳，带给人们温暖。"微笑的魅力可见一斑。

（五）具体的告知和耐心的解惑

随着医疗服务理念的进一步发展，患者不再是被动的医疗行为接受者，而成为医疗活动的共同参与者。因此，尊重病人的权利，完善各种知情同意书，使医患沟通具体化显得尤其重要。在整个医疗行为过程中，你必须尊重病人的各种权利，让患者明白诊断、预后、检查、治疗、用药等，并尊重病人的选择权，详细提供各种不同的诊疗方案的优劣点及所需费用，允许病人做适当的选择。病患者毕竟不是医学工作者，他们对于医学知识不可能全面、正确地认识和了解，所以对于医疗过程中要进行的比较复杂的治疗或检查技术，是完全陌生的。医生在向他们讲解其目的或注意事项时，应把握好准确、通俗和容易让病人接受的语言，不宜闪烁其词，避免不恰当的解释让病人感到害怕而退缩；也不宜过于轻描淡写，造成病人对特殊治疗或检查过于轻视，而致发生不良反应后抱怨医生。对病人讲出的每一个疑惑，应本着实事求是、科学、认真的态度耐心细致地解释，让病人正确认知和做出选择。

为此，医疗机构中必须履行各种知情同意书、执行谈话签字制度、特殊检查、特殊用药同意书、输血同意书、麻醉、术前谈话记录、病危通知书等。患者自动放弃治疗要求出院或拒绝抢救等均在详细写明后果的前提下要求患者或其家属签字。这些知情同意书及谈话签字制度，是医患沟通的一种文件形式，一方面能使患者行使自己的知情权、选择权，另一方面也使医护人员的医疗行为得到有效保护，保证了医疗安全。

医患沟通是互动的、双向的，病人也会因为社会背景、文化素养的不同而在医生面前有不同的表现，所以在要求医生的同时，我们的患者也应该做到真诚配合、理解，不隐瞒病情，真实主诉，不能因为自己是病人就有意夸大自己的病痛而为难医生，只有在医患双方共同、友好的参与下才能达到和谐沟通的目的。

　　总之，医患沟通是医疗安全的需要，也是医疗市场的需要，良好的医患沟通可确保医疗质量安全，降低医疗纠纷，同时还可以保证医院的经营管理，为医院带来最大化的社会效益和经济效益。沟通其实很简单，一点微笑的面容、一丝关注的神情、几句平等的对话、几点从患者出发的考虑，一切都会让你的工作变得很自然、顺畅。然而沟通是一门艺术，如何掌握沟通技巧，每个人的理解不尽相同，只有学会了心理学知识，深入地了解患者的心理，把心理学知识运用到工作中，才能达到更加和谐的状态。

第二节　医患沟通的特征与意义

知识点击

　　医患沟通作为一种业务工具和手段的医疗服务语言，因为医学职业的特殊性而体现出较强的服务性、专业性和可操作性特征。随着生物医学模式向生物—心理—社会医学模式的转变，医疗服务语言在疾病诊治过程中的作用越来越被人们认同。作为一种服务手段，它属于现代医学的有机组成部分。在医疗服务过程中语言是医患双方沟通和交流的信息载体，也是医疗服务最直接的工具或手段。医疗服务语言的内容和表达方式不同，在医疗服务过程中所起的作用也不一样。

　　传播学和沟通学的研究发现，现代人在相互沟通时，是多方面的，语言并不是全部。但是医患之间的沟通不同于一般的人际沟通，语言沟通在医患沟通中有其独特的地位。巧妙地发挥语言艺术与患者进行沟通，应该是广大医务工作者与医学专业能力密切相关的基本功。运用语言艺术与患者沟通，是医学的传统。我国古代医学典籍《黄帝内经》记载："人之情，莫不恶死而乐生。告之以其败、语之以其善、导之以其所便，开之以其所苦，虽有无道之人，恶有不听者乎？"这里"告之""语之""导之""开之"无一不是强调了语言在医患沟通中的作用。中医诊断疾病的四种方法——望、闻、问、切中，"闻""问"更是语言沟通的经典概括。古希腊希波克拉底也曾明确地说："医生有两种手段能治病，一是用药，二是语言。"古代东西方的医生在长期医疗实践中形成、凝聚了相似的医学传统。

　　然而，现实中我国医生、护士的医疗服务口语能力，基本上是在毕业后漫长的临床实践工作中逐渐摸索形成的，由于在校期间缺乏有关理论指导和专门的医学口语训练，虽然也在临床从事着医学语言活动。但是，这种医患之间的交际往往带有一定的盲目性。因为临床的医患、护患语言交际中，情况往往极为复杂，其交际环境、对象、意图影响到交谈方式各不相同。在不同的场合怎样说话才得体，才不失身份，才能使患者满意，才能合情合理又合法，大有学问。

一、医患沟通语言的特点

1. 服务性

医患沟通服务性特征，是指作为医疗活动中信息沟通和交流的载体，医疗服务语言必须体现出以患者为中心的服务意识。从接诊、问诊到体格检查对辅助检查，从治疗方案的制订、实施到病人的康复和之后的回访。整个医疗服务过程中医务人员的言语措辞、语气表情、举手投足，甚至检查处方的内容，都应体现为患者服务的精神，摒弃施恩观念，抵制个人私利的诱惑，而且对患者要有包容精神。

2. 专业性

医患沟通语言的专业性特征是由医疗工作的医学专业性导致的。虽然语言是人类交际的工具，但由于社会的分工不同，各种职业的特殊活动必然客观地反映在语言的词汇中，形成各自的特殊词汇，从而引起语言的职业变体。正所谓"三句话不离本行"，即体现了职业对语言的影响直接关系到医患关系的确立，影响到病情资料的收集，同时还影响到诊断、治疗、护理能否顺利和圆满完成。医患关系是医疗过程中形成的一种人际关系，它与一般亲友之间的关系中社交性人际关系是不同的，具有专业性特点。首先，它是一种工作关系。医生工作的主要内容和性质就是履行自己的职责、行使临床医疗的权利和义务，对患者进行检查、诊断和治疗，恢复患者的健康，是一种具有服务性的职业关系。其次，它具有特殊的目的性。作为医生，是因为职业的需要，为了人类健康而从事医疗工作，与无意成为患者的病人为了诊疗疾病、解除病痛、恢复健康等特殊的目的产生这种关系。最后，医疗服务又是在特殊的环境中展开的。医生和患者的交往、医患关系的建立往往在医院、诊所、社区服务等特殊的环境中进行。

3. 可操作性

医疗服务语言具有可操作性，是由于在医疗实践中对医疗服务语言已经形成了一定的客观标准和规范要求。如对医务人员仪表的要求、"四性语言"的规范等。这种标准或规范的制订与医疗服务质量直接相关，体现为医疗服务动机与效果的统一，科学标准与社会标准的统一，也使得医疗服务语言在应用过程中有了较强的可操作性，为人们的评价提供了依据和参照。医务人员可以借助患者的诉说、患者家属的意见或社会舆论等反馈信息不断做出调整。

二、医患沟通的原则和医患沟通中语言交流的原则

（一）医患沟通原则

1. 换位原则

医院人员与患者及其家属沟通时，应该尽量站在患者的立场上去考虑问题。想患者所想，急患者所急。应该避免只把自己认为重要或有必要的信息传达给患者及其家属。在进行沟通之前，不妨先站在患者一方的立场去思考。

2. 真诚原则

医务人员与患者进行沟通，一个重要的因素就是医务人员在沟通时所表现的态度。医务人员的谈吐、口才等沟通的技巧，固然关系着医务人员的理念是否能充分表达，然而医务人员所表现出来的态度、是否真诚地关心患者，对于接受沟通的另一方更具有影响力。

3. 详尽原则

医务人员在与患者及其家属沟通时，要把医疗行为的效果、可能发生的并发症、医疗措施的局限性、疾病转归和可能出现的危险性等，详细地告诉患者及其家属。告知的内容要尽量详尽，把可能告知的内容都要详细告知给患者及其家属。

4. 医方主动原则

医务人员是医疗行为的主动实施者，是医患关系中的主角，积极的医务行为会营造积极的医患关系。应树立为病人服务的思想，摒弃"求我看病""医院不愁没病人"的心理，实现由"恩赐者"向"服务者"的角色转换。

（二）医患沟通中语言交流的原则

医患沟通语言是医疗服务的手段和医患双方信息交流的载体。对医患沟通语言的理解有着广义和狭义的区别。广义的理解包括医务人员的形体语言和书面语言，如医疗服务过程中医务人员的面部表情、手势等形体动作，处方、病历等信息载体。这里主要讨论狭义的医患沟通语言。它是指医学服务过程中医务人员所使用的口头语言，包括真诚性语言、解释性语言、安慰性语言和保护性语言，简称"四性语言"。

1. 真诚性语言

医疗服务的对象不是单纯的生物机体，而是有着复杂社会关系和丰富心理活动的人类个体。因而医疗服务的过程不仅是信息互动过程，也是心理互动过程。

医患的信息交流很大程度上反映着双方的心理交流。患者就医时，心理上往往存在着对医务人员潜在的依赖感，这种潜在的依赖能否得到满足，决定其能否对医务人员产生信任感。如果医生把患者看作自己的亲人，真心、诚意地对待患者，话语亲切，真实地表达自己的情感和想法。这种真诚得体的医疗服务语言就会因其本身的专业技巧性与服务意识让患者处于踏实的心理状态，增加对医务人员的信任度，从而使医疗服务得以顺利进行。相反，当患者因医生的服务语言使用不当而感到医生对他不够真诚时，不仅不能抚慰患者焦虑不安的心情，还会令其产生怀疑或厌恶的消极心理，不利于医疗服务顺利进行。

在与患者的沟通中，即使在患者表示不满、态度不冷静甚至发怒时，医生也应保持冷静，要分析患者为什么会出现异常态度。如果是患者病情变化引起的，医生应针对病情给予适当处置；如果是医生工作没做好引起的，医生就应向患者道歉并及时纠正；如果是患者抱怨医疗效果不尽如人意，医生就应如实向患者说明情况，并坦诚、谦虚地承认技术能力的局限性。患者自然会同情并理解，从而减少和摆脱孤独感、无助感。这对于患者的康复是很有积极的治疗意义的。

2. 解释性语言

医疗服务中会涉及病情的解释，患者的文化层次不同，对医学知识了解的多少也不一样。因而，医务人员解释病情时，语言必须兼顾科学性和通俗性。既符合医学科学，又能让患者听懂。在诊疗过程中往往涉及患者的体征及隐私，要求医务人员的语气、表情等副语言兼具随和与庄重，使患者在一种比较轻松的气氛中以信任的态度面对医务人员。向患者解释不良诊断时，要注意言语措辞的技巧性，既尊重患者的知情权，又不给患者造成心理压力和负担。一般情况下，对已经确诊的疾病，医生应向患者说明病情、诊断和治疗计划，以满足患者的知情欲。但是有些疾病如"恶性肿瘤""精神病"等，医生就不宜对患者直说，可以对其家属或监护人说。如果患者对其所患疾病的严重性不了解，表示满不在乎，医生就要告诉患者家属疾病可能产生的恶果，医生对病情的解释、治疗效果和预后的判断不要绝对化，要留有余地。另外，患者在求医时常常会提出自己的预先设想，如只检查不治疗手或要求做些特殊的检查或要求手术治疗，或用中药不用西药等。医生应根据患者的病情做出科学的决定，并耐心地向患者解释，使其了解自己的病情和医生为什么要用这种治疗方法。这样既尊重了患者的参与权，又使其不会干预医生的正确决定。医生应以认真和慎重的态度审视患者权益，才能真正成为患者权益的维护者和代言人，以确保医患关系良性发展。

3. 安慰性语言

医疗工作的服务对象主要是病人，病人到医院就诊，生理上要求解除病痛，心理上则需要获得同情和安慰。通常情况下，病人的心理应激承受能力较正常时低，这就要求医务人员在临床工作中要时刻替病人着想，急病人之所急，把病人当亲人，一声温和的问候，一句柔和的应答，一段平和的探询，只言片语，情深意重，其作用往往不失为一种"辅助治疗剂"。因此，医生要养成良好的语言习惯，提高自己在临床工作中语言表达的艺术性，做到一语既出，如春风拂面，似细雨润物。而且，医院是一个特殊的消费市场。随着医学模式的转变，临床实践从以疾病为中心，逐步转变到以病人为中心，进而转变到以人的健康为中心。在医院里，"患者"即"顾客"，"以人为本"应该成为深入人心的全新医疗服务理念。

4. 保护性语言

医患语言沟通中，应注意根据病人不同的年龄、职业、文化程度、社会角色等来组织不同交谈内容和运用不同沟通方式。因为，在医患语言交际中，医疗信息发出者（医务人员）由于技术的"垄断性"，在与患者的诊疗活动中处于主导地位。"听者"（病人）由于所处的阶层、职业、身份、城乡、地域、文化程度、习惯和关系亲疏等社会属性的不同，直接影响着对医务人员医疗用语的正确理解。医疗实践中的语境，主要是指工作背景、交往场合和交谈形式等，都会对语言的运用发生影响。接诊室问诊与术前谈话，查房询问病情与特殊检查的问诊，其语言表达方式各不相同，对病人及家属的作用也不一样。所以，在与病人的交际中，应根据患者不同的职业、不同的生活习惯、不同的心理状态，因人施语，讲病人易于接纳的话。医生尤其应将患者视为平等的人给予尊重。尊重患者的人格权利和隐私，尊重能消除患者的紧张心理，取得最佳的医疗效应。如果医生对待患者缺乏尊重，会严重地伤害患者的感情，给患者造成沉重的心理负担。即使对于那些病情严重的患者，也应从乐观的角度启发病人，正确地对待疾病，增强战胜疾病的信心和配合治疗的毅力。

案例共享

一位大夫给患者看牙。

患者："我真的非常害怕拔牙，太疼了，能不能不拔呀？"

大夫："我了解你的感受，拔牙时的确有些疼，但如果不拔掉这颗病牙的话，也会继续发炎，也许还会伤害到其他好牙。别害怕，我一定会尽最大可能地尽量减少您的痛苦。"

患者："好吧，那就拔吧。"

三、医患沟通提升的意义

（一）与患者沟通是医生和护士必须具备的能力

医患关系是医务人员在医疗活动中的诸种关系中最基本的社会人际关系。医患关系诸种关系包含着平等关系、道德关系、服务关系、利益关系、文化关系和法律关系。因此，理想的医患关系应该是互相平等、尊重、信任、配合的一种良好完满的人际关系。

1. 建立平等医患关系

医患关系的改善必须建立在医患双方平等的基础之上，不存在弱者与强者。医患沟通可以消除误解与冲突，可以促进亲密与和谐。

📇 资源链接

医患矛盾突出的原因

（1）我国现行的医疗保障体系尚不够充分，相关法律法规尚不够完善；

（2）某些社会矛盾交会并显现在医患关系上；

（3）新闻媒体不恰当炒作；

（4）医务人员未能完全跟上社会变革的步伐，服务观念滞后，服务言行不规范；

（5）患者及社会较普遍存在对部分医务人员和医疗单位不信任的情绪；

（6）相当部分医务人员有视部分患者为潜在投诉者的心理状况。

2. 现代医学要求医生具备的要素

现代医学要求医生应具备这样 4 个要素：精湛的医术、良好的医德、良好的沟通能力和熟知医疗法律法规。医务人员不要一遇见医疗纠纷，就害怕惹官司，其实只要该做的工作都做到位了，打官司也言之有理。具备良好沟通能力的医生可以使医患关系融洽，减少医疗纠纷的发生。世界卫生组织一位顾问曾做过一项调查：当病人诉说症状时，平均 19 秒就被医生打断了；一些年轻医生，很怕或不愿和病人多说话或者与病人交流时显得很没耐心；更有甚者，一些刚从医学院毕业的见习医生，竟然不会问诊。这样，从一开始患者就会产生抵触情绪，影响正常的沟通和疾病的诊断。医患之间的沟通带有专业性，因此医生应该起主导作用，埋怨病人拙于表达是错误的。医患沟通最重要的是医生的态度。医生给患者印象的好坏直接影响医患关系之间的关系以及诊断、治疗。良好的形象、和蔼可亲的态度、温馨体贴的语言、端庄文雅的举止，可消除患者对医院及病区的陌生感，使患者有一个良好的心理状态，有利于减轻疾苦和促进疾病的康复。世界医学教育联合会著名的《福冈宣言》指出：所有医生必须学会交流和处理人际关系的技能，缺少共鸣（同情）应该看作与技术不够一样，是无能力的表现。因此，说沟通能力是医生必不可少的能力并不为过。

（二）依法行医、规范管理是良好医患关系的根本保证

医院要减少医疗纠纷，最根本的是医务人员要充分熟知卫生法律法规，规范工作制度和操作流程，注意证据的保存和医疗文书保管，并积极举证。假若有病人在输液过程中死亡，医务人员不知道去保存好输液瓶等证据，这样引起纠纷，医院就可能要承担举证不全的后果。有医疗纠纷发生时，医院应及时通知患者或家属，按照《医疗事故处理条例》《医疗机构管理条例》和《医疗机构病历管理规定》及时履行告的义务，例如患者或其家属有权复印客观病历、有权共同封存病历及相关药品、物品等；如果患者死亡，还要告知其家属有请求尸检的权利等；使患者或家属感到医院在对待和解决问题上是诚恳的、公正的，是有章可循、有理有依的，这样就可以避免不少不必要的纠纷。

医院不要一味地认为举证责任倒置就是跟医院过不去，感到很委屈。法律只讲求证据，因而医院完全可以借此进一步改善自己工作。医生不仅要勤于钻研医术、治病救人，也要多学习法律知识；医院不应再像以前那样一有患者或家属来闹，就急着去息事宁人，而应懂得运用法律，及时与患者和家属沟通，以维护双方的合法权益。

医患关系应是一种和谐的关系，大家都是为了战胜病魔，现在医生遇到病人就想对方会不会"告我"、病人见医生就想对方会不会"搞我"，这是非常不正常的现象。以前医生遇到急救病人，以抢救病人为第一要务，如果病人病情被签字与不签字耽搁了，这才是对患者的严重不负责任。而现在，医院在抢救病人的同时，也应注意留下证据，防范可能发生的纠纷。更重要的是，医生和病人都应换位思考，多考虑对方的处境和心态，这才有利于建立良好的医患关系。

（三）医患沟通是医疗服务质量的关键

传统医疗质量概念体现的是及时性、安全性、有效性，即通过科室和个人遵循医疗规章制度，执行操作技术规范，实施自我评价和监控所达到的医疗技术和医疗效果。而现代医疗质量的概念是在现有医学知识的基础上，医疗卫生服务可以提高满意结果可能性的程度，降低不满意结果可能性的程度。

传统的医院服务着重提供足够的医疗服务，漠视服务者素质问题。现代医院服务通过改变服务者服务理念及素质培养，对每一个服务步骤制定规范并建立查评体系，使具人文关怀的治疗服务真正落实在病人从进院到出院的全过程中。

医患沟通是医疗服务中最重要的环节，是直接影响到医疗服务质量的关键，更是医院员工在搞好医院经营中最有效、最直接的途径。良好的医患沟通不但会使患者和患者家属感到关怀备至，从而大幅提高满意度，更能在无形之间让患者及其家属成为忠诚的顾客和宣传者，为医院带来额外的社会效益和直接经济效益。

（四）医患沟通与医疗服务质量保证

把"医患沟通"纳入医疗质量范围中进行管理，建立完善医患沟通制度，除了要有良好的语言沟通，还要把医患沟通具体内容以客观资料的形式记录下来，如医患沟通初次谈话记录、医患沟通特殊谈话记录等。

医患沟通制度执行的具体内容：疾病的诊断、主要治疗手段，重要检查项目的目的、结果及预后；某些治疗可能引起的严重后果（如化疗引起的并发症以及药物的副反应等）；手术方式、手术的并发症、手术风险及防范措施，医疗、药品费用的使用情况；听取家属的意见和建议，回答家属需要了解的问题。

医患沟通是患者对医生的信任、理解、配合及合理的依从性是顺利完成诊疗计划、保证医疗质量的前提。医疗过程是一个密切协作的过程，除医护之间的合作外，更重要的是需要病人的密切配合，如对某些重要的手术、特殊的检查、某个诊疗方案的确定等，都要及时、有效地加强与患者之间的沟通，详细说明情况，取得病人的理解和配合，这样可以避免某些医疗纠纷的发生，以提高医疗服务质量。

医患沟通也使患者对医疗技术的局限性和高风险性的了解增多，可增大医生治疗疾病的信心。在诊疗过程中，医务人员应该对病人尽心尽责，想方设法为病人排忧解难。一旦在服务或操作上发生失误，就应该主动与患者进行沟通，以取得病人或亲属的谅解。当病人因病情而烦躁，出言不逊，甚至得罪医务人员时，医务人员更应该体贴关心、谅解病人的行为。医患之间的沟通、谅解可以减少纠纷的发生。

医患沟通也有助于发现和解决患者的社会心理问题，有助于治疗效果的改善。病人到医院看病很希望得到良好的医疗服务，减少痛苦，早日康复。作为医务人员应该充分理解患者的心情，采取换位思考，按照"假如我是一个病人"的思路，充分理解病人的心情，真正做到"想病人所想，急病人所急"。耐心细致、热情周到，主动地利用多种形式与病人或亲属进行交流，使对方心态趋于平静，认为医务人员十分理解他的病痛，医务人员是在关心他、同情他、爱护他，取得医患间的相互理解，使病人能够积极主动地配合治疗，使治疗效果得到显著改善。

第三节 医患沟通的技巧

知识点击

医患关系是临床上医疗卫生和保健工作中必须处理好的关系，在医疗市场竞争日趋激烈的社会背景下，加强与患者的沟通，充分尊重患者的知情权和选择权，能使患者积极支持、配合医疗工作，减少不必要的医患纠纷。本节拟就该方面进行详细阐述，旨在促进医患沟通在临床工作中得到更加合理而有效的应用。

一、医患沟通技巧的"一、二、三、四、五、六"

在医疗工作中，医护人员要不断地加强自身全面素质的提高，掌握沟通的艺术，努力为患者营造一个舒适、安静、安全、自信的环境。对患者提出的各种各样问题要耐心解释，切忌大声呵斥、简单粗鲁，敷衍了事。医护人员如能和患者沟通得非常融洽，不但可为治疗疾病提供信息，促进疾病的好转，提高疾病的治愈率，更重要的还能及时化解医患之间的误解和矛盾，减少医患纠纷和医疗事故的发生。

1. 一个根本

诚信、尊重、同情、耐心。

2. 两个技巧

倾听，就是多听患者或家属说几句话；介绍，就是多对患者或家属说几句话。

3. 三个掌握

掌握患者的病情、治疗情况和检查结果；掌握患者医疗费用的使用情况；掌握患者社会心理状况。

4. 四个留意

留意患者的情绪状态；留意受教育程度及对沟通的感受；留意患者对病情的认知程度和对交流的期望值；留意自身的情绪反应，学会自我控制。

5. 五个避免

避免强求患者及时接受事实；避免使用易刺激患者情绪的词语和语气；避免过多使用患者不易听懂的专业词汇；避免刻意改变患者的观点；避免压抑患者的情绪。

6. 六种方式

即预防为主的针对性沟通、交换对象沟通、集体沟通、书面沟通、协调统一沟通和实物对照沟通。

医患沟通的六种方式

1. 预防为主的针对性沟通

在医疗活动过程中，主动发现可能出现问题的苗头，把这类家属作为沟通的重点对象，与家属预约后根据其具体要求有针对性地沟通，例如在晨间交班中，除交接医疗工作外，还要把当天值班中发现的家属不满意的苗头作为常规内容进行交班，使下一班医护人员有的放矢地做好沟通工作。

2. 交换对象沟通

在医生与患者家属沟通困难时，另换一位医生或主任与患方沟通；当医生不能与某位患者家属沟通时，换一位知识层面高一点的患者家属沟通，让这位家属去说服其他家属。

3. 集体沟通

对患有同种疾病较多的患者，医院可召集家属，以举办培训班的形式进行沟通，讲解疾病的起因、治疗及预防知识。这种沟通，不但节约时间，还可促进患者间的相互理解，使患者成为义务宣传员，减少医务人员的工作压力。

4. 书面沟通

为了弥补语言沟通的不足，医院实行了书面沟通，把一些常规问题印到书面上，便于患者家属翻阅。例如，新生儿病区因无人陪伴，家属完全不了解病儿的治疗、生活情况，除有限的探视外，医务人员还将宝宝在病区一天的喂养、洗换、护理、治疗等共性情况以及出院随访，喂养护理知识等编成小手册，发给每位入院婴儿的家属，达到沟通的目的。

5. 协调统一沟通

当下级医生对某疾病的解释拿不准时，先请示上级医师，然后按照统一的意见进行沟通；对诊断尚不明确或患者疾病恶化时，在沟通前医护人员要进行内部讨论，统一认识后再由上级医师与家属沟通。

6. 实物对照沟通

某些疾病，口头和书面沟通都困难，可辅之以实物或影视资料沟通。比如对先天性心脏病患儿的家属，医生可用心脏模型结合画图进行讲解，家属就会形象地了解疾病到底出现在哪个部位，如何进行手术修补等；再如骨科患者，患者家属不知道骨病在什么位置，骨科医生便拿出人体骨架，用通俗的语言给患者讲解。

二、医患关系沟通时，医生说服患者的技巧和方法

卡耐基在《人性的弱点》曾经说过，如果你要别人同意你的观点，必须遵循的规则是：使对方多多说话，从别人的观点看事情，就容易了解他的需求，从而使交往更容易。弄清对方的观点，自己才能找到合适的应付措施。——先是赞同、肯定，让对方认可，使你劝说的对象得到利益，容易得到认同，说服就成功了，把你的观点自然地建立在对方的脑海里，改变对方的看法，让对方说出来。还可以按照对方的意思办。

通过学习不断提高医务人员的人文科学知识和技能，提高人际交往能力，不断转变观念，提高与患者进行语言沟通交流的能力，使他们敢于沟通，善于交流，既掌握原则性，又把握灵活性，把患者当作亲人，多一些耐心，建立融洽的朋友式的关系，不断赢得患者的信任和理解。在医患关系中，医方处于主动地位，患方处于被动地位，要时时掌握主动权，有针对性引导，做到有的放矢。如果医生在需要劝说患者的时候，比如告知药物不在医保目录里或者是自费药物；有些创伤性检查；有些实验随访、定期检查；出院、住院等，都需要有一些技巧。但是，在适当的时候，医生应该主动退却，另寻应对策略。

下面是莎士比亚著名作品《威尼斯商人》中的一则故事：《威尼斯商人》中的安东尼奥为了帮助朋友成婚，向高利贷者夏洛克借了一些钱，夏洛克则向他提出一个苛刻的条件：如还不了，就要从他身上割一磅肉下来。不料安东尼奥的船出事，真的无法按时还钱。于是，安东尼奥和他的朋友们，想了多种退却与妥协方案，但夏洛克坚持要从他身上割下一磅肉下来。鲍西亚小姐——安东尼奥所帮那位朋友的妻子，突发奇想，为何不可以接受夏洛克的这一苛刻条件，而反制夏洛克呢？于是，她假冒律师，在法庭上与夏洛克对质，同意由于安东尼奥没有还钱，夏洛克可以从他身上割下一磅肉来。但是，这也有一个条件：夏洛克不能多割一点，也不能少割一点，而且不能带一点血。夏洛克没有办法，只能认输。

提问题拒绝对方的要求或行为，当对方提出某项要求或发生某个行为，而你觉得这个要求或行为可能给医院或者你个人带来伤害，你需要掌握相关信息进行分析、比较、选择、推理、说理，婉言拒绝对方的要求或行为。

互动活动

下列哪种情况，医生不需要说服患者？（　　）

A. 患者要求做不必要的手术时

B. 药物不在医保目录里、是自费药物。

C. 创伤性检查

D. 实验随访、定期检查

正确答案：A

医生在需要劝说患者的情况下，比如药物不在医保目录里、是自费药物；有些创伤性检查；有些实验随访、定期检查；出院、住院等，都需要有一些技巧。

三、目前医患沟通中遇到的主要问题

医疗工作中，患者复杂的心理变化是医患之间发生冲突的主要原因之一。在临床诊疗过程中，患者会遇到许多困难，有些困难会使患者产生难以自控的情绪和过激行为。尤其是绝症、严重伤残以及期望值过高的患者，当发现自己无法实现预期要求，又无法摆脱疾病的痛苦时，其心理负担过重，埋下了发生矛盾的隐患。当患者需要把心理压力发泄出来时，首当其冲的是医务人员，此时医患关系的紧张、激化是不可避免的。这时作为医方，必须冷静，在诊疗的同时，注重对患者的心理进行疏导，以求得患者的理解与配合，拉近医患之间的距离，减少误会，扫清心理障碍，达成共识。这也是心理治疗的重要内容之一。

目前医患沟通中遇到的问题主要包括：医生不愿意和患者沟通；医患沟通存在明显滞后现象：语言简单，内容表述不清；夸大疗效及对不良预后估计不足；抬高自己，贬低别人；解释内容前后不一。在工作、社会、生活的不同场合，医生用语言表达的水平不一，会导致不同的沟通效果。下面通过几个案例来说明：

1. 表达不明确

案例共享

病人：医生，我吃了你开的药，这两天吃饭就恶心。

医生：不可能！这药对肠胃没有副作用的。

病人：真的！就是吃药后恶心的……

医生看片子："咦～咦～～～你，你过来，这样疼吗？那这样呢？"

患者："哎，医生，有什么问题吗？"

医生："你骨头有点畸形，这样你还可以走路？"

患者："……可以的呀，走的也蛮好的，有什么问题吗？"

医生："问题倒是没有什么问题！"

患者："哦，那就好。"

医生："不过40岁以后可能会有点麻烦。"

女医生，按完我的肚子一直不说话。

患者：医生，有问题吗？

医生：（她笑而不答，许久）我不能说，任何事情都有两面性，你有可能没事，有可能很严重。BLABLABLA（一番相对论引证之后），她继续诡异地说：别以为你年轻就不会得大病，前阵子我一病人，还不到30岁，就得肠癌死了，死得可快呢，还有×××，你认识吧？挺有名的，年纪轻轻就得癌死了……

患者：（我没等她说完就走了）就是个肚子疼，说得我没活头了。

分　析

医患沟通的目标是建立信任，医生要想取得患方信任，必须做到仪容仪表整齐、态度认真负责、对患者呵护备至、对患者如兄弟、不断鼓励患者战胜疾病、消除患者紧张情绪、及时化解敌意态度、尽早建立信任关系。

2. 医生有时候说话不避着当事人

案例共享

如：有患者生孩子，做侧切。

医生甲："你瞧给我们这个破剪子，真是不好用。"

医生乙："不是给我们俩呢么，换一个吧，用那个。"

医生甲："……算了吧，那个还不如这个呢……"

又如：ICU里每天会有十五分钟的探望……

一个护士和另一个护士说：床位太紧了，外面的都安排不过来。

另一个说：不用急，你看这个，那个，和那边那个，都差不多了，过不了今晚的……很快就有地方了。

又如：就是人工复苏后，用机器按压……

有个医生一边拍照片，一边说：这个声音还挺好听的……

3. 不负责任

案例共享 ------------------------------

　　某同学月经不调去看医生，把完脉之后，医生抓着笔在处方上停了老半天，突然开始拨电话：

　　医生："喂，是×××吗？我××啊！最近还好吧……哦，还行啊……你爸妈还好吧……是，老人家就是这样……你闺女呢，该考大学了吧……那得抓紧了……那个啥，我问你啊，×××（某个药方）有哪些药来着？……"

　　第二次复诊，又是那个医生，把脉时说了一句：

　　医生："你这脉有点滑啊（滑脉是孕妇常见的脉象）……"

　　患者：我还没有男朋友！

　　医生："这病挺难治的，我的建议是快点结婚生孩子得了。"

　　患者："您那意思是趁能生的时候赶快生么？"

4. 专业不自信，没有利用适当转诊

案例共享 ------------------------------

　　去医院打点滴，到了输液室。一位花白头发的老太太护士长领着几个实习生走到我跟前，一看到我的手，老太太顿时眉开眼笑，对后面一个实习生说。

　　"小×，你来给她打！"

　　小×怯怯地说："我……我行吗？"

　　老太太一摆手："没事儿！你看她这血管，又粗又直又明显！最好打的就是这种！上次×××她们就是先拿民工练手，这姑娘的跟民工一样！打吧！"

　　患者差点没闭过气去。唉……当时输液室人巨多，还好老太太声音不大，只有坐在患者旁边的几个人在掩嘴窃笑。那位小×估计是太紧张，扎了三针都没扎对，患者还没说什么。患者老公在一边看急了，大吼："她的手都跟民工一样了你们还扎这么多针！你们也太不把民工当人了！"

　　另外，医生在诊治的过程中，要注意保护患者的权益，要避免刺激性语言，病人往往缺乏专业知识，又处在特别焦虑和恐惧的心理状态下，如果受到训斥、指责、讥讽等不当语言的刺激，很容易造成不可弥补的后果。医生要注意避免消极语言，病人是脆弱的，特别是在损伤较大的医护措施面前往往举棋不定，护士一句无意的消极提示，有可能摧毁病人的勇气，丧失治疗的信心。医生要避免应用造成负面作用的暗示语言，病人唯恐患上"绝症"，又怕大家瞒着他，这样患者往往过于敏感地从其他人的言语、表情上捕捉信息，护士与家属窃窃私语式的谈话，被患者发觉，极易被病人误认为有情况瞒着他，患者从他们的谈话判断自己的感觉是正确的，因此对病人产生很大的负面影响，这些都应在沟通中避免。

5.说话过多或说不该说的话

案例共享

有个女同学去做乳腺检查看是否有增生，医生（男）检查胸部的时候，非常嫌弃地摸了摸女同学的乳房，淡淡地说了一句：没啥毛病，就是小点儿……

四、医患关系的现代转变和沟通结束时的说话技巧

现代的医患关系模式正在向生物—心理—社会医学术模式转变，医生是服务者，服务前必须征得患者的同意。医疗服务合同关系，也就是医患关系的法律化，双方共同约定权利义务，共同参与的医患关系。

资源链接

与病人协商治疗计划

包括讨论各种选择，协商一个双方都接受的计划；鼓励病人说出自己的想法；确定病人的理解、反应和担心水平；认识到病人对收益、风险和障碍的感知；鼓励病人参与到计划的实施中。对交流做出一段积极的结束语，提供比较现实的希望——好的预后。如果预后不良，提供有效的疼痛控制。沟通结束时，给出清晰的随诊指导，如预定时间的检查；什么时候服药、服多少、怎么服；什么时候回来复诊，需要时使用书面的说明。

案例共享

医生不注意对方的感受，不尊重对方的权益

情景1

　　一位扁桃体发炎的患者转了某大医院，刚坐下张开嘴巴，那大夫就赶紧拿了个夹子把患者嘴巴撑着，打了鸡血似的吩咐他的助手。

　　医生："快，快，把×××他们都叫过来，太难得了！"

　　患者：患者就欲哭无泪地撑着嘴巴看着一大群实习医生围着大夫，看他讲解患者的扁桃体各种症状。

　　患者：后来把夹子取下来后患者半天还合不上嘴巴。

　　医生：可能把下巴撑脱白了……

情景2

　　家属：有一天晚上我一个朋友（女）喝太多了，酒精中毒，送到医院已经口吐白沫了……

　　我们从来没见过这个阵势，都吓得不行，可是急症室的医生居然在吃面。

　　医生：看了一眼说："等等，我把面吃完。"

　　家属：我们就焦急地等待着。看我朋友都翻白眼了，然后过了一下，就忍不住催。

　　医生不紧不慢地说："我这还有点汤没喝呢……"

　　家属：等他好容易吃完，还嘀咕了一句：不就酒精中毒吗？小破孩没见过世面……

分　析

　　人们喜欢站在自己的角度看问题。医生和家属的心态截然相反：

　　医生的心态：见得太多了，没有什么，难道医生就不吃饭了？

　　患者的心态：医生的职责是神圣的，就应该随叫随到，哪能见死不救呢？

　　人必须在不同状况下充当不同角色，在不同情况下都能恰到好处。注意私下空间不宜对外，避开患者做与工作无关之事；个性难改，习惯可变；遇事不要用嘴反应；医生要满足对方的需求，顾及对方的情感相结合的原则。

五、注意非语言沟通技巧（体态语言）

　　非语言沟通有两种：静态提示和动态提示，其中静态提示包括容貌修饰、衣着打扮等。动态提示包括面部表情、目光接触、身体姿势、距离朝向、音

调、语速等。有人通过语言与非语言沟通的作用归纳了一个公式：信息总效果（100%）=7%的语词+38%的语调+55%的面部表情和身体姿势。医务人员体态语言的职业要求包括：对体态语言意义要明确，不可模糊、应用体态语言要适度（不要失态），要纠正不良的体态语言（不良的身体姿势和习惯动作）。非语言沟通技巧包括：有效利用副语言、保持目光接触、通过面部表情沟通、运用身段表达沟通、人际距离、身体接触。医生在诊疗过程中，可以使用面部表情和手势来表明你的关心，如握手、拍肩膀、问候陪同病人来诊的亲属和朋友。诊疗的最后，准确地告诉病人将要发生的事情，"在你回家之前到药房取药。晚餐前开始服药"。"一旦感觉……立即来诊。"又如临床中，护士要有意识地控制和病人的距离，尤其是对孤独自怜的病人、儿童和老年病人，缩短交往距离，更有利于情感沟通。但对有的病人，如在年轻异性之间交往距离过短，也会引起反感。常言道："良言一句三冬暖，恶语伤人六月寒。"试想一下，如果你来到一个新环境，这两种截然不同的语气和态度会给你带来怎样的感受？中国人最在意别人说话的方式，不在乎说话的内容。

案例共享

情景1

医院里，丈夫正在安慰得了不治之症的妻子，他说："你别着急，咱们花多少钱也要把你的病治好。"

可是实心眼儿的护士在一旁说："这病花多少钱也治不好。"

情景2

患者入院时我们面带微笑迎上前去热情主动地将病人送入病房，一迎一送表现出热情。然后对病人说："您的床位在这里。放好东西，随我来测体重。我再给您介绍环境。另外，为了保持环境安静和患者休息，请家属在外面稍等。"

而另外一种是面无表情机械地指指病床说："就是这张床！东西放好，跟我来过秤，家属都出去！"

分 析

同样的意思，不同的说话方式，效果截然不同。所以，医生要多说关怀的话，关怀增加；了解多说激励的话，激励提高士气；多说感谢的话，感谢拉近距离；多说商量的话，商量建立信任；少说消极的话，消极令人沮丧；少说对抗的话，对抗引起冲突；少说偏激的话，偏激招来反感；少说攻击的话，攻击形成对立。

沟通小贴士

急诊科五种较为常见的接诊情形，
如何进行良好的医患沟通

1. 准确诊断　时时沟通　病史不清

一老年患者，既往高血压史突发剧烈背疼来院就诊，排除心梗，确诊为主动脉夹层。初步治疗病情稳定后，马上向家属讲明患者的病情及预后。病史不清的危重患者应在询问病情、初步判断、稳定生命体征后，立即简短、清楚地向患者家属交代病情及可能后果，不宜与家属长时间沟通；待患者病情趋于稳定，病因逐渐明朗后再详细沟通；如果患者病情恶化，考虑终将不治，则应边抢救，边沟通。给家属一个接受的时间，否则很有可能因为沟通不到位而产生纠纷。

2. 抢救过程透明化　病史清楚　患者危急

72岁女性患者，多年冠心病史，突发昏厥入院急诊。入院时患者出现休克症状，检查显示患者为大面积心梗。抢救过程中患者心跳停止，半小时后仍无心率，家属知晓后都情绪激动地冲入抢救室，这时医务人员将急诊室窗帘拉开，继续抢救并由急诊医务人员拿着患者即时检查结果（如心电图等），不断和家属沟通，20钟后患者心跳仍未恢复，家属很理解并最终放弃抢救。急诊的医患纠纷大多是家属对医疗过程不满意和医患沟通不到位造成的。病史清楚的危重患者，让家属了解抢救过程和时刻沟通贯穿于抢救始终，将抢救过程透明化，让家属清楚地知道医生正全力抢救病人；时刻沟通，给家属接受的时间和过程。

3. 及时全面告知　留院观察病情突然加重

65岁男性患者，突发头晕，头部CT显示无异常，考虑TIA（短暂性脑缺血发作）。家属认为患者症状较轻，不愿住院。医生意识到疾病的危重性，劝患者留院观察。期间，不间断观察患者的反应、询问病情，家属渐渐对医生产生信任。观察过程中患者言语不清并突然失语，家属当即同意并配合救治工作。治疗后患者可自由交谈，家属已由原来的不信任转为感激。当患者留院观察时病情加重可能致死，如不及时沟通，往往会诱发医疗纠纷。急诊医生要多观察患者多与家属交流并争取家属的配合和理解，否则患者加重，家属会认为是医生失职而引发医疗纠纷。

4. 沟通交给专科医生　外科急症

外科急症多是外伤所致的多发伤及复合伤，患者流血较多，伤势明显。沟通在此时处于次要地位，重要的是马上实施治疗，抢救患者生命。

医生实施救治后简短了解伤情，应该把详细沟通的过程留给专科医生；如果病情极重，与家属详述无益，可能耽误救治，初诊后应马上通知相关科室进行手术。

5. 详细记录诊疗全过程　突发急症　家属不在场

对于家属没在身边的患者，医生应进行更为详细全面的诊疗记录，如患者入院情形、各项检查等细节，如有条件可用录像机把患者的诊疗全过程录下来，以便找到家属时详细交代患者情况，以取得患者家属的信任和理解。

急诊医生掌握良好的沟通时机和技巧，才能很好地应对各种突发事件，给患者以最好救治的同时避免医疗纠纷的发生。

综合训练

一、回答问题

1. 下列关于非语言沟通技巧说法错误的是（　　）

　　A. 有效利用副语言属于语言沟通技巧

　　B. 保持目光接触属于非语言沟通技巧

　　C. 通过面部表情沟通属于非语言沟通技巧

　　D. 运用身段表达沟通属于非语言沟通技巧

2. 从沟通角度分析医疗纠纷产生的原因。

3. 从《中医十问歌》体会问诊技巧。

一问寒热二问汗，三问头身四问便。五问饮食六问胸腹，七聋八渴俱当辨。九问旧病十问因，再兼服药参机变。妇女尤必问经期，迟速闭崩皆可见。再添片语告儿科，天花麻疹全要验。

二、情景训练

1. 安慰入院病人。

2. 医学调查结果表明：膳食中脂肪过多、谷类食物比重过低的人群中血脂水平增高、发生冠心病的危险增加，就此与即将出院的男性老年冠心病患者交谈。

3. 患者说："昨晚，我失眠了，今天什么事也不想做。"如果自己是医生，该怎么说？

4. 如果有一位次日将接受胃切除手术的病人对护士说："我有点害怕。"

护士答："你不用害怕。"谈话就这样中止了。

三、案例分析，说一说以下三个案例中医务人员有了什么沟通错误。

案例1

缺乏沟通当被告

一个女演员，26岁，右侧乳房患乳腺癌入院，在征得患者及亲属的同意后，某医院外科为其做了右侧乳房全切除和周围淋巴结清扫术。术中，对左侧乳房也做了活体组织切片，冷冻检查结果为"乳腺良性肿瘤，伴有腺体增生"，医生未经患者及亲属的同意，顺手又切除了该患者的左侧乳房。事后，患者起诉医生未经授权切除左侧乳房，造成外表形象受损、精神受到伤害。结果：法院判赔。

案例2

语言不准患者晕

患者女，42岁，因身体不适就诊，医生询问病情后，认为营养不良、劳累过度。于是对患者说："别去上班了，在家好好休息，做点好吃的，另外再给你开点药，就不用再来看了。"此言刚出，患者立即昏厥。待抢救苏醒过来，仔细了解原因，方知患者因母亲患癌症去世不久，疑心太重，故对医生的话做了最坏的理解。

此例中，如果医生说详细一些，效果可能不致如此："你的病不要紧，主要是营养不良，和劳累过度也有关系，还是向单位请几天假，在家休息几天，做点好吃的补补身体。我给你再开点药，过几天应该就好了。没有其他情况，就不用再来看了。"

案例3

说话不慎拆婚姻

女青年李某，与男友去某市医院妇产科进行婚前检查。李某体检时，男友亦陪同在诊室。医生发现李某腹部有花纹，便问李某是否怀孕生育过，李某否认。医生又说："肚皮上的花纹倒像是妊娠纹。"李某说，自己以前较胖，会不会出现这种情况，遂请医生进一步检查。该医生又请一位资深医生检查，这位医生说："是有点像妊娠纹。"检查完毕，走出屏风，在体检表上填了"正常"。因李某查体时，站在诊室屏风外面的男友听到了医生与李某的全部对话，对李某是否是处女及是否生育过产生怀疑。

男友又单独走访别的医生，医生说："一般来说，生过小孩或怀胎七八个月后引产，才会有妊娠纹。"最后，男友与李某解除了婚约。在李某的强烈抗议下，原查体医院重新检查，结果是"外阴未孕型"。医院登门向李某道歉，并随同李某到男友家说明真相，未果。李某遂提起诉讼。法院以医生侵犯李某隐私权，致李某精神、名誉受损，判赔。

第七章
文宣类职业沟通技巧

情景导入

从 2002 年 4 月份开始，一篇题为《莫忽视微波炉的危害》的小文章（约 500 字）在全国各地数百家媒体上亮相，文章宣称"使用微波炉对人体有很大危害、微波炉烹饪破坏食品营养"，由此引发各地消费者的恐慌和整个微波炉行业销量的大幅下滑：当年 5 月、6 月份的总体销量比上年同期下滑了近 40%。微波炉行业的老大格兰仕自然成了该行业的最大的受害者，并将此事称作微波炉行业的"9·11"事件。据格兰仕对该事件源起的分析，其实，整个事件是一家美国公司为开拓中国市场精心策划的一个"商业阴谋"：先通过媒体发布有关微波炉对人体的有害论，在消费者当中制造"微波炉恐惧症"，使其充分传播，4 月开始，在全国众多媒体特别是省会一级城市和地级城市的媒体发布，加上各网站转载，据不完全统计，文章共有 530 篇之多。从发布时间看，4 月开始，5 月加速，7 月进入高潮，呈蔓延之势；从传播地区看，大都集中在微波炉市场占有率极高的省会城市和二、三级市场；从传播方式看，充分利用了媒体与网络的互动性、隐藏性、速效性，谣言像雪球一样越滚越大，最后，微波涟漪终成惊涛骇浪，导致整个行业发生雪崩。在谣言爆发的关键时刻，这家美国企业推出所谓第五代微波炉新品，自称是能够克服微波炉该种弊端的产品，至此其背后隐藏的真相才渐渐浮出水面，这篇未提一字"格兰仕"的短文若是这家美国企业所为，则完全为其新产品充当了"开路先锋"的角色。

面对"国外杀手"的软攻击，格兰仕也充分利用媒体进行了反击：第一步，2002年7月9日格兰仕"进京叫屈"，由著名职业经理人、格兰仕集团总经理助理赵强在京向媒体"喊冤"，揭露国外竞争对手的险恶用心，昭之于世。第二步，在京召开大规模"辟谣会"，格兰仕邀请国家工商局、国家技监局、中国家电协会、中国消协、中国名牌推进委员会以及中国预防医学会的领导和专家召开"辟谣会"，对事实进行澄清。第三步，媒体组合拳，从格兰仕的接招套路可以清晰地看出，媒体不但是格兰仕降价宣传的工具，而且也成为格兰仕洗刷自己"不白之冤"和反击对方的有力武器，用其人之道还治其人之身。第四步，在自己的网站建立专题栏目，对事件进行澄清和宣传，收集各媒体的相关报道和企业反不正当竞争的"维权"历程和决心。第五步，借媒体给对手施压，据7月17日《每日新报》报道，格兰仕有关人士称，经过相关部门的合作，调查出上述谣言文章正是某跨国公司操纵。格兰仕已对相关企业发出律师函，不排除诉诸法律的可能性。

（资料来自中国公共关系网：http://www.17pr.com）

学习目标

1. 了解媒体沟通的特性，正确认识媒体沟通的作用和影响，
2. 明确媒体沟通的原则，熟悉媒体采访的程序，
3. 掌握新闻报道的写作格式，
4. 明确广告宣传的特点，掌握广告文案的写作。

第一节　媒体沟通

在信息时代高速发展的今天，媒体是最广泛、最有力的信息传播工具。"媒体"一词来源于拉丁语"Medium"，音译为媒介，意为两者之间。它是指从信息源到受信者之间承载并传递信息的载体或工具。企业处在这种日益发达的媒体环境中，要学会维护自己的公众形象。任何一个国际性的大品牌都会忌惮媒体的曝光，报纸、杂志、电视、电台、网络等整合性的媒体环境资源，具备快速、覆盖面广、渗透性强的特性。舆论可以引导媒体，媒体可以左右舆论，企业应该像了解客户一样地了解媒体，学会如何与各类媒体建立良好的关系。

知识点击

一、媒体沟通的含义与类型

"媒体"（media）作为"媒介"一词的复数，是指平面媒体（图书、杂志、报纸）、广播媒体（电视和电台）、数字媒体（有时也称新媒体，包括互联网、手机和其他任何使用计算机技术的媒介）和娱乐媒体（以上全部，加上电影、唱片和电子游戏）的总和。

从出现的先后顺序来划分，报纸刊物为第一媒体，广播为第二媒体，电视为第三媒体，互联网为第四媒体，移动网络则为第五媒体。传统的媒体包括报纸、杂志、电视、广播四种，而在现代社会中，第五媒体网络扮演着越来越重要的角色。

资源链接

各种媒体的优缺点

1. 报纸

报纸又称新闻纸，种类繁多，覆盖面广。它和杂志都属于平面印刷媒体。

优点：（1）与各个社会阶层有着紧密的联系。因为制作容易，成本较低，接收信息不需要特别的设备，所以流传广泛，是真正的"大众"媒体。在我国，目前仍占居首要地位。（2）可以充分地处理信息资料。比如可以用增版、专访、连载、增页、增刊等方式，增加信息量，可以进行扩大、纵深的报道。（3）读者选择余地大。不受时间与空间的制约，不受阅读顺序的影响。不像电视、广播受时空的限制。（4）便于保存和检索。报纸的保存，一把剪刀足矣！而电视和广播则需要录像录音设备。读者可以剪贴、装订成册，摘录，便于日后检索、查证，反复使用。（5）时间上，比杂志传播快，效果显著。

缺点：（1）传播速度比电视、广播慢些。由于受到发行渠道和出版周期的制约，不能进行同步的"现场直播"。（2）受读者文化教育水平的限制。不像电视广播那样有图片与口语，信息传递形象、生动、直观，它要求读者有一定的文化教育水平。

2. 杂志

杂志又称期刊，是一种重要的大众印刷性传播媒介。

优点：（1）种类多，发行量大，读者范围大。（2）专业性、针对性强。

杂志的读者定位性强，一般有较固定的读者群。（3）信息细致。相对于报纸，它的采编时间充足，可经精细加工，形成翔实的报道。（4）具有史料和学术价值。（5）便于保存和检索。（6）反复传阅率高。（7）印刷精美，图文并茂，有审美价值和艺术感染力。

缺点：（1）印刷周期比报纸长。（2）要求读者有特定的专业知识和教育背景。

3. 电视

电视与广播属于电波媒体。

优点：（1）时间上的同时性，空间上同位性（如现场采访和现场直播）。（2）综合了文字、声音、图像、色彩等各种视觉和听觉效果，富有感官的冲击力，真实、生动，现场感强。（3）公众性强，因为具有娱乐性，所以是一般大众和家庭的精神消费重心。最受大众欢迎。（4）共享性强。报纸和杂志多人共享不方便，而电视可以一起观看，氛围较好，易受感染。（5）对文化教育程度没有太大的限制。

缺点：（1）互动性差，观众只能被动接受时间和节目顺序的限制，无法改变收视的时间、顺序和速度。不过，点播系统的问世正在改变这一缺点。（2）受空间与场地的限制。报纸在洗手间也可以看，在户外也可以看，而电视则受此限制。手机电视与网络电视可以随身携带，但也受费用、清晰度、完整性的各种限制。（3）成本较高。因为其制作、播放和收视都要有昂贵的设备支持，因而费用较高。（4）不是很方便保存，保存检索需要一定的设备。

4. 广播

优点：（1）传播快，有效范围广，不受时空限制，可边做事边听。（2）口语化，对受众的文化程度要求不高，容易产生亲近感。（3）制作成本低。

缺点：（1）文字简洁，不能带学术性，也不易深入。（2）稍纵即逝，不易保存和反复检索。

5. 网络媒体

以计算机和网络为基础的现代通信技术正在彻底地改变人们的生活和生产方式，给传统媒体带来了巨大的冲击。1998年的统计数据表明，因为网络的出现，美国的电视观众减少了30%，报纸减少37%（数据转引自《网络记者》一书，李希光著，中国三峡出版社）。

优点：（1）传播范围大。网络强调世界共享的特性。（2）个人化。网络使文化消费的个人化、个性化增强。一个手提电脑和手机，无论你在任何一个角落，都可以独自享受。另外，在内容上私人化的成分大大增强。

如在 BBS 上可以发表自己的看法，观点可以很偏激。（3）即时化。传播速度快，和传统媒体不同，它的制作时间更快，只要打上几句话，挂在网上，几秒钟之内就可以通过互联网络传遍全球。网站可以做到 24 小时信息不断更新。（4）多媒体化。网络媒体集合了文字、图片、影像、声音等多种现代信息处理手段，且可以做出三维动画。（5）多层次。在编排上，可以多个层次。（6）互动性。比如，一个新闻，可以在论坛中马上发表看法，受众的参与性增强了，互动的效果好。（7）制作成本低。相对于传统媒体，它可以个人制作，成本较低。（8）多元化。它倡导高度的开放性，鼓励思想的多元性。

缺点：（1）可信度、权威性低，因为高度的个人化，而且带有虚拟的色彩，其信息来源有时不好核查，所以可信度低，真实性差，进而权威性也低。（2）政治性的忽视，高度的开放本来是件好事，但是因为其传播途径的特点，给监管带来很大的难度，往往导致传播权的滥用，忽视政治性。带来了个人化与整体性的矛盾，科技与伦理、法律的矛盾问题。（3）商业性迎合，为了吸引访问，有的网站内容低级庸俗，哗众取宠。（4）受众受到限制，比如，受文化教育层次以及网络操作应用水平的制约。目前只是集中在一定的人群，不能像报纸、电视一样普及，据调查，目前中国网民，青少年学生占 19.3%，教师占 5%，党政机关与企事业单位人员占 3.4%。（5）安全性弱，报纸和电视等传统媒体不会担心病毒的感染，而电脑，特别是开放的网络，安全问题值得关注。

二、媒体沟通的作用与影响

（一）媒体的作用

美国传播学者哈罗德·拉斯韦尔 20 世纪中叶提出的媒体的三项功能，以及后来另一位学者查尔斯·赖特补充的第四项职能，基本得到了新闻传播学界的公认。这四项功能分别是：对环境进行监测；使社会各部分为适应环境而建立相互关系；使社会遗产代代相传；提供娱乐。

1. 环境监测功能

也就是向受众提供并告知新闻。对社会而言，可能发出自然灾害等警告，促成信息流通，巩固社会规范。常规的事实发生变动，尤其是关系到公众安危、利益变动的事实，大众传媒有责任及时发布消息，让公众了解情况。

2. 社会协调功能

社会是一个建立在不同分工基础上的有机体。社会各组成部分之间的协调发展才是保证整个社会和谐、稳定的基础。大众传播正是执行联络、沟通、协调社会各组成部分的功能。媒体通过发布信息，随时沟通社会各部分。人们则通过获得信息，及时调整与外部的关系。各类媒体好似是社会这部巨大机器的润滑剂，一定程度上控制着社会环境。

3. 文化传递功能

大众传播是社会遗产代代相传的重要保证。媒体在教育功能方面尤其具有优势。党和政府在各个时期的方针政策通过媒体向广大人民群众传达，并通过媒介引导人民群众树立遵纪守法、团结友爱、诚实守信等良好的道德风尚。媒介寓教育于知识信息的传播之中，倡导新生活观念，新生活方式，体现出媒介的教育功能所在。

4. 娱乐功能

媒体传递的信息不只是告知性、知识性等务实的信息，也是娱乐性，为了满足人的精神生活的需要，如文学的、游戏的、艺术的、消遣的等等。媒体能为受众提供休闲娱乐服务。

（二）媒体对企业的影响

媒体的蓬勃发展，给人们的生活带来了巨大的影响。它扩大了传播者的传播能力，人们不仅能够通过媒体以相对便捷的途径了解外面的世界，更重要的是能够导致其发生主观世界的变化，影响人们对周围人情和人性的看法，进而影响其思维方式和生活方式的改变。企业应处理好与新闻媒体的关系，因为无论企业形象或品牌形象的建立，基本上是在新闻媒体上完成的，没有新闻媒体这一平台，企业形象的建立缺少众口相传的渠道。

在许多情况下，传播力决定影响力，话语权决定主导权，时效性决定有效性，透明度决定公信度。企业要想快速地发展壮大，就要借助各类媒体把自己想说的、媒体关注的、老百姓关心的内容结合起来，加大信息发布力度，从而树立、改善企业和品牌形象，形成有利的舆论环境，获得各界的支持。

案例共享

蒙牛的媒体沟通

越来越多的企业管理者清楚，在向公众传递商业信息的过程中，加强与媒体的协作是成功的一部分。有许多中国企业都非常重视媒体的资源关系，如蒙牛这近几年突飞猛进发展，建立"蒙牛帝国"与他们能够高度重视媒体关系发展分不开。蒙牛能够利用多种媒体形式，打造各种媒体组合合作关系，以达成各个营销阶段的目的。如刚开始的蒙牛参加中央电视台的招标，到后来蒙牛制造的宇航员的"飞天事件"，再到后来蒙牛与湖南卫视所运作的"超级女声"形式，每一次媒体事件的曝光，其实都是蒙牛经过长时期对媒体关系高度重视和认真对待之后的突破和爆发。2005 年蒙牛与超级女声的合作，蒙牛花费 1600 万对超级女声进行赞助，最终赢得了新品蒙牛酸酸乳 27 个亿的销售收入，湖南卫视则获得了近 10 亿的广告收益。但在这 27 个亿和 1600 万的背后，蒙牛在全国各地围绕超级女声主题进行的促销、宣传，发放的各式各样的海报、奖品，甚至网站建设花费了 4 个多亿，是其前期赞助费用的 25 倍。从宣传工具上看，蒙牛除了对报纸、电视等传统媒体的应用，连网络、手机短信等新兴媒体也利用得淋漓尽致。人员参与上看，上到企业下到销售终端，前到市场宣传后到产品物流，都做到了最大限度的整合。蒙牛为超级女声的宣传创建了一个巨大的舞台，可以说除了湖南卫视对自身节目的市场运作外，超级女声的成功跟蒙牛的巨大投入密不可分。由此看来，媒体也是生产力。处理好了，可以扩大企业的效益；处理不好，就可能会造成企业破产、倒闭。媒体关系目前已经被很多企业纳入渠道建设的一部分。

互动活动 请想想，还有哪些企业的媒体沟通做得出色？

三、坦然应对媒体采访

要想成功地接受媒体采访，就是要与记者有良好的沟通交流。

（一）与记者接触的技巧

（1）要态度友好、礼貌、诚实地向对方提供必要的帮助。

（2）告诉对方你愿意提供帮助。

（3）不要立即同意或拒绝。

（4）首先了解对方的采访目的

（5）语调要保持职业化。

（6）要对整个过程进行记录。

（7）不要说任何关于不想见报或被播出的话语。

（8）要始终保持冷静。

（9）了解对方正在进行什么样的报道。

案例共享

第一次与记者接触常用的问题

1. 对不起，可以再说一遍您的姓名吗？

2. 您所代表的媒体是……

3. 您在进行什么报道？

4. 您报道的角度是怎样的？或者，您准备如何报道此事？或者，您为什么要进行这次采访？

5. 您还会和其他人联系吗？

6. 您对我们企业了解多少？

7. 您登录过我们的网站吗？我可以给您传真一些背景信息吗？

8. 您的截稿日期是什么时候？

9. 我可以在一小时之内再给您回电话吗？

（二）机智应对记者的棘手问题

（1）面对诱导性的问题时，不要重复对方的诱导性词语，可以进行适当的反驳。例如：

问题：你是否觉得这家公司过于贪婪了？

答案：我不这么认为。他们是一家非常有竞争力的企业……

（2）当被要求发表个人观点的时候，一般不要发表自己的个人观点。例如：

问题：你个人怎么看待这件事？

答案：我觉得问题不在于我的个人观点。问题是……

（3）当被问到不知道答案的问题时，诚实告诉对方自己不知道，并主动提出帮助对方查询。例如：

问题：这次的投资金额是多少？

答案：我现在还不能确定，不过我可以帮你查一下。

（4）当对方提出一个你知道答案，但却不能说的问题时，告诉对方为什么不能给出答案。例如：

问题：你们的报价金额是多少？

答案：这个我不能说，因为

——这属于机密信息；

——这件事情目前尚无定论；

——我不适合就此事发表评论；

——这个问题非常敏感；

——这个问题目前还在讨论 / 评估 / 协商。

（5）当对方提出一些开放或模糊地问题时，需要请对方澄清。例如：

问题：跟我们谈谈你的企业吧？

答案：请问你对哪一些具体的方面感兴趣？

> 互动活动　请模拟记者，找一个采访对象，进行媒体采访展示。

四、精心组织新闻发布会

新闻发布会是深受企业欢迎的一种公关传播手段，它通过新闻媒体向公众传达产品信息，树立企业良好的品牌形象。因此，成功的新闻发布会不仅能够提升企业品牌的影响力，甚至还能对行业的发展产生深远的影响。组织一场新闻发布会包括会前、会中、会后三个环节。

（一）会前准备

会前准备工作是组织好新闻发布会的基础，也是关键部分，它直接决定了后期的传播效果。具体包括以下工作：

1. 主题确定

新闻发布会召开发布的主题包括：有重大战略计划发布、重要领导成员的调整、与重要合作伙伴的合作关系、有重要意义的新店开业、对某些重大事件发表看法、重大促销活动内容的公开发布等。

2. 资料准备

提供给媒体的资料，一般以广告手提袋或文件袋的形式，整理妥当，按顺序摆放，再在新闻发布会前发放给新闻媒体，顺序依次应为：会议议程，新闻通稿，演讲发言稿，发言人的背景资料介绍（应包括头衔、主要经历、取得成就等），公司宣传册，产品说明资料（如果是关于新产品的新闻发布的话），有关图片、幻灯片、音频 / 视频资料，空白信笺、笔（方便记者记录），企业新闻负责人名片（新闻发布后进一步采访、新闻发表后寄达联络）。

3. 与会人员邀请、沟通与确定

媒体邀请的技巧很重要，既要吸引记者参加，又不能过多透露将要发布的新闻。在媒体邀请的密度上，既不能过多，也不能过少。企业应该一般邀请与自己联系比较紧密的商业领域记者参加，必要时如事件现场气氛热烈，应关照平面媒体记者与摄影记者一起前往。邀请的时间一般以提前 3 到 5 天为宜，发布会前一天可做适当的提醒。联系比较多的媒体记者可以采取直接电话邀请的方式。相对不是很熟悉的媒体或发布内容比较严肃、庄重时可以采取书面邀请函的方式。

4. 时间、场地落实与场景布置

（1）时间的选择：因为多数平面媒体刊出新闻的时间是在获得信息的第二天，因此要把发布会的时间尽可能安排在周一、二、三的下午为宜，会议时间保证在1小时左右，这样可以相对保证发布会的现场效果和会后见报效果。发布会应该尽量不选择在上午较早或晚上。

（2）地点的选择：场地可以选择户外（事件发生的现场，便于摄影记者拍照），也可以选择在室内。根据发布会规模的大小，室内发布会可以直接安排在企业的办公场所或者选择酒店。酒店有不同的星级，从企业形象的角度来说，重要的发布会宜选择五星级或四星级酒店。

（3）场景布置：包括主题背景板，内容含主题、会议日期，有的会写上召开城市，颜色、字体注意美观大方。

（二）会中控制

经过精密的前期策划，新闻发布会就可以如期按计划举行。发布会程序通常为来宾签到、贵宾接待、分发材料、主持人宣布发布会开始和会议议程、按会议议程进行产品展示与信息发布等。在整个过程中，一定要注意现场气氛的控制，包括人员和时间的协调、现场气氛和节奏调度等。

（三）会后反馈

新闻发布会结束后，需要将相关的资料及时发送给记者，并积极跟进，了解媒体需求的变化，监控媒体发布情况。同时要整理发布会音像资料、收集会议剪报，制作发布会成果资料集（包括来宾名单、联系方式整理，发布会各媒体报导资料集，发布会总结报告等），作为企业市场部资料保存，并可在此基础上制作相应的宣传资料。新闻发布会后，要及时收集反馈以上信息，总结经验。

案例共享

×××航空公司新闻发布会策划方案

一、会议目的

以×××航空公司在业内首家通过HACCP质量认证为新闻由头，塑造、宣传企业形象，树立企业品牌，扩大企业影响，加强HACCP体系认证的公众受知度，沟通传媒与公众。

二、会议时间

预计9月21日9:30（以取得HACCP证书为准）

三、会议地点

新闻大酒店5楼会议厅

四、主办单位

×××航空公司

五、协办单位

中国质量认证中心××省评审中心

六、拟请参会领导

中国质量认证中心主任、×××航空公司领导

七、拟邀请媒体及记者

×××社、×××日报、×××都市报、×××晨报、×××晚报、×××导报各两人

×××卫视、×××经视、×××频道、×××频道各三人

×××商报、×××新报、×××女报、×××网各一人

共计约31人

八、会议流程

1. 9:00前会场布置完成（综合部）

2. 9:30所有与会人员准点入场

3. 主持人致欢迎词及开场白（介绍参会的领导及媒体）3分钟（×××）

4. HACCP体系原理及×××航空公司建立和实施HACCP情况介绍10分钟（×××）

5. 中国质量认证中心×主任为×××航空公司颁发HACCP证书

6. ×××航空公司领导发言

7. 与会记者提问

8. 主持人致结束语，记者与与会嘉宾自由交流

九、经费预算：

1. 场地租用费：2000元

2. 邀请函及资料制作费：10×40＝400元

3. 会场布置：3000元

合计：5400元左右

十、会前准备

1. 随时与认证中心保持联系，确保9月17日前完成取证工作（×××）

2. 制作与发放邀请函 9 月 18 日前完成（×××）

3. 会场布置，包括会场的选定、租用、布置、签到台的设置、横幅的制作等，准备一个签到本，会议用饮料、茶水、水果的准备，会场布置一月饼展示台。会场布置应突出 ××× 航空公司的企业形象，多使用带有 ××× 航空公司标识的宣传画。此外，建议调用 4—6 名可以代表 ××× 航空公司形象的空姐着统一服装进行具体接待工作。

4. 宣传资料的准备：

a. 新闻通稿 × 记者执笔，××× 交评审中心审阅，16 日前完成。

b. HACCP 体系原理及 ××× 航空公司建立和实施 HACCP 情况，××× 执笔，18 日前完成。

c. 各嘉宾的发言，提前通知到本人，由各嘉宾准备。

d. 参会人员名录。

e. 公司简介及公司形象宣传资料等。

××× 航空公司

2014 年 8 月 10 日

五、新闻报道写作

（一）新闻的概念

中国新闻界的前辈陆定一在 1943 年发表的《我们对于新闻学的基本观点》一文中提出，新闻就是"新近发生的事实的报道"。这是目前我国新闻界比较认同的一种定义。

资源链接

关于新闻概念

中外新闻界对新闻的定义五花八门，据不完全统计，有 170 多种。比较有代表性的观点有：新闻就是把最新的事实现象在最短的时间内连续地介绍给最广泛的公众（德国）；新闻是报道或评述最新的重要事实及影响舆论的特殊手段（日本）；新闻就是广大群众欲知、应知而未知的事实（范长江《记者工作随想》）。

（二）新闻的特点

新闻文体是有自己的特色的，它作为信息的载体，其主要的职能是对新近发生的事实进行报道。从宏观上看，新闻文体应具有的最大的特点是真实性和时效性和简明性。

1. 真实性

新闻是新近发生的事实的报道,真实是新闻的生命。新闻是客观事实的反映,事实永远是第一性的。"事实胜于雄辩",新闻的永恒生命力和魅力,首先就在于它的真实性。所谓真实,就是新闻报道的人物、事情要确有其人,确有其事。

2. 时效性

时效性,是新闻文体的又一特点。新闻之所以可贵,很重要的一点就在于它能最迅速地把新的消息传递给读者。所谓及时,就是要尽可能地缩短新闻时间从发生到报道的距离。有两种非常形象的说法,一是新闻是一种"易碎品",二是"时效就是金钱"。

3. 简明性

新闻传播一般都是一次性的完全传达,因而不能长。但是读者却要求提供足够的信息量,因而,新闻要求简明性。同时快节奏的现代生活,也要求短小精悍的新闻。

（1）一事一报。这就是说在写作新闻时,尽量避免一个新闻里含有多件事实,而是聚焦于一事,不枝不蔓,集中凝练。

（2）提取精华。二战时期,苏联曾经发布一条一句话新闻,列为经典:强大的苏联红军已于 × 月 × 日饮马聂伯河。虽然极其短小,新闻要素俱在,精华尽显,以一当十。

（3）巧取一隅,以小见大。比如有些新闻着眼于一点写开,反映出整体的变化。

互动活动 谈谈你对新闻特点的认识。

（三）了解新闻采访

学习新闻写作,要以扎实的新闻采访作为基础。有人曾经用"七分采,三分写"来形象说明新闻采访与新闻写作的关系。

一要安排好采访顺序。应当先采访配角,后采访主角。因为配角不处于事物矛盾的核心位置,跟自身没有直接的利害关系,看问题比较客观,说话比较大胆,能够提供更多的情况。

二是要博得被采访者的好感。对采访对象表现出特殊的尊重、努力活跃采访气氛、美化采访语言都能博得被采访者的好感,使采访顺利进行下去。

三是要抓住要害问题来采访,不要偏离主旨去提一些枝节问题,结果东拉西扯，没有完成采访任务。

四要深挖生动的细节，要在能够表达主题的细节上进行细致的详尽的采访。请采访对象把新闻事件发生时的情境、人物的心情、人物的动作、人物的表情、人物的语言等都按当时的情况描述一遍，深挖具体的细节，写出来的报道就很逼真。

五要注意观察现场。因为现场感越强的报道，就越具有感染力，所以记者尽可能到现场去走一走，去观察，去感受，写出来的报道肯定现场感更强一些。

资源链接

新闻采访前的准备

一要了解背景材料。即指这个新闻事件大概是在什么样的情况下发生的；新闻中的主要人物大体是什么样的人物；还牵涉哪些相关的事件等。了解背景材料的方法很多，可以找到重要的知情人问询，可以打电话到相关的单位了解，可以查询有关材料，也可以上网查询同类资料，等等。

二要制订采访计划。制订采访计划，主要是确定采访的时间、地点、主要人物、次要人物、收集资料、现场拍照、预测主题、预料变化等。必备的采访前准备是采访成功的前提。

（四）消息——新闻报道的主角

新闻有广义、狭义之分。广义的新闻，包括消息、通讯、新闻评论、特写等；狭义的新闻，专指消息。由于消息本身具有较强的时效性、真实性和精简性等特点，它被称为新闻文体中的"轻骑兵"，是新闻媒介中运用数量最大、受众最多、影响最广泛的一种新闻体裁。因此，消息写作是新闻写作中最基础的部分。

1. 消息的含义和要素

消息的定义很多，目前新闻界多数人赞同陆定一的观点，即消息是新近发生的事实的报道。

消息的要素，一般分为时间（when）、地点（where）、人物（who）、事件（what）、原因（why）和如何发生（how）这六个要素，简称"六要素"，国外新闻界合称这些要素为"五个 W"加"一个 H"。

以下面这则刊登在《浙江日报》上的消息为例来分析其中的新闻六要素：

案例共享

杭州十多天销出十吨人参

[本报讯] 1月8日下午三点半到四点半光景，仅一个小时，杭州延庆堂药店就销出各档人参五千克多。

记者赶到延庆堂药店，店堂正中的人参柜台被密密麻麻的人群围了好几层，他们选购人参，大多开口就要，不问贵贱。据药店经理金国民说，从去年12月底开始，这个柜台每天要销出十多千克人参。

在买参的人流中，瘦削个子的冯师傅正乐滋滋地向老伴指指点点，这对老夫妻都是杭州红峰丝织厂的工人，有生以来第一次光顾人参柜台。"现在日子好过了，想吃点参，补补身体。诺，你看，一人一支！"冯师傅扬起刚买的两支参，笑着告诉记者。

两个稚气未脱的小青年，笑嘻嘻地把两支人参塞进拎包里。记者上前一打听，原来是来自玉环的农民，刚二十出头，在杭州钱江汽车修配厂做工。记者问他们："是买给父母的吗？"其中一个腼腆地一笑："自己吃，吃支参补补，开年干活更起劲！"站了三十多年柜台的营业员沈文告诉记者：近几年人民生活水平不断提高，人参生意一年比一年好做，过去年轻人买人参，大多是逢年过节看岳母、望公婆，或者孝敬父母用的，现在买支人参自己补补，成了蛮平常的事。

延庆堂药店销售的人参，既有二三十元一支的新开河参，也有两三千元的高档野山参，入冬以来全面旺销。记者登门走访了杭州医药公司销售科负责人，他作了一番估算后说：去年元旦、春节前后杭州总共销出人参六吨，而去年12月下旬到今年1月8日止，已售出十吨。

分析

这则消息的"六要素"体现在以下。

时间：1月8日下午三点半到四点半光景的一个小时。

地点：杭州延庆堂药店。

人物：密密麻麻的人群有"好几层"；此外，记者又采访了顾客冯师傅夫妇和两个来自玉环的农民、站了三十多年柜台的营业员沈文以及医药公司销售科负责人。

事件：一个小时卖出人参五千克多，销售业务旺盛。

原因：近几年人民生活水平不断提高，现在买支人参自己补补，成了蛮平常的事。

事件经过：争购人参，盛况可观。

这里需要强调的是，通常情况下，一条清晰、完整的消息，必须具备这六要素。但是，在实际的消息写作中，何时、何地、何事这三个要素是必不可少的。而何人、何故等原因，在许多简明消息中，即使不出现也不会影响消息的完整性。

资源链接

消息的种类

根据不同的分类标准，可以把消息分成若干类别。现在国内比较通行的是按写作特点来分。最常见的消息一般可分为四类：动态消息、综合消息、典型消息、述评消息。

1. 动态消息

也称动态新闻，这种消息迅速、及时地报道国内国际的重大事件，报道社会主义建设中的新人新事、新气象、新成就、新经验。动态消息中有不少是简讯（短讯、简明新闻），内容更加单一，文字更加精简，常常一事一讯，几行文字。

2. 综合消息

也称综合新闻，指的是综合反映带有全局性情况、动向、成就和问题的消息报道。

3. 典型消息

也称典型新闻，这是对某一部门或某一单位的典型经验或成功做法的集中报道，用以带动全局，指导一般。

4. 述评消息

也称新闻述评，它除具有动态消息的一般特征外，还往往在叙述新闻事实的同时，由作者直接发出一些必要的议论，简明地表示作者的观点。记者述评、时事述评就是其中的两种。

2. 消息写作

新闻有五要素，即：When（何时）、Where（何地）、Who（何人）、What（何事）、Why（何故）。有的新闻学上补充了一个要素：HOW（如何）。在五个W和一个H中，最主要的是 What（何事）、Who（何人）。写作时要认真写好这几个方面的内容。

消息的结构比较固定、简单，大多数消息的结构都是"倒金字塔"式的，即：最重要的材料放在开头，次要材料放在后面。消息的结构具体表现为：标题、导语、主体、结尾，并在文中穿插背景材料。

（1）标题。标题是消息的眼睛，拟写得好，可以吸引读者；拟写得差，一篇好消息也会被埋没。可见标题有着向读者推荐的作用。如《两位市长直接关怀大港"油郎"喜结良缘》（新华社 1990 年 1 月 6 日电讯稿）、《地球三分钟　净增五百人》（新华社 1996 年 7 月 13 日电讯稿）、《杭城新事见新风　拎书拜年书压岁》（1991 年 2 月 19 日《解放日报》）。

消息的标题必须简明、准确地概括消息内容，帮助读者理解报道的事实。消息标题有主题（正题）、引题（眉题）、副题（次题）三种。

资源链接

新闻标题制作要注意的问题

标题制作要注意四个方面：题文一致，语意连贯，虚实得当，逻辑合理。

1.题文一致

所谓题文一致，就是标题选择的事实和观点要与新闻内容的本质一致。具体来说就是：

（1）标题所写的事实，应该是新闻中本来就有的，不能选择新闻以外的事实，更不能无中生有，加以虚构。

（2）标题从新闻中选择某一事实，但这种选择不能不顾及事物的全貌，不能歪曲整个新闻的基本事实。

2.语意连贯

（1）主题和辅题是意义上相关联的整体，安排结构时必须保持语意上的连贯性，否则易使人费解。

（2）正确断句、分行，保持标题语意的完整。

3.逻辑合理

引题、主题、副题既是标题的一部分，它们之间就存在着一种逻辑关系，如因果关系、目的与手段的关系、虚与实的关系等等。标题一般不用"因为……所以……""为了……"等关联词，少用标点符号、语意转换跳跃比较大，各行标题之间的关系只能由读者去意会。因此，制作标题一定要注意各行之间的逻辑关系连贯，才不致让人产生疑惑。

4.虚实得当

复合型新闻标题要注意虚实结合。实题可以独立存在，而虚题不能独立存在，它必须依附于实题。这种虚与实的关系要正确处理，使虚题依据实题而存在，实题依托虚题得到升华。

新闻标题中实题着眼于叙述，着重表现具体的人物、动作和事件等。虚题着眼于说理议论，着重说明原则、道理、愿望等。

虚实结合得好的标题，其表现力更强。虚实怎样结合才是最好，是引题用虚题、主题用实题好，还是主题标虚、副题标实好，不能一概而论。一般情况下，标题的引题和主题可以是实题，也可以是虚题，而副题则多数是实题。一条新闻的标题可以全部由实题组成但不能全部由虚题构成，虚题必须依托实题才能存在。也就是说，复合型标题中，至少要有一行是实题。据统计，虚题在报纸版面上所占的比例相当小，只有5%—10%。

一般来说，如果要强调的是新闻中的事实，则宜把主题做成实题；如果要突出的是新闻中的思想、观点、愿望等，则可以把主题做成虚题。主题是做成实题还是虚题，要根据报道意图来决定。

（2）导语。导语是指消息的第一自然段或第一句话。是一则消息中最重要事实的概括。它是以简要的文句，突出最主要、最新鲜的事实，揭示新闻要旨，吸引读者阅读全部消息。

资源链接

导语的主要形式

1. 叙述式

把消息中最新鲜、最主要的事实简明扼要地写出来。叙述型导语包括直叙式、概括式、对比式等。

石城返乡农民工喜获"年礼"

近日（when），石城县琴江镇（where）的黄爱华（who）刚刚从东莞返乡就收到一份"新年大礼"——县里统一发出的返乡农民工优惠卡（what），优惠项目包括就医、就业、技术培训、法律维权等内容。

（赣南日报2009年1月6日头版）

2. 描写式

对消息的主要事实或某一有意义的侧面做简洁朴素而又有特色的描写，以酿成气氛。有特写式（细节描写式）、见闻式（场面描写式）。

1995年2月5日《文汇报》报道了上海下雪的消息，导语是这样写的：

昨天下午3点左右，正是立春时分，一场鹅毛大雪匆匆而来，匆匆而去，由此结束了上海市去年入冬以来没有降雪的记录。

3. 提问式

先揭露矛盾，鲜明地、尖锐地提出问题，再作简要的回答，引起读者的关注和思考。

4. 结论式

把结论写在开头，提示报道某一事物的意义或目的或总结。

5. 号召式

提出号召，给读者指出方向和奋斗目标。

（3）主体。这是消息的主干部分。它紧接导语之后，对导语做具体全面的阐述，具体展开事实或进一步突出中心，从而写出导语所概括的内容，表现全篇消息的主题思想。应按"时间顺序"或"逻辑顺序"写作，但仍然要先写主要的，再写次要的。

主体的结构形式有：①按时间顺序（根据事情发生的先后顺序安排层次）；②按逻辑顺序（根据事物的内在联系，问题的发展逻辑来安排层次）；时间和逻辑顺序相结合（把时间顺序和逻辑顺序糅合在一起写）。

（4）背景。新闻背景，指事件的历史背景、周围环境及与其他方面的联系等。写新闻有时要交代背景，目的在于帮助读者深刻理解新闻的内容和价值，起到衬托、深化主题的作用，也就是回答五个"W"中的 Why（为什么）。

资源链接

背景有哪些作用？

第一个作用，是说明新闻事件的起因。

第二个作用，显示或帮助读者理解新闻事件的重要性。

第三个作用，突出新闻稿件的新闻价值。

第四个作用，表明记者的观点。记者是不准在新闻中发表议论的，但谁也无法禁止记者通过自己来写的新闻表达自己的立场和看法。纯客观的报道是不存在的。

背景的类型，常见的有三种：对比性的，说明性的，注释性的。有的新闻学则将背景分为四种：人物背景、地理背景、历史背景和事物背景。

（5）结尾。新闻的结尾有小结式、启发式、号召式、分析式、展望式……这些结尾写作与一般记叙文结尾的写作并无大的不同。

案例共享

大连148项工程开工典礼一个会搞定

[新华网沈阳4月29日电]（记者李小林）大连市交通口岸管理局转变工作作风推出新举措：全市148项交通口岸基础设施建设工程开工典礼全部取消，取而代之的是4月28日下午的一小时新闻发布会。并在开工典礼节省的资金中拿出10万元当场捐给大连市希望工程。

大连市交通口岸管理局局长汪集刚介绍，今年大连市交通口岸基础设施建设力度加大，开工建设公路、城市交通轨道、航运交易市场、陆岛码头等工程共148项，其中重点工程10项，列入市政府20件实事的工程8项，总投资达18.7亿元。按过去惯例，这些工程大多数都要搞一个开工典礼，有的还要搞得很隆重。前不久，在研究这些工程开工时，我们按照党中央牢记两个"务必"和发扬艰苦奋斗精神的要求，以及大连市委、市政府关于执政为民、勤俭节约的规定，决定取消所有项目的开工典礼，只开一个简短的新闻发布会，通过新闻单位向全市人民告知这些项目。不但今年不搞工程开工典礼，以后都不搞开工典礼了，我们政府部门工作要提倡实打实、不搞"花架子"，树立政府机关的新形象。

在新闻发布会上，大连市交通口岸局除了通报工程概况外，还希望新闻单位监督这些项目的实施，特别是在项目招标、施工进度、工程质量和政府机关干部、施工人员的廉政建设方面予以监督。

分　析

多数人认为写会议消息比较简单，但是要将会议消息写得精彩，其实是一件不容易的事，而这篇会议消息做到了这点。

首先，消息的标题用"148项"和"一个"进行对比，将新闻事实的"数"和"量"这两种因素表现了出来，把枯燥、抽象的数字具体化、形象化，阐发出特定的含义。从而诱发了读者的好奇心："一个会怎么能搞定148项工程的开工典礼"，"如此巨大的工程为什么只用一个会就代替了"。这样的标题就好像西餐中的"开胃汤"，吊起读者的胃口，让读者不得不看下去。

这篇消息最突出的部分就是这个漂亮的"凤头"——导语。导语总共两句话，简洁明快，容易被人理解和接受，不仅清晰明确地交代了新闻事实，还揭示了其目的和意义：之所以要用一个会代替开工典礼是为了节省资金，并且用节省下来的资金做更多有意义的事，比如捐给希望工程。先前被吊足胃口的读者此时就豁然开朗了。

此外，在新闻语言方面，文中强调了新闻发布会只有"一小时"，突出了会议之短，与工程的巨大形成鲜明对比，还有"全部取消""当场"等词语，都做到了准确而鲜明地反映新闻事实。

尤其值得一提的是，这篇消息写了大连市委市政府决定取消开工典礼，是响应中央十六大报告中提出的"执政为民"重要思想，这具有重要的社会意义，从而凝聚了主题，增强了消息的传播价值。

沟通小贴士

建立有效媒体关系的原则

1. 开放

可以指定一位只是丰富的新闻发言人专门接受媒体采访，他应该接受过一定的培训，能够就自己职权范围之内的相关话题进行发言。

2. 及时

要迅速接听记者的电话，哪怕是你要告诉对方的是要延后谈论出现的问题。

3. 诚实

要永远讲真话，假话早晚是会露馅的。

4. 掌握足够的信息

了解企业最新发生的事件，使记者能确信信息来源的可靠性。

第二节 广告宣传

知识点击

一、广告的含义

广告，即广而告之。广告是为了某种特定的需要，通过一定形式的媒体，公开而广泛地向公众传递信息的宣传手段。广告有广义和狭义之分，广义广告包括非经济广告和经济广告。

《中华人民广告法》中对"广告"的定义是，商品经营者或者服务提供者承担费用，通过一定媒介和形式直接或者间接地介绍自己所推销的商品或者所提供的服务。

奥格威的广告信条

（1）绝对不要制作不愿意让自己的太太、儿子看的广告。诸位大概不会有欺骗自己家人的念头，当然也不能欺骗我的家人，己所不欲，勿施于人。

（2）在美国一般家庭，每天接触1518件广告，要引起消费者注意，竞争越来越激烈。如果大众倾听广告者的心声，则其心声必须别具一格。

（3）广告是推销技术，不是抚慰，不是纯粹美术，不是文学，不要自我陶醉，不要热衷于奖赏，推销是真刀真枪的工作。

（4）绝不能忘记——你是在花广告主的钞票，不要埋怨广告创作的艰难。

（5）不要打"短打"，你必须努力，每次都要全垒打。

（6）时时掌握主动，不要让广告主支使才去做，要用出其不意妥协的神技，让他们惊讶。

（7）一旦决定广告活动的实施，不要徘徊，不要妥协，不要混乱，要单刀直入地进行，彻底地猛干。

（8）不要随便地攻击其他广告活动，不要打落鸟巢，不要让船触礁，不要杀鸡取卵。

（9）每一个广告，都是商品印象（brand image）地长期投资，丝毫不允许有冒渎印象的行为。

（10）展开新的广告活动以前，必须研究商品，调查以前的广告，研究竞争商品的广告。

（11）说什么比如何说更重要，诉求内容比诉求技巧更为重要。

（12）如果广告活动不是由伟大的创意构成，那么它不过是二流品而已。

（13）广告原稿，必须是具体地表现商品的文案规范（copy platform），堂堂地、明确地传达商品的功用、寻找商品最大功用是广告作业中最大的使命。

二、广告宣传的作用

现代社会广告如林，没有不做广告的企业和企业家，也没有不依赖于广告进行商品销售的商业活动。广告作为一种传递信息的方式，主要的任务是有效地传递商品和服务的有效信息，树立良好的企业形象与品牌形象，刺激消费者购买欲望，引导消费者购买行为。广告的宣传作用体现在以下三方面：

1. 信息传播作用

广告是一种大众性的信息传播活动，主要是传递商品信息、服务信息等，同时也肩负着传递政治、经济、科学、文化等社会信息。

2. 经济促进作用

广告的直接作用是能够沟通产品销售渠道，指导消费，刺激购买需求。

3. 宣传教育作用

广告还可以通过画面、形象、语言、文字、音乐等形式影响社会风气，教育人民，培养人们的高尚情操和美好言行。

三、广告文案的写作

（一）了解广告文案

广告文案是广告作品中用来表达主题和创意的语言文字，它是广告的重要组成部分。任何广告作品都离不开用语言文字来传达产品和劳务信息。广告文案是应用文体中一种特殊文体，它由广告标题、广告正文、广告随文、广告标语等部分组成。撰写广告文案必须服务于广告目的，同时要依据消费者购买行为心理学的法则。最早获得纽约文案俱乐部所颁发的"杰出撰稿人"荣誉之一的乔治·葛里宾曾指出：成功的文案，必须具有吸引消费者将全部文案读完的艺术魅力。因此，广告文案要求目标明确，通俗易懂，真实可信，生动形象。

资源链接

广告创意

创意是广告的灵魂，而广告文案创意又是广告创意的核心，它是广告设计成败优劣的标志。有观点认为创意不可言说，其实创意并不神秘，它是靠广告人长期的、大量的信息积累的结果，是创意群体之间相互触发、启示，而突然在一个有创意思考人的头脑中迸发成灵感的心理过程，这个过程从无到有、从朦胧到清晰，靠广告人脑中的各种知识和阅历累积而成，是通过一连串看不见、摸不着的艰难心智历程制造出来的。成功的创意，可使广告作品的内容和形式和谐统一，令人耳目一新，具有强力的感染力和感召力。

广告文案的写作就是在创意活动的基础上，通过语言和文字来体现创意。在将广告创意进行表现的过程中，文案作者对创意的理解和把握，对创意的表现能力都将直接影响广告效果的实现。因此，文案作者需要对商品、对消费者进行深入细致的考察与研究，用自己的独到理解，进一步完善创意，深化创意。广告大师大卫·奥格威当年为新型罗斯－罗伊斯轿车撰写文案时，数易其稿，仅标题就拟出 26 个，最终创作出了广告经典名作——在时速 60 英里时，新型罗斯－罗伊斯轿车的最大噪音来自车上的电子钟。广告创意的目的在于使商品能吸引消费者的注意力，并使其采取购买行动。

（二）广告标语

1. 广告标语的含义和作用

广告标语，又称做广告口号、广告语，它是基于长远销售利益，在广告中长期、反复使用的简短特定宣传语句。

广告标语的作用就是加强公众对品牌、企业、产品或服务的印象，而在广告中长期、反复使用。广告标语就像是广告的商标一样，根据表达的需要，它可以出现在正文的任何部位，一般情况下，独立于正文之外，作为广告相对独立的一部分。

资源链接

可口可乐公司广告语汇集

1886 年：请喝可口可乐

1904 年：新鲜和美味满意，就是可口可乐

1905 年：可口可乐，保持和恢复你的体力，无论你到那里，你都会发现可口可乐

1906 年：高质量的饮品

1907 年：可口可乐，带来精力，使你充满活力

1908 年：可口可乐，带来真诚

1909 年：无论你在哪里看到箭形标记，就会想到可口可乐

1911 年：尽享一杯流动的欢笑

1917 年：一天有三百万！（人次）

1920 年：可口可乐——一种好东西从九个地方倒入一个杯子

1922 年：口渴没有季节

1923 年：口渴时的享受

1925 年：真正的魅力

1925 年：六百万一天（人次）

1926 年：口渴与清凉之间的最近距离——可口可乐

1927 年：在任何一个角落

1928 年：可口可乐——自然风韵，纯正饮品

1929 年：世界上最好的饮料

1932 年：太阳下的冰凉

1933 年：一扫疲惫，饥渴

1935 年：可口可乐——带来朋友相聚的瞬间

1937 年：美国的欢乐时光

1938 年：口渴不需要其他

1939 年：只有可口可乐

1940 年：最易解你渴

1941 年：工作的活力可口可乐属于——

1942 年：只有可口可乐，才是可口可乐永远只买最好的

1943 年：美国生活方式的世界性标志——可口可乐

1945 年：充满友谊的生活幸福的象征

1946 年：世界友谊俱乐部——只需 5 美分

1946 年：yes

1947 年：可口可乐的品质，是你永远信赖的朋友

1948 年：哪里好客，哪里就有可乐

1949 年：可口可乐——沿着公路走四方

1850 年：口渴，同样追求品质

1951 年：好客与家的选择

1952 年：你想要的就是可乐

1953 年：充满精力——安全驾驶仲夏梦幻

1955 年：就像阳光一样带来振奋

1956 年：可口可乐——使美好的事情更加美好轻轻一举，带来光明

1957 年：好品位的象征

1958 年：清凉，轻松和可乐

1959 年：可口可乐的欢欣人生真正的活力

1961 年：可口可乐，给你带来最佳状态

1963 年：有可乐相伴，你会事实如意

1964 年：可口可乐给你虎虎生气，特别的活力

1965 年：充分享受可口可乐

1966 年：喝了可口可乐，你再也不会感到疲倦

1968 年：一波又一波，一杯又一杯

1970 年：这才是真正的，这才是地道货　可口可乐真正令你心旷神怡

1971 年：我原拥有可乐的世界

1972 年：可口可乐——伴随美好时光

1975 年：俯瞰美国，看我们得到什么

1976 年：可乐加生活

1980 年：一杯可乐，一个微笑

1982 年：这就是可口可乐

1985 年：一踢；一击；可口可乐

1989 年：挡不住的感觉

1993 年：永远是可口可乐

1994 年：永远是可口可乐

1995 年：这是可口可乐

1996 年：这是可口可乐

1997 年：每刻尽可乐，可口可乐

1998 年：看足球，齐加油，喝可口可乐

1999 年：抓住这感觉

2000 年：可口可乐节日"倍"添欢乐

2001 年：活出真精彩

2002 年：激情无限——可口可乐

2003 年：尽情尽畅，永远是可口可乐

2004 年：要爽由自己

2006 年：每一个回家的方向都有可口可乐

2010 年：你想和谁分享新年第一瓶可口可乐

2. 广告标语的特点

广告标语是广告文案创作中最富创意的部分，有以下几个特点：

第一，高度概括、语言凝练。广告标语能以最少的文字表达出最丰富的语意，它传达的是产品和企业浓缩性的核心观念，通常具有很强的号召力。

第二，朗朗上口、便于记忆。广告标语不一定都要求是对仗工整的，但应该朗朗上口，使受众容易接受，也便于重复、记忆和流传。

第三，长期使用、相对稳定。广告标语一般会长期广泛地反复使用，不会因广告作品不同而有所变化，它特别强调一致性，这有利于将产品和企业的观念延续，给受众以持久的印象。

互动 活动

分析以下广告语的成功奥妙何在:

1. 一切皆有可能(李宁广告语)

2. 消除细菌,爱心妈妈选择(舒肤佳广告语)

3. 新一代的选择(百事可乐广告语)

4. 农夫山泉有点甜(农夫山泉广告语)

5. 长城电扇,电扇长城(长城电扇广告语)

6. 小心驾驶,阁下无法复制(法国交通广告语)

7. 康师傅方便面,就是这个味!(康师傅广告语)

8. 不闪的,才是健康的(创维广告语)

9. 有喜事喝金六福(金六福广告语)

10. 人类失去联想,世界将会怎样(联想电脑广告语)

资源链接

世界经典广告标语欣赏

1. 雀巢咖啡:味道好极了

这是人们最熟悉的一句广告语,也是人们最喜欢的广告语。简单而又意味深远,朗朗上口,因为发自内心的感受可以脱口而出,正是其经典之所在,以至于雀巢以重金在全球征集新广告语时,发现没有一句比这句话更经典,所以就永久地保留了它。

2. M & M 巧克力:只溶在口,不溶在手

这是著名广告大师伯恩巴克的灵感之作,堪称经典,流传至今。它既反映了 M&M 巧克力糖衣包装的独特,又暗示 M&M 巧克力口味好,以至于我们不愿意使巧克力在手上停留片刻。

3. 百事可乐:新一代的选择

在与可口可乐的竞争中,百事可乐终于找到突破口,它们从年轻人身上发现市场,把自己定位为新生代的可乐,邀请新生代喜欢的超级歌星作为自己的品牌代言人,终于赢得青年人的青睐。一句广告语明确地传达了品牌的定位,创造了一个市场。这句广告语居功至伟。

4. 大众甲壳虫汽车:想想还是小的好

20 世纪 60 年代的美国汽车市场是大型车的天下,大众的甲壳虫刚进入美国时根本就没有市场,伯恩巴克再次拯救了大众的甲壳虫,提出"think small"的主张,运用广告的力量,改变了美国人的观念,使美国人认识到

小型车的优点。从此，大众的小型汽车就稳执美国汽车市场之牛耳，直到日本汽车进入美国市场。

5. 耐克：just do it

耐克通过以 just do it 为主题的系列广告，和篮球明星乔丹的明星效应，迅速成为体育用品的第一品牌，而这句广告语正符合青少年一代的心态，要做就做，只要与众不同，只要行动起来。然而，随着乔丹的退役，随着 just do it 改为 I dream，耐克的影响力逐渐式微。

6. 诺基亚：科技，以人为本

"科技，以人为本"似乎不是诺基亚最早提出的，但却把这句话的内涵发挥得淋漓尽致，事实证明，诺基亚能够从一个小品牌一跃成为移动电话市场的第一品牌，正是尊崇了这一理念，从产品开发到人才管理，真正体现了以人为本的理念，因此，口号才喊得格外有力，因为言之有物。

7. 戴比尔斯钻石：钻石恒久远，一颗永流传

事实证明，经典的广告语总是丰富的内涵和优美的语句的结合体，戴比尔斯钻石的这句广告语，不仅道出了钻石的真正价值，而且也从另一个层面把爱情的价值提升到足够的高度，使人们很容易把钻石与爱情联系起来，这的确是最美妙的感觉。

8. 麦氏咖啡：滴滴香浓，意犹未尽

作为全球第二大咖啡品牌，麦氏的广告语堪称语言的经典。与雀巢不同，麦氏的感觉体验更胜一筹，虽然不如雀巢那么直白，但却符合品咖啡时的那种意境，同时又把麦氏咖啡的那种醇香与内心的感受紧紧结合起来，同样经得起考验。

9. IBM：四海一家的解决之道

在蓝色巨人经营处于低谷时，提出这一颇具煽动性的口号，希望不仅成为一个名副其实的跨国企业，而且真正成为为高科技电子领域提供一条龙解决方案的企业，进入电子商务时代，IBM 正在将这一角色实现，扮演着电子商务解决方案的提供商角色。

10. 柯达：串起生活每一刻

作为全球最大的感光材料的生产商，柯达在胶卷生产技术方面的领先已无须再用语言来形容，柯达更多地把拍照片和美好生活联系起来，让人们记住生活中那些幸福的时刻，因此请用柯达胶卷，这正是柯达想要的。

11. 山叶钢琴：学琴的孩子不会变坏

这是台湾地区最有名的广告语，它抓住父母的心态，采用攻心策略，不讲钢琴的优点，而是从学钢琴有利于孩子身心成长的角度，吸引孩子父母。这一点的确很有效，父母十分认同山叶的观点，于是购买山叶钢琴就

是下一步的事情了。山叶高明于此。

12. 麦氏咖啡：好东西要与好朋友分享

这是麦氏咖啡进入台湾市场推出的广告语，由于雀巢已经牢牢占据台湾市场，那句广告语又已经深入人心，麦氏只好从情感入手，把咖啡与友情结合起来，深得台湾消费者的认同，于是麦氏就顺利进入台湾咖啡市场。当人们一看见麦氏咖啡，就想起与朋友分享的感觉，这种感觉的确很好。

13. 人头马 XO：人头马一开，好事自然来

尊贵的人头马非一般人能享受起，因此喝人头马 XO 一定会有一些不同的感觉，因此人头马给你一个希望，只要喝人头马就会有好事等着到来。有了这样吉利的"占卜"，谁不愿意喝人头马呢?

14. 德芙巧克力：牛奶香浓，丝般感受

之所以够得上经典，在于那个"丝般感受"的心理体验。能够把巧克力细腻滑润的感觉用丝绸来形容，意境够高远，想象够丰富。充分利用联觉感受，把语言的力量发挥到极致。

15. 可口可乐：永远的可口可乐，独一无二好味道

在碳酸饮料市场上可口可乐总是一副舍我其谁的姿态，似乎可乐就是可口。虽然可口可乐的广告语每几年就要换一次，而且也流传下来不少可以算得上经典的主题广告语，但还是这句用的时间最长，最能代表可口可乐的精神内涵。

互动活动

试为明安电工拟定一则广告语

产品描述：消费者购买电工产品首要考虑"安全"，结合产品特征（大面积银片接触，安全开关次数超过现行国际标准 2 倍以上；双弹簧翘板式开关，不易产生电弧），以安全为诉求内容寻求最佳沟通方式和最精练到位的语言。

（三）广告标题

有人做过统计，一个人每天收到大约 1800 条信息，一星期下来，大概有 9000 条信息在试图争夺你的注意力。正如美国英特尔公司前总裁葛鲁夫所说："整个世界将会开展争夺眼球球的战役，谁能吸引更多的注意力，谁就能成为 21 世纪的主宰。"如何千方百计地吸引消费的注意力，抓住他们的"眼球"，也成为广告文案标题创作的出发点。

标题是广告的题目，它阐明了广告的主旨，在全篇起"点睛"作用。成功

的广告标题能在最短的时间内传递出最重要的信息，引起受众的高度注意，诱导其阅读正文。因此从这个意义看标题是广告的生命。

1. 广告标题的类型

通常把广告标题的写法归纳为三类：

（1）直接标题

直接标题，是以简明的语言表明广告内容，使人一目了然。往往以商品名称、品牌、企业名称直接作标题。

案例共享

投资万科就是投资中国的未来——万科公司广告标题

人间有冷暖，东宝最相知——东宝空调广告标题

戴博士伦舒服极了——博士伦隐形眼镜广告标题

（2）间接标题

间接标题，就是标题中不直接点明广告主旨，而是采用艺术手法暗示或诱导消费者，引起消费者的兴趣与好奇心理，从而进一步注意广告正文。

案例共享

十个妈妈八个爱——孩儿面大王洗面奶广告标题

鞋上有 342 个洞，为什么还能防水？——Timberland 野外休闲鞋广告标题

（3）复合标题

复合标题，是用两种以上的标题形式综合表达信息的标题。

复合标题有引题、正题和副题三种具体形态。引题用来说明信息意义或交代背景，正题用来点明广告的主要内容，副题是对正题内容的补充。

案例共享

引题：今年夏天最冷的热门新闻

正题：西泠冷气全面启动

——某空调广告标题

正题：闻到酒香吗？
副题：若无开坛人，岂能醉三家

——某酿酒公司广告标题

引题：考试的日子又到了！
妈妈天天好担心。
我多想能拿到好成绩，开开心心回家啊！
但……
正题：让孩子面露笑容地回家！
副题：太阳神口服液
与您共同帮助孩子渡过考试难关

——太阳神口服液广告标题

资源链接

奥格威广告标题创作准则

1. 平均而论，标题比本文多5倍的阅读力，如在标题里，未能畅所欲言，就等于浪费了。

2. 标题向消费者承诺其所能获得的利益，这个利益就是商品所具备的基本效果。

3. 要把最大的消息贯注于标题当中。

4. 标题里最好包括商品名称。

5. 唯有富有魅力的标题，才能引导阅读副标题及本文。

6. 从推销而言，较长的标题比词不达意的短标题，更有说服力。

7. 不要写强迫消费者研读本文后，才能了解整个广告内容的标题。

8. 不要写迷阵式的标题。

9. 使用适合于商品诉求对象的语调。

10. 使用情绪上、气氛上具有冲击力的语调。如心肝、幸福的、爱、金钱、结婚。

（四）广告正文

广告正文是广告文案的中心和主体部分，是广告内容的具体体现。正文是对广告标题的逻辑发展，是对广告信息进行展开说明、解除消费者的疑虑、对消费者进行深入说服的部分。

1. 广告正文的内容要素

（1）体现广告主题。广告主题是广告的核心内容，广告的正文中要将主题进行全面的阐释和说明。在企业形象广告中，主题集中企业的理念；在品牌形象广告中，主题集中于品牌的特性；在产品广告中，品牌集中于产品或服务的特性。

（2）展示购买信息。广告正文需要明确地号召受众购买、使用、参与，并说清由此带来的利益，说明获得商品或服务的途径。

2. 广告正文的写作格式

广告正文通常由引言、主体、结尾三部分组成。

（1）引言。引言又称引自、开头，它承接标题，对商品或服务扼要地加以提示和说明，目的是引启主体内容，将消费者的注意力转引向商品或服务。引言部分文字要简练，紧扣主题，能够自然、准确地引出下文。

（2）主体。主体又称为中心段，是广告正文展开陈述说明的核心部分，主要介绍商品或服务的细节，用有力的事实和数据来证明商品或服务的优点、独有的特色，以消除消费者的疑虑，最终刺激销售。主体部分由于信息量较大，因此要安排好写作顺序，注意文字的条理性，同时也要注意突出表达重要信息。

（3）结尾。结尾要简洁有力，耐人寻味，结尾部分或者是采用用热情诚恳的语言敦促消费者购买，或者是告知销售时间、地点等。

案例共享

得"芯"应手

一部高效率的超级个人电脑，必须具备一片高性能的快速处理器，才能得"芯"应手地将各种软件功能全面发挥出来。

INTEL现率先为您展示这项科技成就，隆重推出跨时代的奔腾处理器。它的运算速度是旧型处理器的8倍，能全面缩减等候时间，大大增加您的工作效率。

除此之外，它能与市面上各种电脑软件全面兼容，从最简易的文字处理器到复杂的CD—ROM多媒体技术应用，它均可将这些软件的工作效率发挥得淋漓尽致，而它的售价却物超所值。

若想弹指之间完成工作，您的选择必然是奔腾处理器。

广告语：INTEL 奔腾处理器，给电脑一颗奔驰的"芯"

分　析

这是美国著名电脑芯片生产厂家英特尔公司 INTEL 奔腾处理器的广告文案。文案正文的引言部分首先亮出观点——个人电脑需要高性能的快速处理器，将消费者吸引到对电脑快速处理器的关注上。主体部分就紧承引言，展开对 INTEL 奔腾处理器的详细介绍，一是说明了奔腾处理器的运算速度是旧型处理器的 8 倍，二是说明它与市面上各种电脑软件全面兼容的情况，三是标明它的售价合理。主体部分条理清晰，并运用数字说明，具有很强的说服力。最后结尾部分用诚恳的语言，给消费者一个明晰的主张，诱导其购买。

资源链接

奥格威的广告文本原则

1. 不要期待消费者会阅读令人心烦的散文。

2. 要直截了当地述说要点，不要有迂回的表现。

3. 避免"好像""例如"的比喻。

4. "最高级"的词句、概括性的说法、重复的表现，都是不妥当的。因为消费者会打折扣，也会忘记。

5. 不要叙述商品范围外的事情，事实即是事实。

6. 要写得像私人谈话，而且是热心而容易记忆的，也像宴会对着邻座的人讲话似的。

7. 不要令人心烦的文句。

8. 要写得真实，而且要使这个真实加上魅力的色彩。

9. 利用名人推荐，名人的推荐比无名人的推荐更具有效果。

10. 讽刺的笔调不会推销东西。卓越的撰文家，不会利用这种笔调。

11. 不要怕写长的本文。

12. 照片底下，必须附加说明。

3. 广告正文的表现形式

（1）陈述式。用简洁、平实的语言，开门见山地介绍产品或服务，如商品的名称、规格、特点、价格等情况，直截了当，清楚明了。

案例共享

自从我有了迪桑钟控机准时广播，限时关机，显示时间，收音清晰，得心应手。迪桑的小小创意，也使我明白了，生活应该是井井有条、从容不迫的。

——迪桑钟控收音机广告

（2）证书式。着重宣传商品的获奖情况，提供权威人士或知名人士对商品的鉴定、赞扬、使用和见证，或是用消费者对商品赞扬的信件来证明产品的质量或信誉，从而增加消费者对商品的信任。

案例共享

　　古井贡酒清如水晶，香如幽兰，甘美醇和，回味悠长，连续三次荣登国家名酒金榜，又获第十三届巴黎国际食品博览会金奖。

——古井贡酒广告

（3）描写式。用描写的手法对商品或服务的功能或特点进行合乎情理的描述和渲染。

案例共享

　　锦绣山林，坐落清幽静巷，毗邻森林保护地，无人声鼎沸，无车马喧嚣，只有鸟语盈耳，绿树为伴。

——台湾锦绣山林新宅广告

（4）论说式。用充分的论据和雄辩的逻辑，说服消费者购买。

案例共享

　　节省电灯费用应从选择灯泡入手。电灯上之所费不外电力与灯泡二项，而电力之耗省，与灯泡应用之久暂，完全由于灯泡货质之优劣。故节省电灯之费用，必须注意灯泡之选购。

——奇异老牌灯泡广告

（5）对话式。把广告宣传的内容通过两个或几个人对话的方式表达出来。

案例共享

　　小男孩："请把您的象牙香皂包装纸给我好吗？我收集到15张寄到P&G公司可以换到画册和写字垫板。"

女士："对不起，我的孩子和你的想法一样，也在收集。"

——美国象牙香皂广告

（6）庆贺式。借助节日同消费者联络感情，或者在获得某种荣誉之际向顾客报喜的广告正文写法。

案例共享

热烈庆祝合肥电冰箱总厂美菱斯顿单双门电冰箱在轻工业部首批电冰箱质量抽检中

双双荣登 A 级金榜
达到国际先进水平

——美菱斯顿电冰箱广告

（7）抒情式。注重情感诉求，用饱含情感的笔调，来激发消费者的情感，以情动人，烘托出一种令人向往的氛围。

案例共享

明天，就是母亲节。给母亲一个惊喜，给母亲一份关爱。不妨请您的母亲，放下手中的活计，一起到我们的马尼拉咖啡厅来，品尝为你们精心准备的"母亲节自助餐"，享受体贴入微的服务，在融融烛光、悠悠琴声中共叙往事……期待你们的光临，明晚6点钟。

——马尼拉咖啡厅广告

（8）条目式。以条目结构的方式表达，可以用较少的文字刊载信息量丰富的内容。

案例共享

规模大。营业面积两万平方米，停车场五千平方米，装修高档，交通便利，周边环境繁华，配套设施优良。
品种全。高档灯具、卫生洁具、五金涂料、门窗布艺、地板地砖、厨房家具，一应俱全。

品位高。日本大山灯具，松下豪华灯具，台湾和成洁具，德国圣象地板，西班牙地砖，阿里山家具，意大利精品家具荟萃。

服务优。开设家庭装饰课堂、免费设计、咨询服务，并有资质等级的装饰公司为家庭提供服务。

——南鹏粤港家居装饰商城广告

（五）广告随文

广告随文又称做广告附文，是广告中传达购买产品或接受服务的方法等的基本信息。随文一般出现在广告的结尾，但是它不是可有可无的，而是正文的有效补充，是广告诉求的最后推动。通常顾客阅读广告正文后若产生购买的想法，就需要附文的指导才能进行实际购买。因此，附文内容表现不好，会直接影响到广告效果。

1. 广告随文的内容

广告随文一般包括：企业名称、企业标志、企业地址、联系方式、电话号码、购买方式、银行账号、权威机构证明标志、必要的意见反馈表格、特别说明等。

2. 广告随文的写作

广告随文的写作格式可分为三类：常规式、附言式和表格式。

（1）常规式。常规式随文是最常见的，它是按照一定的顺序将产品的相关信息组织在广告文案的最下端。常规式随文不需要对文字做刻意的修饰，只要条理清晰地把相关事项说清即可。

案例共享

利咽含化片

生产批号：（1999）×××号

鲁卫药广审（文）××××××××号

本品为保健物品，辅助治疗。

山东××制药厂

厂址：××市人民路352号

电话：×××××××

本市各大药店、商场均有销售。

（2）附言式。附言式随文，就是将随文以附言方式表达，通过创设一定的情景，用亲切的语言传递产品的相关信息。

案例共享 -

　　索芙特提示您：如果脸上有黑斑，每晚10点不妨打开中央2台。如果我们帮不了您，林心如小姐一定可帮上您的忙。

（3）表格式。表格式随文，就是以表格方式呈现附加信息的方式。

案例共享 -

讲座时间	讲座主题	讲座地点、电话
9：00—9：30	决胜高考英语——听力	地点： ××市第三中学多媒体教室 （××市人民路5号） 预约电话： ××××××
9：30—10：00	决胜高考英语——阅读	
10：00—10：30	决胜高考英语——写作	
10：45—11：45	无所不能的新概念英语	
14：00—15：30	高中生留学规划全攻略	

沟通小贴士

广告文案增强感染力的写作技巧

　　广告文案艺术的灵魂是产品，它的作用在于形象刻画产品的个性（或调性），感染消费者的情感，增加消费者对产品的亲和力，诱导消费者产生购买行为。"脚踩加速器，发动机开始引吭高歌；轮胎与大地亲昵，与道路一起舞蹈；你在前进中体验着驾驶的乐趣，没有比这更完美的宝马了……"这是一篇宝马汽车的平面广告文案，通过简短的文字把人类的灵性注入汽车机械，融化了汽车钢铁的冰冷，同时宝马的个性也得到淋漓尽致的勾勒。让产品使人感动，这就是文案的艺术。

　　原始人性是感染的中心点。广告文字凝聚了人类的精神和思维，形象反映广告的内涵，它是不同于音乐舞蹈的另一种艺术形式，是商品艺术和人性化的承载工具。可以说，没有人性情感的广告文案就如没有血肉的骷髅，拒人于千里之外。广告大师霍普金斯曾经说过：只要有可能，我就在广告中加入人性的东西……广告文案能否调动人内心深处情感的体验，关键在于能否用人类最原始的情感去打动人。总结以往经验，广告文案感染情感的手段主要有以下几种方式：

一、以情感人。直接抒情、含蓄婉转，或者朴实自然、情挚理真，或曲意道来、委婉动人。例如：孔府家酒，令人想家；滴滴香浓，意犹未尽；好东西要与好朋友分享。

二、以趣引人，幽默诙谐。例如：英国著名小说家毛姆在未成名前，生活甚苦，为求文章有价，一次完稿后，他在各大报刊上刊登了一则"征婚广告"：本人喜欢音乐和运动，是个年轻又有钱的富翁，希望能和毛姆小说中女主角完全一样的女性结婚。几天后，整个伦敦书店毛姆的小说全部卖光。正如狄德罗所言："广博的才智，丰富的想象，活跃的心灵，这就是幽默"。现代人喜欢幽默，于是广告语中经常是寓妙于谐。

三、以理示人。文稿之中蕴含哲理或深意，有的言简意赅，语短情长，有的启人深思，暗寓禅机。例如，科技以人为本，科技以健康为美。钻石恒久远，一颗永流传。

四、以势服人。自信、强劲、雄浑之气，慷慨之语，劲健中有新奇，豪迈处有惊喜，激荡人心。例如，车到山前必有路，有路就有丰田车；当太阳升起的时候，我们的爱天长地久；中国惠普，更佳之途；芸芸乾坤，秀外慧中，唯有惠普；悠悠岁月，朝夕相伴，唯有惠普；海角天涯，始终不渝，唯有惠普；没有最好，只有更好。

广告文案感染力是一门难以捉摸的艺术，它与目标消费人群的需要有着千丝万缕的联系，怎样用感人的文案去吸引消费者，发挥文字的销售魅力，值得我们用心去推敲。

综合训练

一、根据下列材料写一则消息。

精明的日本人发现在一些缺水的阿拉伯国家水比油还贵，于是他们就在水上大做文章。

经过反复研究，日本人找到一种比出口淡化海水更简单、更省钱的方法：出口雨水。从多雨的日本海接来雨水，用轮船运到阿拉伯国家，多种费用加在一起，每吨不到1美元，赚头可观。第一个接受这种特殊商品的是阿拉伯联合酋长国，这个国家计划每年进口2000万吨雨水用来灌溉和开垦土地，种植农作物。

为了保证出口雨水的质量，防止污染，日本三菱公司还专门成立出口雨水的专业公司。日本专家还研究出了一种清除轮船内石油废渣的方法，利用油轮运载雨水，往返不空驶，大大地降低了雨水的成本，增加了外汇的收入。

二、根据下列要求，试为某生物健康公司组织一次新闻发布会，撰写一则新闻发布会方案。

本次新闻发布会主要目的是通过新闻媒体向卫生医疗界、公众传达企业新产品信息，传达企业技术领先的形象，以及"促进人类健康"的品牌形象。发布会的类型属于信息发布，规格应当较高。因为是企业的信息发布，因此，不同于政治性强的会议，基本风格不应太严肃，正式规范中有活泼。

三、根据下列文字材料内容，试为某品牌空调创作一份报纸广告的文案。

1. 广告定位：静音、新款、质优、价低

2. 广告文案诉求创意：深化"静音、新款、质优、价低"的主题理念，在文案创作上要有层次感，用感性语气进行诉求，把主题理念理性化、细微化。

3. 版式设计：要求形象具备统一性，图案选择有新意，与诉求文字结合巧妙。

四、以关心失学儿童为主题，试做一篇公益广告。

参考文献

著 作

[1] 胡润东. 职业生涯规划. 广州：广州音像出版社. 2007.

[2] 范立荣. 秘书公关协调基础. 北京：中国人民大学出版社, 2005.

[3] 李秀兰. 社交礼仪跟我学. 呼和浩特：内蒙古人民出版社, 2004.

[4] 董保军. 中外礼仪大全. 北京：民族出版社, 2005.

[5] 国家教育委员会师范教育司组. 教师口语. 北京：北京师范大学出版, 1996.

[6] 孟庆泰, 赵晓明, 史冠新, 胡茂胜. 普通话导读. 天津：天津人民出版社, 1994.

[7] 朱燕. 现代礼仪学概论. 北京：清华大学出版社, 2006.

[8] 尹建国. 普通话教程. 济南：山东文学出版社, 2006.

[9] 许利平. 职业口才训练教程. 北京：北京交通大学出版社, 2007.

[10] 劳动和社会保障部职业技能鉴定中心组. 与人交流能力训练手册. 北京：人民出版社, 2008.

[11] 王建华, 胡茂胜. 职业普通话教程. 济南：山东人民出版社, 2008.

[12] 陈向平. 口语表达与交际沟通技巧. 北京：化学工业出版社, 2011.

[23] 金正昆. 现代礼仪. 北京：北京大学音像出版社, 2007.

[14] 〔加拿大〕尼古拉斯·布斯曼. 90秒建立职场人脉. 北京：中信出版社, 2006.

[15] 〔美〕安德玛雷. 第一印象你知道别人怎么看你吗. 北京：中信出版社, 2004.

[16] 鞠远华. 5分钟打动人心. 北京：北京大学出版社, 2009.

[17] 李荣建, 宋和平. 社交礼仪. 武汉：武汉大学出版社, 2005.

［18］〔美〕托德·威特克尔著.优秀教师一定要知道的14件事.北京：中国青年出版社，2009.

［19］俞宏标.企业公共关系实务,杭州：浙江大学出版社，2006.

［20］〔美〕凯文霍根著.3秒钟读懂任何人.北京：电子工业出版社，2009.

［21］〔美〕波斯特（Post.P.）.商务礼仪指南.北京：电子工业出版社，2006.

［22］鲍秀芬.现代社交礼仪基础.北京：机械工业出版社，2006.

［23］王琪.现代礼仪大全.北京：地震出版社，2005.

［24］木鱼.聪明说话,圆滑做事.北京：中国长安出版社，2009.

［25］张元忠,张东风.经济应用文写作与评析.武汉：华中科技大学出版社，2009.

［26］姚立新.新世纪商务：电子商务的知识发展与运作.北京：中国发展出版社，1999.

［27］陈海滨.企业电子营销发展对策浅析.长沙：湖南大学学报，2001.

［28］编写组.申论.北京：中国致公出版社，2004

［29］杨亦.社交礼仪.北京：蓝天出版社，2003.

［30］金正昆.现代礼仪丛书.北京：北京大学出版社，2005.

［31］宋莉萍.礼仪与沟通教程.上海：上海财经大学出版社，2006.

［32］陈李翔.职业汉语.北京：中国劳动社会保障出版社，2008.

［33］杨文丰.现代应用文书写作.北京：中国人民大学出版社，2006.

［34］张建.应用写作.北京：高等教育出版社，2005年.

［35］吕必松,张赠国.职业汉语能力测试真题集.北京：中国劳动社会保障出版社，2009.

［36］黄京华.电子商务教程.北京：清华大学出版社，2006.

网　站

［1］大学生职业生涯规划.http://zygh.studentboss.com

［2］生涯设计公益网.http://www.16175.com

［3］中华人民共和国合同法.http://www.gdgs.gov.cn/cyfg/HTf.htm

［4］合同范本指南.http://info.biz.hc360.com/list/swzn-swzy-swwb

［5］世博网．http://www.expo2010.cn

［6］中国大学生社会实践网．http://www.shunshizhen.cn

［7］中国教育文摘—实践报告．http://www.eduzhai.net/article/7

［8］山东房产网．http://www.sdfdc.com

［9］淄博市人力资源与社会保障网．http://sdzb.lss.gov.cn

［10］中国教育在线大学新生入学指导．http://www.eol.cn/html/g/xszn/xssy

［11］中国学生网．http://mind.6to23.com/mindspecial/zwcz

［12］知网空间．http://www.cnki.com.cn

［13］中国谈判网．http://www.dotiao.com

［14］中国公共关系网．http://www.17pr.com

［15］价值中国网．http://www.chinavalue.net